基础教育改革与发展丛书
（第二辑）

丛书总主编　朱林生

# 中学物理教学设计与案例分析

ZHONGXUE WULI JIAOXUE
SHEJI YU ANLI FENXI

于文高　陈　浩◎主编



苏州大学出版社
Soochow University Press

**图书在版编目(CIP)数据**

中学物理教学设计与案例分析 / 于文高,陈浩主编
.—苏州：苏州大学出版社,2018.5（2022.7重印）
（基础教育改革与发展丛书 / 朱林生总主编. 第二辑）
ISBN 978-7-5672-2292-2

Ⅰ.①中… Ⅱ.①于… ②陈… Ⅲ.①中学物理课—
教学设计 Ⅳ.①G633.72

中国版本图书馆 CIP 数据核字(2018)第 089608 号

**中学物理教学设计与案例分析**

| | |
|---|---|
| **主　　编** | 于文高　陈　浩 |
| **责任编辑** | 征　慧 |
| **出版发行** | 苏州大学出版社 |
| | （地址：苏州市十梓街 1 号　邮编：215006） |
| **印　　刷** | 广东虎彩云印刷有限公司 |
| **开　　本** | 700 mm×1 000 mm　1/16 |
| **字　　数** | 496 千 |
| **印　　张** | 20.25 |
| **版　　次** | 2018 年 5 月第 1 版 |
| | 2022 年 7 月第 3 次印刷 |
| **书　　号** | ISBN 978-7-5672-2292-2 |
| **定　　价** | 60.00 元 |

苏州大学出版社网址　http://www.sudapress.com

# 总 序

目前，我国正处在从人力资源大国向人力资源强国、从教育大国向教育强国迈进的关键时期，在这特殊的历史阶段，基础教育正面临着一系列重大变革，需要我们用智慧去研究新情况、解决新问题，去创新我们的办学模式、教育模式和教育方法。淮阴师范学院长期坚持服务基础教育的办学理念，形成了鲜明的教师教育办学特色，在办学过程中，与区域中小学以及教育主管部门建立了亲密的战略合作伙伴关系，与基础教育之间建立了一种卓有成效的对话机制，注重在对话中发现问题，并提出解决问题的途径，取得了颇为丰硕的基础教育研究成果，在传承地方优秀教育理念、引领地方基础教育观念更新、推动地方教育与改革发展等方面做出了自身应有的贡献，成为区域基础教育改革与发展的直接参与者与有力推进者。

在这一背景下形成的《基础教育改革与发展丛书》(以下简称《丛书》)既是对该校近年来基础教育研究成果的总结，又是对当地基础教育改革发展的基本走向以及高等师范院校如何更好服务和引领基础教育改革与发展的战略思考。

《丛书》分三辑出版。第一辑为论文汇编，主要涵盖语文、数学、外语、物理、化学、生物、思想政治等学科的课程与教学研究，带有基础性和综合性的课程教学原理研究以及教育管理理论与实践研究。第二辑为专题研究，内容立足当前基础教育和教师教育改革与发展的热点和难点问题，深入、集中研究其中具有重大理论价值和重要实践指导意义的相关问题。第三辑为专著，主要围绕学科教学和基础教育改革与发展中的具有前瞻性、前沿性的深层次理论和实践问题，探索教育教学基本规律。

《丛书》突出彰显了以下几个方面的特点：

《丛书》是淮阴师范学院致力于更新基础教育理念和教师教育观念、引领地方基础教育发展、传承先进教育文化的产物。近年来，我国基础教育改革风起云涌，基础教育理念持续更新，新理念、新观念层出不穷；与之相对应，基础教育师资培养模式等也在持续变革，教师教育观念不断更新，教师教育体系在探索中持续重构。《丛书》体现了淮阴师范学院在基础教育理念和教师教育观念方面所进行的持续探索与努力，必将在推动基础教育改革与发展方面发挥重要作用。

《丛书》是淮阴师范学院从事教师教育的教师们教学相长的产物。书中的研究成果是他们长期思考与实践的结晶，同时《丛书》的编写对其专业成长必然发挥重要的促进作用。通过参与教育科学研究以及《丛书》的编写，他们的专业研究水平得到了很大的提升，同时也对其他教师的专业发展起到积极的示范作用。

《丛书》是淮阴师范学院致力于开放办学的产物。首先，《丛书》的作者队伍包括了淮阴师范学院的在职教师，以及与之有长期合作研究关系的部分淮安市中小学的教师，《丛书》在很大程度上是大学从象牙塔走向社会变革的一线并与变革的实施者直接对话的结果。其次，丛书所涉及的领域，诸如教师素质提高、教师专业发展、义务教育均衡发展、课程资源开发利用、课堂教学改革创新等问题，皆来源于基础教育实践的教育教学改革和学校管理方面的现实问题。再者，《丛书》的研究成果来源于教育实践，是教育理论与教育实践不断融通的产物，它又必将回归教育实践，通过各种方式对基础教育改革与发展实践产生积极影响。

相信《丛书》的出版将在提升淮阴师范学院基础教育研究品位、扩大其社会贡献度与美誉度等方面发挥积极作用，同时也将为全国其他一直致力于和基础教育表里通融、互通共进的师范院校提供参考和增添信心，共同为促进基础教育改革的深化，从而促进整个教育水平的提高做出更大的贡献。

2011 年 12 月

于中国教育科学研究院

# 目 录
Contents

## 第一章 教学设计概论



## 第二章 初中物理教学设计



## 第三章 高中物理教学设计

## 第四章　同课异构的教学设计



## 第五章　课堂教学精品模式介绍

## 第六章　教学案例的撰写

# 第一章 教学设计概论

## 第一节 教学以及教学过程

早在商朝，甲骨文中已经出现了“教”字，如“丁酉卜，其呼以多方小子小臣其教戒。”甲骨文中也有了“学”字，如“壬子卜，弗酒小求，学。”从甲骨文的字形来分析，“教”字的左上角“爻”是“学”字的简写，教是从学派生出来的。“教”和“学”最初都是独立的单字(图 1-1)。“教学”二字连为一词，最早见于《尚书·兑命》。“教学”二字建立联系成一个词，但这个词并没有专有的解释。

根据中国古代文献的记载，“教”有“教授、教诲、教化、告诫、令使等含义”。《说文解字》中记载：“教，上所施，下所效也。”有人分析，“其‘施’就是操

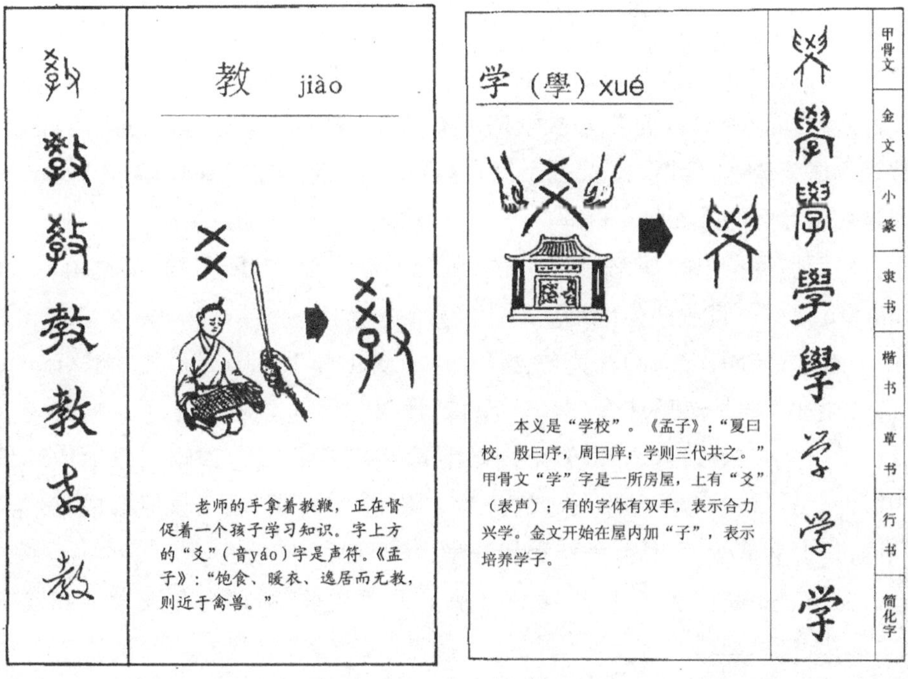


图 1-1

作、演示，即传授占蓍和龟卜；其‘效’就是模仿、仿效，即学习占蓍和龟卜。”“教”“学”还是被单独解释的。

“教学”一词在英文中有很多词可以表达，例如：“teach”“learn”“instruct”“teach and learn”。

根据胡森主编的《国际教育百科全书》中的解释：learn 来自中世纪英语中 lernen 一词，意思是“学习”或“教导”。Lernen 的词干是 lar，lar 是 lore 的一个词根。lore(经验知识)原来的意思是学习或教导，常用来指所教的内容。也就是说 learn 和 teach 是由同一词源派生出来的。

“teach”一词还有另一种派生形式。① 它源自古英语中的 taecan 一词，taecan 又是从 taikjan 一词派生来的。taikjan 的词根是 teik，意思是“说明、拿给别人看”。teik 通过前条顿语可以一直追溯到梵文的 dic。teach 这个词与 token(意为“信号”或“符号”)也有关系。token 一词源自古条顿语的 taiknom。这个词与 taikjan(后来成为古英语的 taecan)同源，意思是“教”。从这个词源看，“教”的意思就是通过信号或符号引起别人对事物、人物、观察和研究的结果等做出反应。由这种派生关系可以看出，teach 同进行教学的中介有关。

teach 和 instruct 两个动词也有区别，teach 常与教师的行为相关联，作为一种活动；而 instruct 常常与教学情境有关系，强调教学过程。正因为此，经常有人认为，不能仅用 teach 一个词来对应教学，而应该用 teach and learn，以同时强调教师的教和学生的学。

然而值得指出的是，与汉语中的“教”源自于“学”有所不同，英文中 teach 和 learn 是同一词源派生出来的。

“教学”(instruction)一词包含两个方面，即“学”(learning)与“教”(teaching)。先有“学”，然后才有“教”。没有“学”，“教”也就不存在了。从行为上看，“学”是学习者通过与环境相互作用，改变自身的能力和倾向以适应环境的行为；“教”是教者帮助学习者的行为。将“学”与“教”两个词组合成“教学”一词，其含义是教师引导、维持和促进学生学习的一切行为。②

“教学”一词有狭义、广义之分。狭义上，“教学”指师生在课堂上的双向

---

① 崔允漷. 有效教学[M]. 上海：华东师范大学出版社，2009：16.

② 皮连生. 教学设计[M]. 北京：高等教育出版社，2009：4.

互动，其英文词是 teaching；广义上，“教学”不仅包含狭义的教学，即课堂上的师生互动，还包括教师和其他相关人员的课前教学准备，如制定教学目标，开发教材、教具等，准备课后的测量、评价和诊断以及补救教学措施等，其英文词是 instruction。[①]

教学是一个由许多因素构成的复杂系统，完整的教学过程需要经历一系列阶段。心理学家安德森和福斯特用如下流程图(图 1-2)显示了该系统的结构与功能。[②]

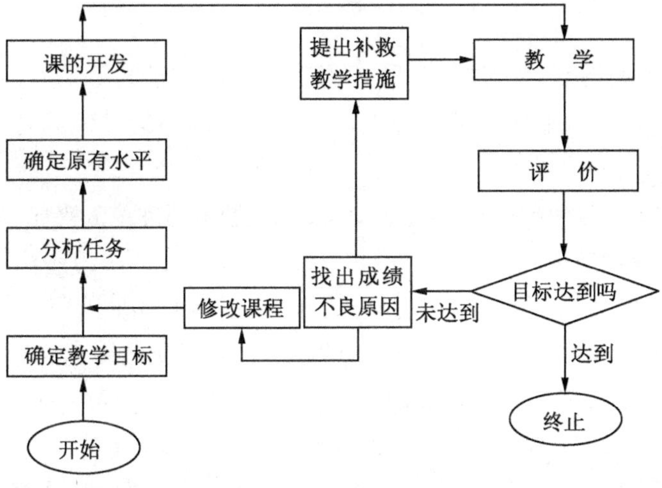


图 1-2

图 1-2 中有 9 个方框和 1 个菱形，表示一次完整的教学过程经历 9 个环节和 1 次评估的决策过程。

## 第二节　教学设计

从字源上看，“设”“计”两个字都是会意字(图 1-3)。《现代汉语词典》对“设计”的解释为：在正式做某项工作之前，根据一定的目的要求，预先制定方法、图样等。

教学概念与设计概念相结合便构成了一个新的研究领域——教学设计。

① 皮连生. 教学设计[M]. 北京：高等教育出版社，2009：6.

② 皮连生. 教学设计[M]. 北京：高等教育出版社，2009：4.

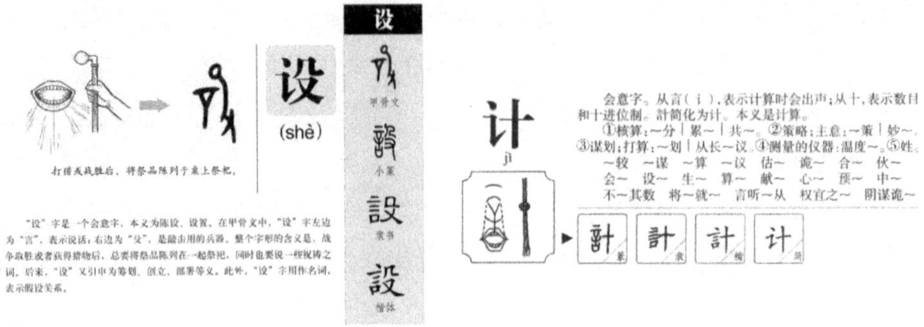


图 1-3

与教学设计理论相关的思想源头可追溯到古希腊的哲人苏格拉底、柏拉图和亚里士多德，他们有关学习与记忆的认知基础的论述蕴含着教学设计的朴素思想。①

在 20 世纪上半叶，心理学飞速发展，尤其是学习理论的兴起，使心理学家开始尝试心理学理论应用于教学领域。此时，教学设计作为连接心理学与教学实践的桥梁进入了孕育时期，心理学家杜威（John Dewey）和桑代克（Edward Thorndike）对教学设计学科的建立产生了比较深远的影响。

斯金纳（B. F. Skinner）于 1954 年提出了"小步子、循序渐进、序列化、学习者参与、强化、自定步骤"六个程序教学设计原则，奠定了行为主义教学设计的理论基础。加涅（Robert Gagne）的《学习的条件》一书的出版是 20 世纪 60 年代教学设计发展中的重要事件。

系统工程学和行为主义理论作为教学设计的两个基本根源，以加涅的《教学设计原理》（1974 年第 1 版、1979 年第 2 版）为标志，作为一门学科的教学设计正式诞生了。

教学设计是一门比较年轻的学科，因侧重点不同，对其定义必然是多元化的。②

有的强调教学设计的系统化思想，比较典型的是加涅和乌美娜教授的定义。加涅于 1992 年出版的《教学设计原理》中是这样描述："教学是以促进学习的方式影响学习者的一系列事件"，"可以把教学系统定义为促进学习的资源和步骤的安排"，教学设计"是计划教学系统的系统过程"。乌美娜教授于

---

① 王建中. 中学物理教学设计与案例研究[M]. 北京：科学出版社，2012：1.

② 杨开城. 教学设计——一种技术学的视角[M]. 北京：电子工业出版社，2010：4.

1994年出版的《教学设计》一书中将教学设计定义为“是运用系统方法分析教学问题和确定教学目标、建立解决教学问题的策略方案、试行解决方案、评价试行结果和对方案进行修改的过程。”由顾明远主编的《教育大词典》(上海教育出版社,1997)将教学设计定义为“研究教学系统、教学过程,制订教学计划的系统方法。”

有的强调教学设计的设计学特征,比较典型的是帕顿(Patten,J. V.)。他于1989年发表的《什么是教学设计》一文中指出:“教学设计是设计科学大家庭的一员,设计科学各成员的共同特征是用科学原理及应用来满足人的需要。因此,教学设计是对学业业绩问题的解决措施进行策划的过程。”美国教育技术学家罗伯特·瑞泽(Robert Reiser)在其《教学设计与技术的历史(一):教学媒体的历史》中提出:“教学设计与技术领域包括对学习和学习绩效问题的分析,以及为改进各种环境(尤其是教育结构和工作场所)的学习和绩效而设计、开发、实施、评价和管理各种教学和非教学的过程和资源”。

近年来,戴维·梅瑞尔(David Merrill)等人在《教学设计的复归》一文中对教学设计所作的新界定值引起了人们的重视。文中指出:“教学是一门科学,而教学设计是建立在这一科学基础上的技术,因而教学设计也可以被认为是科学型的技术。”①

何克抗教授在前人多种教学设计定义的基础上给出了相对综合的教学设计定义:“教学设计主要是运用系统方法,将学习理论与教学理论的原理转换成对教学目标、教学内容、教学方法和教学策略、教学评价等环节进行具体计划、创设教与学的系统‘过程’和‘程序’,而创设教与学系统的根本目的是促进学习者的学习。”②

教学设计具有以下特征:

第一,教学设计是把教学原理转化为教学材料和教学活动的计划。教学设计要遵循教学过程的基本规律,选择教学目标,以解决教什么的问题。

第二,教学设计是实现教学目标的计划性和决策性活动。教学设计以计

---

① 王建中.中学物理教学设计与案例研究[M].北京:科学出版社,2012:3.

② 何克抗,谢幼如,郑永柏.教学系统设计[M].北京:北京师范大学出版社,2002:3.

划和布局安排的形式，对怎样才能达到教学目标进行创造性的决策，以解决怎样教的问题。

第三，教学设计是以系统方法为指导。教学设计把教学各要素看成一个系统，分析教学问题和需求，确立解决的程序纲要，使教学效果最优化。

第四，教学设计是提高学习者获得知识、技能的效率和兴趣的技术过程。教学设计是教育技术的组成部分，它的功能在于运用系统方法设计教学过程，使之成为一种具有操作性的程序。

教学设计对学科教学产生了很大影响，主要体现在以下几个方面：①

第一，教学设计有助于教学工作的科学化、系统化。教师根据教学设计理论，可以系统而科学地将教学目标、教学内容、教学条件及学生条件等各种因素有机整合，使教学更有效果、效率，且更富吸引力。

第二，教学设计有利于发展和完善教师业务素质结构。在教学设计过程中，一方面，它可以促使教师认真学习教学设计理论，提高自己的理论水平和优化知识结构；另一方面，它促使教师从具体的教学实践中不断总结经验，丰富教学设计的内涵。

第三，教学设计有助于教师的教学资源共享。良好的教学设计，可以帮助教师更好地表达自己的教学理念，教师之间相互交流和合作也就会更加通畅。

## 第三节　教学设计的一般模式

经历了数十年的研究与发展，教学设计的模式已达数百种，下面仅介绍几种具有代表性的教学设计模式。

### 一、肯普教学设计模式②

肯普(J. E. Kemp)于 1977 年提出，后经修改逐步完善，可用三句话概括该模型的特点：在教学设计过程中应强调四个基本要素，着重解决三个主要问题，适当安排十个教学环节。肯普教学设计模式如图 1-4 所示。

---

① 王建中．中学物理教学设计与案例研究[M]．北京：科学出版社，2012：3.

② 莫里森，罗斯，肯普，等．设计有效教学[M]．严玉萍，译．北京：中国轻工业出版社，2007：6.

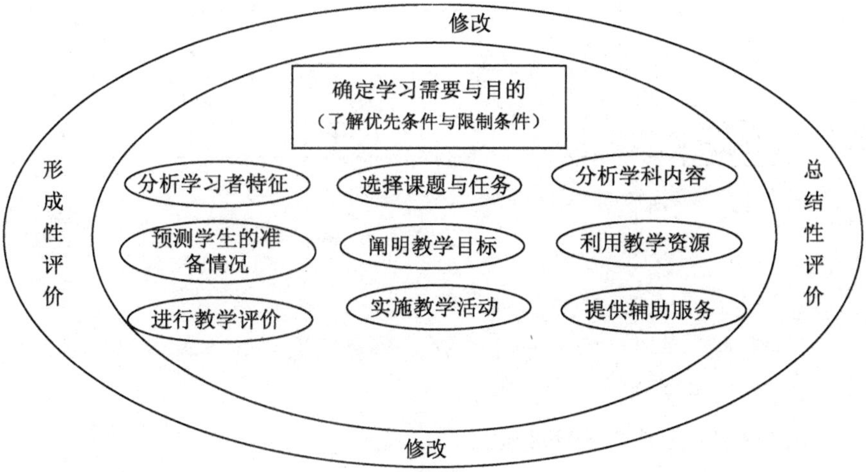


**图** 1-4

肯普教学设计模式的具体内容如表 1-1 所示。

**表 1-1**

| 模式中的相关名称 | 具体内容 |
|---|---|
| 四个基本要素 | (1) 教学目标；(2) 学习者特征；(3) 教学资源；(4) 教学评价 |
| 三个主要问题 | (1) 学习者必须学习到什么(确定教学目标)<br>(2) 为达到预期的目标应如何进行教学<br>(3) 检查和评定预期的教学效果(教学评价) |
| 十大教学环节 | 在如图 1-4 所示的椭圆中，十大教学环节之间未用直线或箭头相连，可按顺序灵活变动。该模式以行为主义学习理论为基础，是典型的“以教为主”的设计模式 |

## 二、迪克-凯瑞教学设计模式①

迪克和凯瑞(Walter Dick & Lou Carey)于 1978 年提出迪克-凯瑞教学设计模式，随后进行修订、补充和完善，运用系统方法设计教学的程序，注重教学过程的系统性，突出教学目标与评价的一致性，认为教学本身是由学习者、教师、教学材料和学习环境等成分构成的学习系统。具体的开发模式和步骤如图 1-5 所示。

---

① W. 迪克，L. 凯瑞，J. 凯瑞. 系统化教学设计[M]. 庞维国，等，译. 上海：华东师范大学出版社，2007：148.

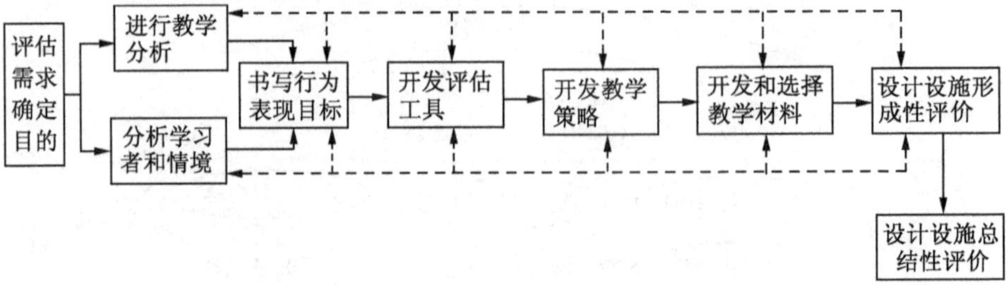


图 1-5

迪克-凯瑞教学设计模式作为建立在学习理论和教学理论基础上的教学设计模式,得到普遍的欢迎和应用。

三、史密斯-雷根教学设计模式①

史密斯和雷根(Patricia L. Smith & Tillman J. Ragan)继承和发扬了肯普教学设计模式、迪克-凯瑞教学设计模式的优势,将模式划分为三个阶段:分析、策略和评价,提出了自己的教学设计模型,史密斯-雷根教学设计模式如图 1-6 所示。

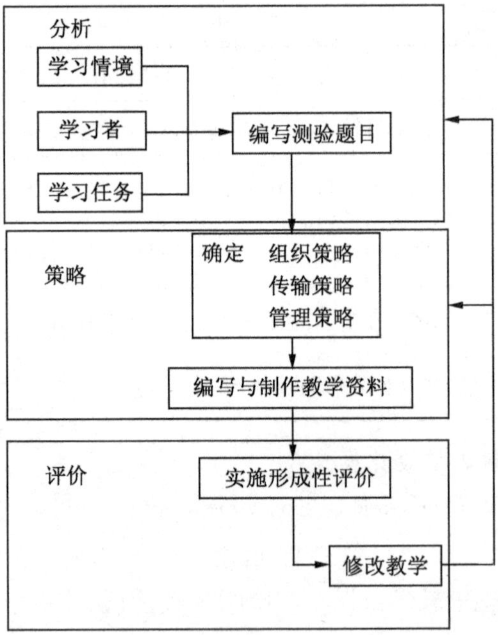


图 1-6

① P. L. 史密斯, T. J. 雷根. 教学设计[M]. 第三版. 庞维国,等,译. 上海:华东师范大学出版社,2008:14.

## 四、马杰教学设计模式①

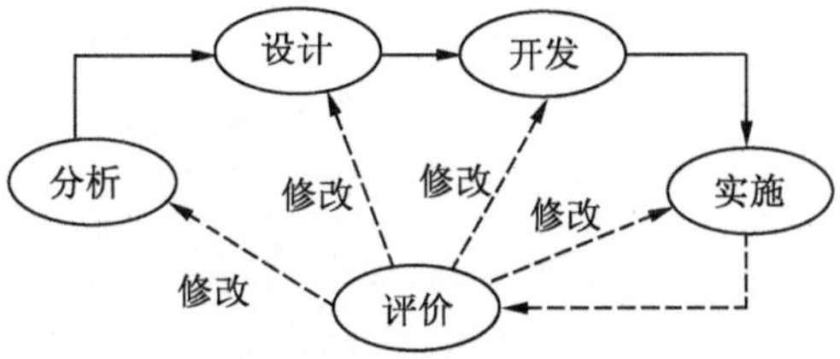


图 1-7

马杰教学设计模式是在教学设计界通用的 ADDIE 模型基础上开发设计的。ADDIE 模型分为分析（Analysis）、设计（Design）、开发（Development）、实施（Implement）和评价（Evaluation）五个基本成分。如图 1-7 所示的 ADDIE 教学设计模型表示了其中各成分的相互关系，实线表示从分析到评价的流程，虚线表示反馈路径，通过评价活动揭示出其他四种成分何处需要修改。马杰认为，尽管这些程序是按实际完成的大致顺序来阐述的，但实际设计中并非是指进行了下一程序，前面的程序就可以抛置脑后了，教学设计总是要求思前顾后、通盘考虑的。

马杰在此模型的基础上，对每个成分分别进行了开发，如表 1-2 所示。

表 1-2

| 成分 | 对各个成分的开发 |
|---|---|
| 分析 | 实施业绩分析、开展目标分析、完成任务分析 |
| 设计 | 说明学习的具体目标、明示技能层次、说明预期的教学对象、规定课程先决条件 |
| 开发 | 选择教学内容、选择教学传递方式、安排教学模块、进行试教和教学单元排序 |
| 实施 | 制定上课程序、做好各种准备、实施教学 |
| 评价 | 根据实施的情况进行比较、改进和调整 |

## 五、逆向设计模式②

为了更好地培养学生的理解力，美国著名的课程与教学论专家格兰特·威金斯和杰伊·麦克泰格提出了逆向课程设计模式。它是指在课程设计中，首先应明确课程目标，然后依据学习目标进行课程设计。整个设计过程分三步：确定预期的学习目标—确定如何证明学生实现了预期的学习目标—安排各种教学活动。

---

① 盛群力．教学设计的基本模式及其特点[J]．广州大学学报(社会科学版)，2006(7)：32－37.

② 李锋．基于标准的教学设计：理论、实践与案例[M]．上海：华东师范大学出版社，2013：24－26.

在确定预期的学习目标时，教师应该考虑：学生应该知道什么？他们应该理解什么或者能够做什么？什么内容值得去理解？需要长久理解的是什么内容？针对这些问题，该模式提出了确定预期学习目标的四条标准：(1) 根据什么确定哪部分内容是整个课程内容的核心？(2) 根据什么确定哪些内容居于学科的核心地位？(3) 根据什么确定对于课程内容的掌握程度？(4) 这些核心内容在何种程度上有利于激发学生的学习潜能？

就如何证明学生实现了预期的学习目标，提出了一系列的评价方法，包括非正式的一般性了解(如口头提问、观察和非正式谈话等)、日常性的考查或考试、开放性的提问、安排实践活动等。

在学习活动安排及教学中，教师应当提出明确的指导学习的计划，包括教学方法的选择、课程内容及具体学习材料的选择与组织。

60 多年前，泰勒(Ralph Tyler)已清楚而简洁地将逆向设计的逻辑表述出来了："教育目标成为课程设计的标准与出发点。通过它，课程材料得以选择，课程内容得以成形，学习指导过程得以发展，评价工作得以准备……教育目标陈述的目的在于确定学生身上将要发生的变化，以此来设计各种活动并使之指向既定的目标。"可见，逆向设计是一种面向目标的设计，同时又是确保目标实现的设计。"评价设计先于教学活动设计"是逆向设计的一个主要特征，通过评价预先的设计保证了学习目标与学习经验的一致性，通过过程性评价的开展，确保了学习目标的有效落实。

## 六、我国的教学设计模式①

教学设计于 20 世纪 80 年代传入我国后，受到教育技术学、教育心理学、课程与教学论等领域专家与学者的普遍关注，借鉴了国外教学设计领域的研究成果，结合我国的实际情况，提出了一些有影响的教学设计过程模式。下面介绍几种典型的模式。

### 1. 邵瑞珍教学设计过程模式

邵瑞珍教学设计过程模式如图 1-8 所示。

---

① 孙枝莲. 中学物理教学设计及案例分析[M]. 合肥：安徽大学出版社，2014：19－21.

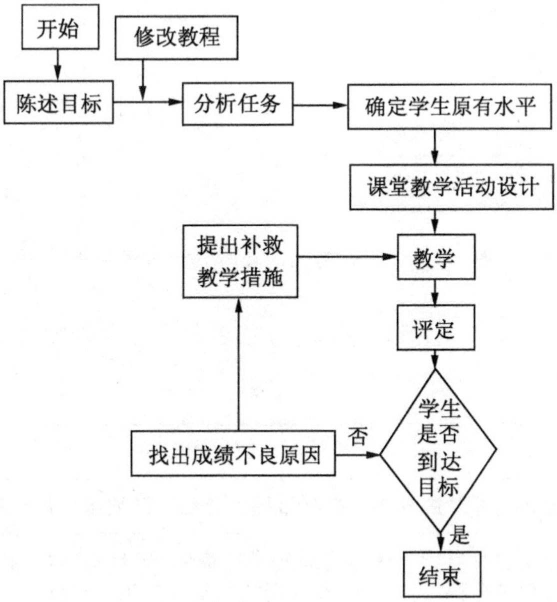


**图 1-8　邵瑞珍教学设计过程模式**

邵瑞珍教学设计过程模式的主要步骤及内容如表 1-3 所示。

**表 1-3**

| 步骤 | 内　容 |
|---|---|
| 陈述目标 | 尽量用可观察和可测量的行为术语陈述预期学生要获得的学习结果 |
| 分析任务 | 分析从学生的原有水平达到教学目标所需要的从属知识与技能，并确定它们之间的层次关系 |
| 确定学生原有水平 | 依据学生原有基础确定达到教学目标的起点能力 |
| 课堂教学活动设计 | 教师根据在任务分析中所确定的概念与技能，选择适当的教学手段和活动的准备 |
| 教学 | 课堂上教师与学生之间的信息传播与反馈的过程 |
| 评定 | 确定每一个学生是否达到预期的教学目标 |

2. 张祖忻等人的教学设计过程模式

张祖忻等人从八个方面阐述了他们的教学设计过程模式，如图 1-9 所示。

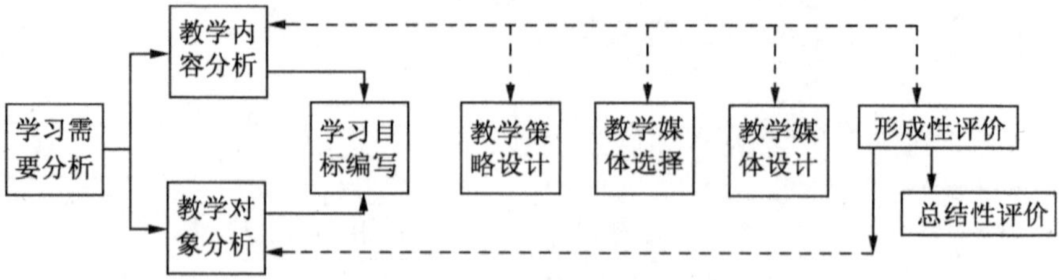


图 1-9　张祖忻等人的教学设计过程模式

张祖忻等人的教学设计过程模式的主要步骤及内容如表 1-4 所示。

表 1-4

| 步骤 | 解决的问题 |
|---|---|
| 学习需要分析 | 为什么要开展教学？教学目标是什么？开展教学设计具备哪些条件 |
| 教学内容分析 | 把课程总目标分解为一系列子目标(单元目标)，根据单元目标进行学习任务分析，确定单元目标所需的从属知识与技能 |
| 教学对象分析 | 学习者参与学习时所具有的一般特点和起点能力，如从事某项特定学习任务的基础知识与技能及心理、生理等特点 |
| 学习目标编写 | 根据学习者的起点能力和教学内容的分析结果，把单元目标进一步分解为一系列子目标，即学习目标 |
| 教学策略设计 | 课的划分、教学顺序的安排、教学活动的设计、教学组织形式的选用等 |
| 教学媒体选择 | 根据学习目标、教学策略和教学媒体的特性加以选择，并注意各种教学媒体各有所长、各有所短 |
| 教学媒体设计 | 将教学内容与方法等转换为印刷或视听媒体而制作的具体施工蓝图，对所需经费、设备提出预算 |
| 教学评价 | 采用形成性评价，在设计成果推广应用之前，先在一定范围内试用，以了解教学系统的试用效果，如可行性、可用性和有效性等 |

3. 徐英俊等人的教学设计过程模式

徐英俊等人在总结大量国内外教学设计过程模式的基础上提出了适合我国中小学课堂教学现状的教学设计过程模式，模式由三个阶段、八个方面构成。具体过程如图 1-10 所示。

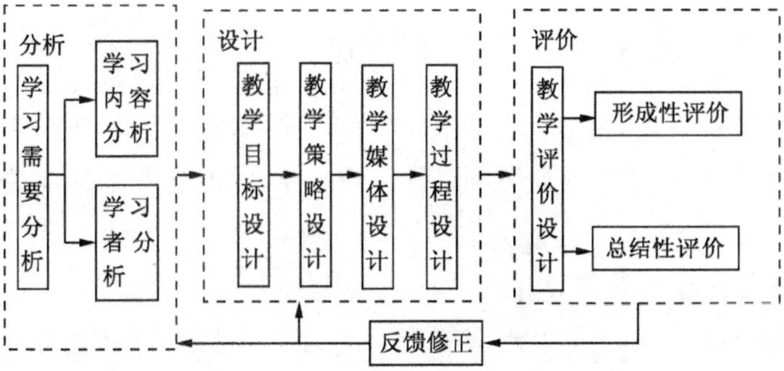


图 1-10

4. 余胜泉等人提出的建构主义教学设计模式①

余胜泉等人提出的建构主义教学设计模式就明确地提出构建学习资源、认知工具和自主学习策略的设计,如图 1-11 所示。

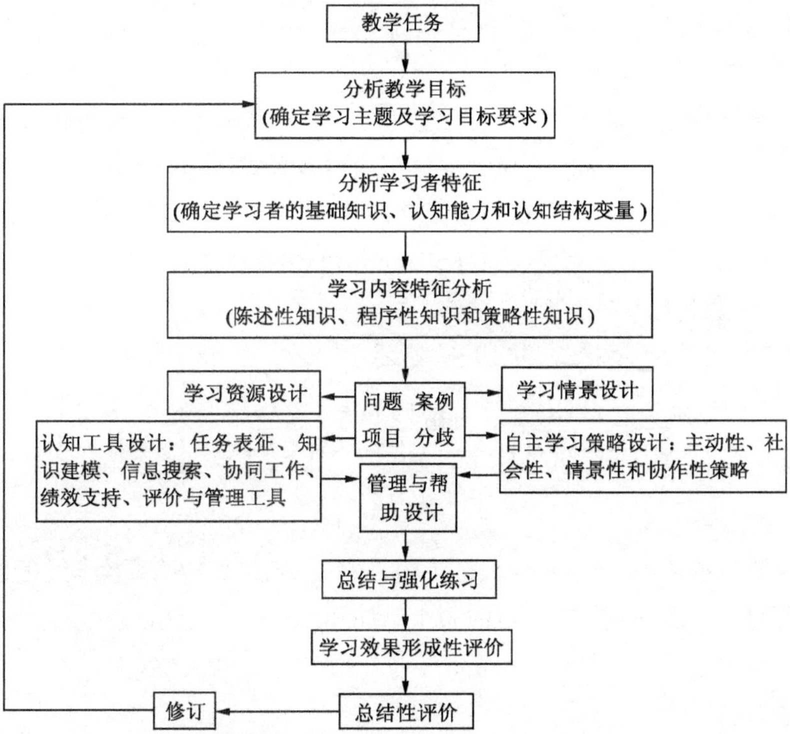


图 1-11

① 余胜泉,杨晓娟,何克抗.基于建构主义的教学设计模式[J],电化教育研究,2000(12):7—13.

## 第四节　教学设计的理论基础

教学设计受系统理论、传播理论、学习理论和教学理论的影响，这些理论不仅为教学设计提供了理论基础，而且为教学设计提供了基本方法和基本技术。①

### 一、系统理论与教学设计

教学设计的思维方式主要来自于系统理论。教学设计的根本目的是为解决教学实际问题而创设一个有效的教学系统。系统理论为教学设计提供了科学的研究方法。系统论对教学设计的贡献主要有两点：一是为制订计划和解决问题提供了系统工具——流程图；二是为教学设计提供了系统方法，把一般系统理论运用于教学设计领域，不仅能够为我们提供一种思考和研究问题或事物的方式、方法，而且有助于全面地考察教学设计过程中的每一个要素的作用和影响。

### 二、传播理论与教学设计

按照信息论的观点，教学过程是一个信息传播过程，特别是教育信息传播的过程。传播理论为教学设计提供了选用教学媒体的技术。

信息传播模式很多，在这里主要介绍拉斯韦尔(H. Lasswell)的“5W”论、贝罗(D. Berlo)的传播模式、香农(Shannon)的传播模式。

1. 拉斯韦尔的“5W”论

拉斯韦尔的传播模式如图 1-12 所示：

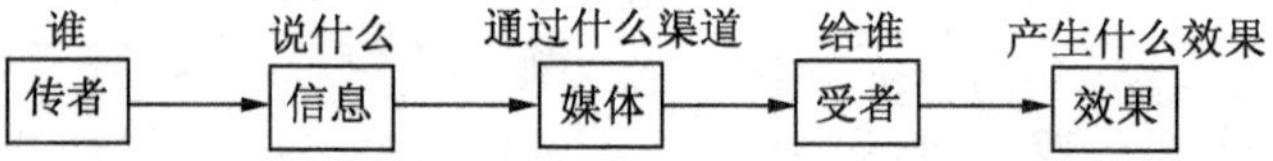


图 1-12

拉斯韦尔认为，要了解什么是传播，只需回答 5 个“W”。教学过程也涉及类似的要素，拉斯韦尔的“5W”如表 1-5 所示。

① 孙枝莲. 中学物理教学设计及案例分析[M]. 合肥：安徽大学出版社，2014：7—10.

表 1-5

| | | | |
|---|---|---|---|
| Who | 谁 | 传者的研究 | 教师或其他教学信息源 |
| Says What | 说什么 | 内容的研究 | 教学内容 |
| In Which Channel | 通过什么渠道 | 传播的研究 | 教学媒体 |
| To Whom | 向谁说 | 受者的研究 | 教学对象 |
| With What Effect | 有什么效果 | 效果的研究 | 教学效果 |

1958 年,布雷多克(Bradock)在此基础上发展了“7W”模型,因此,教学传播过程又增加了以下两个因素,如表 1-6 所示。

表 1-6

| | | | |
|---|---|---|---|
| Who | 谁 | 传者的研究 | 教师或其他教学信息源 |
| Why | 为什么 | 目的的研究 | 教学目的 |
| Where | 在什么情境下 | 情境的研究 | 教学环境 |
| Says What | 说什么 | 内容的研究 | 教学内容 |
| In Which Channel | 通过什么渠道 | 传播的研究 | 教学媒体 |
| To Whom | 向谁说 | 受者的研究 | 教学对象 |
| With What Effect | 有什么效果 | 效果的研究 | 教学效果 |

2. 贝罗的传播模式

贝罗模式把传播过程分解为四个要素:信息源、信息、通道和接受者,S 代表信息源 Source,M 代表信息 Message,C 代表通道 Channel,R 代表接受者 Receiver,该模式也叫 SMCR 模式,如图 1-13 所示。贝罗模式明确而形象地说明了影响信息源、接受者和信息传播的条件,说明信息传播可以通过不同的方式和渠道,而最终效果不是由传播过程中某一部分决定的,而是由组成

| 信息源<br>Source | 信息<br>Message | 通道<br>Channel | 接受者<br>Receiver |
|---|---|---|---|
| 传播技能<br>态度<br>知识<br>社会系统<br>文化背景 | 内容<br>要素<br>处理<br>结构<br>编码 | 视<br>听<br>触<br>嗅<br>味 | 传播技能<br>态度<br>知识<br>社会系统<br>文化背景 |

图 1-13

传播过程的信息源、信息、通道和接受者四部分以及它们之间的关系共同决定的,传播过程中每一组成部分又受其自身因素的制约。

教学过程也是信息传播过程,信息者和接受者分别是教师和学生,传播技能、态度、知识水平、社会及文化背景影响信息传播的效果,不同的传播媒体以及它们与传递信息的匹配将对学生的感觉引起不同的刺激,从而也影响传递效果。

贝罗模型现在常被用来解释教育传播过程,它说明了在教育传播过程中,影响和决定教学信息传递效率和效果的因素是多方面的、复杂的,各因素之间是既相互联系又相互制约的。为了提高教育传播的效果,必须研究和考察各方面的因素。贝罗模型给教育传播研究提供了一些结构性因素的考虑,对研究变量的设计和决定具有一定的指导意义。

3. 香农的传播模式①

香农认为,传播的过程是“信源”(即传者)把要提供的信息经过“编码”(即制成某种符号,如声音、文字、图片、视像等),通过一种或多种媒体送出,“信宿”(即受者)对这些信息符号经过“译码”,即解释符号而接受。有效的信息传播需要传者的经验与受者的经验有一部分重叠,否则受者难以理解或正确认识。

香农的传播模式如图 1-14 所示:

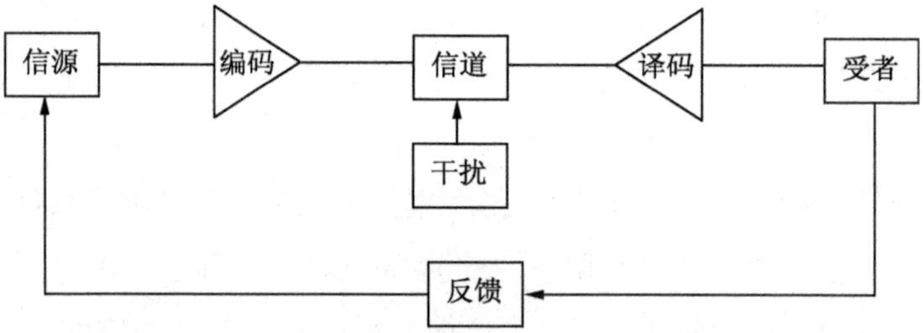


图 1-14

三、学习理论与教学设计

1. 行为主义理论

行为主义理论又称刺激—反应(S-R)理论,是当今学习理论的主要流派之一。行为主义学习理论认为,人类的思维是与外界环境相互作用的结果,

① 江苏省电化教育馆.现代教育技术概论[M].苏州:苏州大学出版社,1998:20—21.

即“刺激—反应”，刺激和反应之间的联结叫做强化，通过环境的改变和对行为的强化，任何行为都能被创造、设计、塑造和改变。在教学中，对学生理想的行为要给予表彰和鼓励，还要尽量少采取惩罚的消极强化手段，只有强化正确的“反应”，消退错误的“反应”，才能取得预期的效果。行为主义学习理论把“强化”看作是程序教学的核心，认为只有通过强化，才能形成最佳的学习环境，才能增强学生的学习动力。

2. 行为主义代表人物及其观点

(1) 华生。

华生是美国心理学家，行为主义心理学的创始人。认为人类的行为都是后天习得的，可以通过学习和训练加以控制，只要确定了刺激和反应之间的关系，就可以通过控制环境任意塑造人的心理和行为。环境决定了一个人的行为模式，行为可以经过学习而获得，也可以通过学习而更改、增加或消除。只要查明了环境刺激与行为反应之间的规律性关系，就能根据刺激预知反应，或根据反应推断刺激，达到预测并控制动物和人的行为的目的。他认为，行为就是有机体用以适应环境刺激的各种躯体反应的组合，有的表现在外表，有的隐藏在内部，在他眼里人和动物没什么差异，都遵循同样的规律。

(2) 巴甫洛夫。

俄国著名的生理学家。他的条件反射理论被行为主义学派吸收成为制约行为主义的最根本原则之一。巴甫洛夫认为学习是大脑皮层暂时神经联系的形成、巩固与恢复的过程。“所有的学习都是联系的形成，而联系的形成就是思想、思维、知识。”他所说的联系是指暂时神经联系。他说：“显然，我们的一切培育、学习和训练，一切可能的习惯都是很长系列的条件的反射。”巴甫洛夫利用条件反射的方法对人和动物的高级神经活动做了许多推测，发现了人和动物学习的最基本的机制。引起条件学习的一些基本机制有：① 习得律。有机体对条件刺激和无条件刺激(如狗对灯光与食物)之间的联系的获得阶段称为条件反射的习得阶段。② 泛化。指条件反射一旦建立，那些与原来刺激相似的新刺激也可能唤起反应，称之为条件反射的泛化。③ 分化(辨别)。分化是与泛化互补的过程。泛化是指对类似的事物作出相同的反应，辨别则是对刺激的差异的不同反应，即只对特定刺激给予强化，而对引起条件反射泛化的类似刺激不予强化，这样，条件反射就可得到分化，类似的不相同的刺激就可以得到辨别。

(3) 桑代克。

动物心理学鼻祖,联结主义心理学创始人,学习理论的奠基人之一。桑代克认为学习是一种渐进的尝试错误的过程,随着错误反应逐渐减少,正确反映逐渐增加,终于形成稳固的刺激—反应的联结,即 S-R 之间的联结。桑代克认为试误学习成功的条件有三个: ① 准备律。指学习要经过反复的练习。连接的加强和削弱取决于学习者的心理准备和心理调节。当任何传导单位准备传导时,给予传导就引起满意;当任何传导单位不准备传导时,勉强要他传导就引起烦恼。② 练习律。练习律又分为应用律和失用律: 应用律是指一个联结的使用(练习),会增加这个联结的力量;失用律是指一个联结的失用(不练习),会减弱这个联结的力量或使之遗忘。一个已形成的可以改变的联结,若加以应用,就会使这个联结增强,反之减弱。③ 效果律。是指"凡是在一定的情境内引起满意之感的动作,就会和那一情境发生联系,其结果是当这种情境再现时,这一动作就会比以前更易于重现。反之,凡是在一定的情境内引起不适之感的动作,就会与那一情境发生分裂,其结果当这种情境再现,这一动作就会比以前更难于再现"。

(4) 斯金纳。

行为主义学派最负盛名的代表人。在巴甫洛夫经典性条件反射理论和桑代克的学习理论影响下,1937 年,斯金纳提出了操作性条件反射学说,根据操作性条件反射的强化观点提出了自己的学习理论,并把在动物学习实验研究中所确定的一些规律用于教学,提倡程序教学与机器教学,以改革传统教学方式,这些曾得到广泛的支持。

斯金纳认为心理学所关心的是可以观察到的外表的行为,而不是行为的内部机制。科学必须在自然科学的范围内进行研究,其任务就是要确定实验者控制的刺激继之而来有机体反应之间的函数关系。当然,他不仅考虑到一个刺激与一个反应之间的关系,也考虑到那些改变刺激与反应的关系的条件,他的公式为: $R=f(A)$,式中 $R$ 表示反应,$A$ 表示实验者在某一研究内所控制的实验变因(即某一条件),$f$ 表示函数。行为主义的主要观点是,认为心理学不应该研究意识,而只应该研究行为,把行为与意识完全对立起来。在研究方法上,行为主义主张采用客观的实验方法,而不使用内省法。他把学习的历程分为两种类型: 应答型条件作用和操作型条件作用。经典行为主义研究的是前者,而斯金纳研究的重点是后者。

3. 认知派学习理论

随着认知心理学的发展,行为主义学习理论逐渐受到批评。在这个背景下,产生了认知派的学习理论。认知派学习理论有早期认知派学习理论和现代认知派学习理论之分,前者主要以格式塔的学习"顿悟说"和托尔曼的认知学习理论为代表。

在格式塔心理学家看来,学习就是知觉的重新组织。这种知觉经验变化的过程不是渐进地尝试错误的过程,而是突然领悟的。至于学习的原因,他们又从两个方面来回答:一方面,他们强调刺激情境的整体性和结构性,因此,在不知实验情境时,强调整个问题情境要能让动物直接感知到;另一方面,他们假定脑本身有一种组织功能,能填补缺口或缺陷。托尔曼重视有机体的内部变化,首先提出了中间变量的概念,学习的结果不是情境刺激 S 与反应 R 的直接联结,不是 S-R,而应改为 S-O-R,O 是托尔曼所指的中间变量。他认为学习的实质就是在有机体内部形成一定的认知地图(或认知结构)。关于学习的原因,与行为主义的观点相反,他认为外在的强化并不是学习产生的必要因素,不强化也会学习。

现代认知派学习理论主要以布鲁纳的认知结构学习理论、奥苏伯尔的认知结构同化理论以及 20 世纪 50 年代兴起的信息加工学习理论为代表。布鲁纳和奥苏伯尔是美国当代认知学习理论的代表人物,他们都继承了格式塔的完形说对行为主义联结说的批判观点,否认刺激——反应间直接的、机械的联系,认为学习中存在着一个认知过程。他们认为,学习是通过认知、获得意义和意向形成认知过程,学习是认知结构的组织与重新组织。这与格式塔的观点基本一致,但去掉了早期格式塔学习理论的神秘色彩,更强调已有知识经验(原有知识结构)的作用和学习材料本身的逻辑结构。学习变化的实质就是有内在逻辑结构的教材与学生原有认知结构关联起来,新旧知识发生相互作用,新材料在学习者头脑中获得了新的意义。

可见,认知主义所研究的学习属于狭义的学习,即个体对事物经认识、辨别、理解从而获得知识的历程。在这一历程中,个体学到的是思维方式即认知结构。个体通过学习增加经验,改变认知结构,所以这种学习是内发的、主动的,是整体性的质变过程。

4. 建构主义的学习理论

建构主义是认知主义的进一步发展。建构主义者更加关注学习者如何以原有的经验、心理结构和信念为基础来建构知识，更加强调学习的主观性、社会性和情景性。个体在进行学习的时候，头脑中并不是空的，而是由于先前的生活经验在头脑中保存着自己特有的认知图式，在学习过程中，通过与外界环境的相互作用，建构新的认知图式，这种新的认知图式是创造性的，在性质上不是原有图示的延续。所以，与行为学派的理论相比，认为学习的过程是一种质的变化，一种主动建构的过程，而不是被动的刺激反应模式的建立。

建构主义认为，学习是建构内在心理表征的过程，学习者并不是把知识从外界搬到记忆中，而是以已有的经验为基础通过与外界的相互作用来获取、建构知识。学习过程同时包含两方面的建构：一是对新信息的意义的建构，二是对原有经验的改造和重组。

为了更好地揭示建构教学的本质，建构主义提出了教学过程必须要具备的四个基本要素：

(1) 教学情境。

建构主义指出，教学环境中的情境必须有利于学生对所学内容的意义建构，教学设计不仅要考虑教学目标分析、教学内容安排，而且要重视有利于学生建构意义的情境的创设、问题的设计，并把情境创设看成是教学设计的最重要内容之一，以此建构起能灵活迁移应用的知识经验。

(2) 协作共享。

协作发生在教学过程的始终，这是建构主义的核心概念之一。建构主义者认为社会性相互作用在教学中具有重要作用。这种以协作为主要形式的社会性互动可以为知识建构创设一个广泛的教学群体，学生在教师的组织和引导下一起讨论和交流，共同建立起教学群体。在这种群体中，个体之间相互的协作对教学资料的收集与分析、假设的提出与验证、教学成果的评价直至意义的最终建构都有重要作用，通过这样的协作教学环境，教学群体中每一个成员的思维与智慧就可以被整个群体所共享，共同完成对所学知识的意义建构。

(3) 对话交流。

对话交流是协作过程中不可缺少的基本环节，是达到意义建构的重要手段之一。建构主义强调教师要放权给教学小组，而且“这种教学小组要足够小，以便让所有人都能参与到明确的集体任务中”，教学小组成员之间必须通过对话商讨如何完成规定教学任务的计划、规划完成规定的复杂任务的思路；此外，协作共享的过程本身也是对话的过程，在这个过程中，每个成员的想法、解决问题的思路都明确化和外显化了，他们的思维成果（智慧）为整个教学小组所共享。

(4) 意义建构。

这是整个教学过程的最终目标。意义建构是指学习者通过以上几个阶段的教学有效地把握了事物的性质、规律以及事物之间的内在联系，完成了新知识的有效迁移，并能对新知识达到较深刻的理解，建立起关于当前所学内容的认知结构，形成自己理解客观事物的独特视角。综上所述，教学质量是学习者建构意义能力的函数，而不是学习者重现教师思维过程能力的函数。所以，建构主义认为，获得知识的多少不在于学习者记忆和背诵教师讲授内容的能力，而主要取决于学习者根据自身经验去建构有关知识的意义的能力。

5. 教学理论与教学设计①

教学理论是研究教师引导、维持或促进学生学习的行为，构建一种具有普遍性的解释框架，提供一般性的规定或处方，以指导课堂实践的一门学科。

教学理论主要关心两大问题：一是怎样教才是有效的，对教学行为进行一定的规范，并给教师提供一系列使教学有效的建议或处方；二是怎样保证这样教就是有效的，或者进一步说怎样才能教得更好。这两个问题既是关联的，也是递进的。

## 第五节　物理认知学习的模式②

### 一、物理认知学习的原型

从认知学习理论角度看，中学物理学习的过程也是一种认识过程，是学生个体与物理环境在相互作用中认识物理世界的过程和物理认知结构发生变化的过程，如图 1-15 所示。

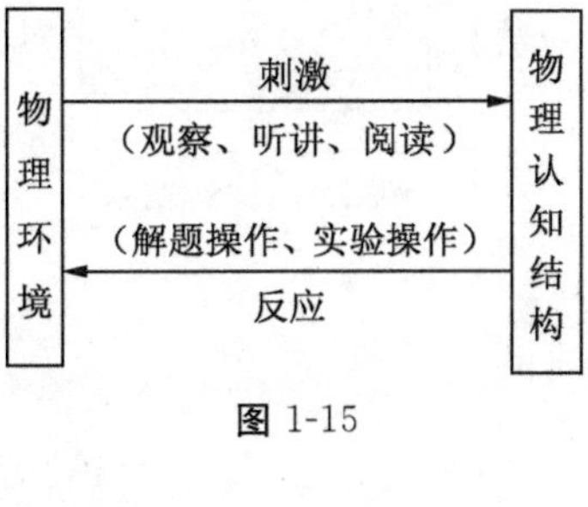


图 1-15

① 崔允漷. 有效教学[M]. 上海：华东师范大学出版社，2009：23－24.
② 张民生. 中学物理教育学[M]. 上海：上海教育出版社，1999：359－361.

## 二、物理认知学习的扩展原型

在物理学习时，除了上述外显动作(刺激、反应)外，还存在一种不能直接看到的发生在学生大脑内部的思维加工动作，物理环境的刺激通过感受器传入大脑，经大脑的思维加工，改变物理认知结构；同样，物理认知结构通过思维加工，形成解题或实验策略，推动效应器工作，完成对物理环境的反应，物理认知学习的扩展原型如图 1-16 所示。

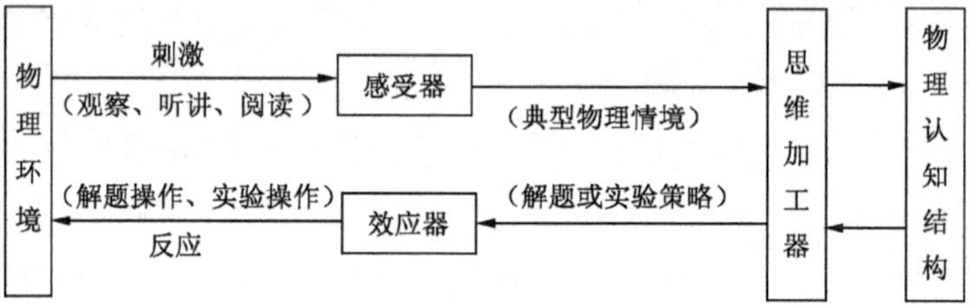


图 1-16

## 三、物理认知学习的模式

大脑思维加工是一个十分复杂的过程，可把这一过程分为在科学方法指导下的感知物理现象、形成物理概念和建立物理规律、解决物理问题三个方面，就能形成物理认知学习的模式，如图 1-17 所示。

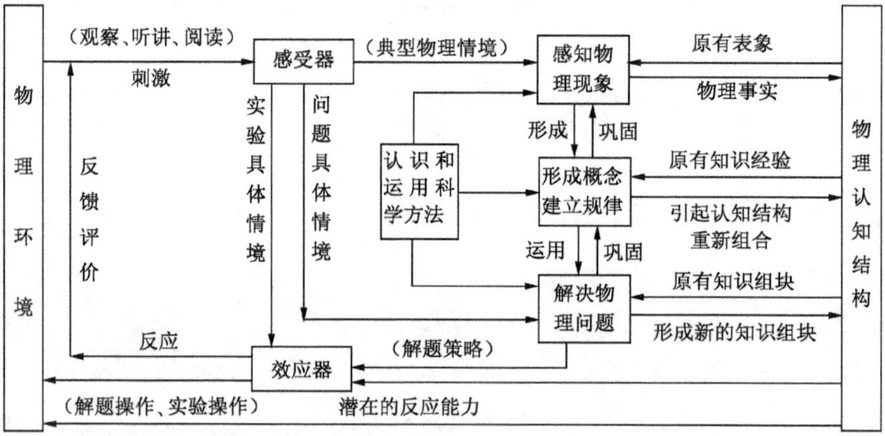


图 1-17

综上所述，物理认知学习过程具有以下三个特点：

(1) 物理认知学习离不开物理环境的刺激。创设符合物理学习需要的各种情境，是实现物理学习的必要条件。

(2) 物理认知学习跟科学方法指导密切相关。体验、认识和运用科学方法，是实现物理学习的关键。

(3) 不断地扩展、更新和重建物理知识结构，是物理认知学习的结果。

## 第六节　教学目标的陈述及说明

1962 年，美国的著名心理学家马杰根据行为主义心理学提出了用行为术语阐述教学目标的理论和技术。他认为一个规范的教学目标应该包括三个基本要素，分别是行为(Behavior)、条件(Conditions)与标准(Degree)。在教学设计实践中，有学者认为有必要在上述要素基础上，加上对教学对象(Audience)的描述。这样，一个规范的教学目标就包括了四个要素，把编写教学目标的要素简称为"ABCD 模式"①，如表 1-7 所示。

例如，"力的图示"认知教学目标可陈述如下。

目标 1：能说出力的三个要素。

目标 2：对提供的实例，能用力的三要素来分析力的作用效果。

目标 3：对提供的实例，能用力的图示法做出正确的图示。

表 1-7

| 教学目标的四要素 | 对应的解释 | 实　例 |
|---|---|---|
| 1. 对象<br>2. 学生的行为<br>3. 作业的条件<br>4. 合格作业的最低标准 | 1. 谁<br>2. 做什么<br>3. 在什么条件下做<br>4. 做得怎样 | 1. 初二学生<br>2. 画出力的图示<br>3. 教师给出的实例中画力的图示<br>4. 作用点、箭头的方向正确，有向线段的尺度与力的大小对应 |

### 一、教学目标陈述的基本原则②

(1) 第一条原则：目标应陈述预期的学生学习的结果。

目标要描述通过教学后学生在知识、技能、学习方法和情感态度方面的变化。教学目标不应该描述教师做什么，如"帮助学生学习……""通过……，使……""培养学生……能力"。教学目标也不应该陈述学生学习什么，如"学习法拉第的科学探索精神"，这样的陈述不表示学生学习的结果，也不符合目标陈述的要求。"让学生经历……过程"之类的说法也不能称作目标。

(2) 第二条原则：目标的陈述应有助于导学、导教、导测评。

所谓"导学"就是目标能够明确告诉学生，通过学习，应该学会做什么；所

① 孙枝莲. 中学物理教学设计及案例分析[M]. 合肥：安徽大学出版社，2014：75.

② 皮连生. 教学设计[M]. 北京：高等教育出版社，2009：86.

谓“导教”，就是目标中应暗含要教会学生的知识、技能、认知策略是什么；所谓“导测评”就是目标应暗含观察学生学习结果的条件。

(3) 第三条原则：目标中应暗含适当的分类框架。

## 二、教学目标陈述的注意事项

在这三个基本原则的指导下，教师在教学目标陈述时应注意如下事项：

(1) 行为主体是学生，不是教师。

(2) 用经过心理学界定的动词和名词陈述目标。

合格的目标陈述必须有一个动词和一个名词(或名词词组)。但是，动词可以区分行为动词和非行为动词。行为动词指动词所描写的行为是可以观察的，外显的，如背诵、指认、默写、口算、列出、认出、辨别、比较、对比、指明、绘制等是行为动词。但许多动词描述的动作是看不见的，如思考、体验、热爱等是非行为动词。现在看来，完全用行为动词陈述目标是有的困难。

(3) 教学目标的陈述应力求明确、具体，可以观察和测量。

## 三、教学目标中使用的行为动词

初中物理教学目标的层次与含义如表 1-8 所示。

**表 1-8**

| 类型 | 水平 | 各水平的基本特征 | 所用的行为动词 |
|---|---|---|---|
| 认知性目标行为动词 | 了解 | 复述：即把已经学过的知识，通过回忆，按问题的要求陈述出来 | 了解、知道、描述、说出、列举、举例说明、说明 |
| | 认识 | 不仅需要通过回忆提取所学过的相关知识，还要对所学这些知识有所领悟，能在具体问题中辨认和识别 | 认识 |
| | 理解 | 转化：即能够转用各种不同的方法来呈现知识的本质特征 | 解释、理解、计算 |
| 技能性目标行为动词 | 独立操作 | 会：独立完成操作 | 会、会测量、会选用、会使用、会根据……估测、会用……测量 |
| 体验性目标行为动词 | 经历 | 学习者确实发生了所要求的体验性学习行为 | 尝试、观察、经历、探究、能 |
| | 认同 | 学习者对相关结论持认可和赞同的态度 | 关心、关注、有……意识 |
| | 内化 | 在思想观点上与他人的思想观点相一致，自己所认同的新的思想和自己原有的观点、信念，结合在一起，构成一个统一的态度体系 | 养成 |

(源自 2011 版初中物理课程标准)

高中物理教学目标的层次与含义如表 1-9 所示。

**表 1-9**

| 类型 | | 水平 | 各水平的含义 | 所用的行为动词 |
|---|---|---|---|---|
| 知识技能目标动词 | 知识 | 了解 | 再认或回忆知识；识别、辨认事实或证据；举出例子；描述对象的基本特征 | 了解、知道、描述、说出、举例说明、列举、表述、识别、比较、简述、对比 |
| | | 认识 | 位于“了解”与“理解”之间 | 认识 |
| | | 理解 | 把握内在逻辑联系；与已有知识建立联系；进行解释、推断、区分、扩展；提供证据；收集、整理信息等 | 阐述、解释、估计、理解、计算、说明、判断、分析、区分 |
| | | 应用 | 在新的情境中使用抽象的概念、原则；进行总结、推广；建立不同情境下的合理联系等 | 评估、使用、验证、运用、掌握 |
| | 技能 | 独立操作 | 独立完成操作；进行调整或改进；尝试与已有技能建立联系等 | 测量、测定、操作、会、能、制作、设计 |
| 体验性要求的目标动词 | | 经历 | 从事相关活动，建立感性认识等 | 观察、收集、调查、交流、讨论、阅读、尝试、实验、学习、探究、预测、考虑、经历、体验、参加、参观、查阅 |
| | | 反应 | 在经历基础上表达感受、态度和价值判断；做出相应反应等 | 体会、关注、注意、关心、乐于、敢于、勇于、发展、保持 |
| | | 领悟 | 具有稳定态度、一致行为和个性化的价值观念等 | 形成、养成、具有、领略、体会、思考 |

（源自 2003 版高中物理课程标准）

以初中物理“温度与温度计”内容为例，如表 1-10 所示，呈现教学目标的表述模型。①

**表 1-10**

| 课题：温度与温度计 | | | | | | | | |
|---|---|---|---|---|---|---|---|---|
| 知识点 | 认知目标 | | | 技能目标 | 体验目标 | | | 教学目标表述 |
| | 了解 | 认识 | 理解 | 独立操作 | 经历 | 认同 | 内化 | |
| 温度概念 | ✓ | | | | | | ✓ | 能说出生活和自然环境中常见的温度值 |
| | | | | | | | | 能用温度术语描述生活中的“热”现象 |
| | | | | | | | | 知道温度的常用单位和国际单位制中的单位 |
| | | | | | | | | 通过对环境温度发表自己的见解，养成环保意识 |

① 孙枝莲. 中学物理教学设计及案例分析[M]. 合肥：安徽大学出版社，2014：81.

续表

<table>
<tr><th colspan="9">课题：温度与温度计</th></tr>
<tr><th rowspan="2">知识点</th><th colspan="3">认知目标</th><th>技能目标</th><th colspan="3">体验目标</th><th rowspan="2">教学目标表述</th></tr>
<tr><th>了解</th><th>认识</th><th>理解</th><th>独立操作</th><th>经历</th><th>认同</th><th>内化</th></tr>
<tr><td rowspan="3">温度计结构原理</td><td rowspan="3"></td><td rowspan="3">√</td><td rowspan="3"></td><td rowspan="3"></td><td rowspan="3"></td><td rowspan="3"></td><td rowspan="3"></td><td>学会摄氏温度的读法和写法</td></tr>
<tr><td>常用液体温度计是利用玻璃管内的液柱随温度变化而上升或下降来测量温度</td></tr>
<tr><td>了解液体温度计的使用方法和测量范围</td></tr>
<tr><td rowspan="3">温度计使用</td><td rowspan="3"></td><td rowspan="3"></td><td rowspan="3"></td><td rowspan="3">√</td><td rowspan="3">√</td><td rowspan="3">√</td><td rowspan="3">√</td><td>会正确操作，能判断哪些操作是错误的</td></tr>
<tr><td>从温度计的精巧设计体验科学的魅力</td></tr>
<tr><td>理解测量工具使用规定的意义，并愿意遵守这些规定</td></tr>
</table>

提供的叙写教学目标的正反例子[①]如表 1-11 所示。

**表 1-11**

| 正　例 | 反　例 |
|---|---|
| (1) 学生能自己组织语言完全无误地解释细胞分化的含义<br>(2) 学生在教师的提醒下能推断分化的特点，准确率至少达 80%<br>(3) 学生在新的情境中能扩展分化的意义，至少能说出一点<br>(4) 学生能在具体的情境中区分分化程度与分化能力的关系，准确率至少达 80% | (1) 以教育目的取代学习目标，如"使学生成为德智体全面发展的人"等<br>(2) 含糊其词，难以评价，如"提高学生的写作技巧"<br>(3) 行为的主体是教师，而不是学生，如"拓宽学生的知识面"<br>(4) 行为动词没有指向的具体概念或内容，如"学生能获得发展" |

对教学目标叙写的评析[②]如表 1-12 所示。

**表 1-12**

| 教学目标 | 激发学生实验课学习的兴趣 | 培养学生的实验观察能力 |
|---|---|---|
| 对教学目标叙写的评析 | 该教学目标的表述既缺乏具体内容又没有可观察的行为。教学目标不是对教师的教学行为的描述，而是指学习者的学习结果。而这种教学目标的表述对学生学习结果的描述是不明确的 | 该表述只是把目标集中在教师的活动上，将教师要做的事情作为教学目标来描述，而缺少经过教学后学生应该达到什么样的学习结果，使学生的学习行为没有目的性。教学目标是学生通过教学活动后要达到的预期学习结果。因此，教学目标的表述一定要将学生经过教学活动后在认识、理解、技能、态度和情感等方面的行为上的变化用具体的、可测量的术语来表述 |

① 崔允漷. 有效教学[M]. 上海：华东师范大学出版社，2009：114.
② 张海珠. 教学设计[M]. 北京：北京师范大学出版社，2013：58.

教学设计实施方案参考样式之一①如表 1-13 所示。

**表 1-13**

| 方案科目 | | 年级 | | 班级 | | 时间 | |
|---|---|---|---|---|---|---|---|
| 教师 | | 课型 | | 课时 | | 教材 | |

1. 学习需要分析

| 现状 | 目标 | 差距 | 原因 | 对策 |
|---|---|---|---|---|
| | | | | |

2. 学习内容分析

| 知识点 | 重点 | 难点 | 关键点 |
|---|---|---|---|
| | | | |
| | | | |

3. 学习者分析

| 知识起点 | 技能起点 | 态度起点 |
|---|---|---|
| | | |
| | | |
| | | |

4. 教学目标设计

| 知识点 | 认知目标 | | | 技能目标 | 体验目标 | | | 教学目标 |
|---|---|---|---|---|---|---|---|---|
| | 了解 | 认识 | 理解 | 独立操作 | 经历 | 认同 | 内化 | |
| 1 | | | | | | | | |
| 2 | | | | | | | | |
| 3 | | | | | | | | |

5. 教学策略设计

| 教学顺序 | 教学活动 | 教学形式 | 教学方法 |
|---|---|---|---|
| | | | |

6. 教学媒体设计

| 知识点 | 学习水平 | 媒体类型 | 媒体内容要点 | 作用 |
|---|---|---|---|---|
| 1 | | | | |
| 2 | | | | |
| 3 | | | | |

① 孙枝莲.中学物理教学设计及案例分析[M].合肥：安徽大学出版社，2014：75.

续表

<table>
<tr><td colspan="6">7. 教学过程设计</td></tr>
<tr><td colspan="3">1. 画出流程图</td><td colspan="3">2. 简要说明</td></tr>
<tr><td colspan="3"></td><td colspan="3"></td></tr>
<tr><td colspan="6">8. 形成练习题</td></tr>
<tr><td colspan="2">知识点</td><td colspan="2">学习水平</td><td colspan="2">题目内容</td></tr>
<tr><td colspan="2">1</td><td colspan="2"></td><td colspan="2"></td></tr>
<tr><td colspan="2">2</td><td colspan="2"></td><td colspan="2"></td></tr>
<tr><td colspan="2">3</td><td colspan="2"></td><td colspan="2"></td></tr>
<tr><td colspan="6">9. 教学设计实施方案的评价</td></tr>
<tr><td colspan="6">评价人</td></tr>
<tr><td colspan="6">10. 教学反思</td></tr>
<tr><td colspan="6"></td></tr>
</table>

# 第二章　初中物理教学设计

## 第一节　速　度

### 一、教学设计思路

学生已经学习了长度与时间的测量，且在数学行程问题中对速度数值的计算也已熟悉，同时学生也具备了一定的自主学习能力和动手能力，要充分利用这些有利因素引导学生学习。速度的公式与单位是学生第一次遇到的物理公式与复合单位，以前数学行程问题只注重数值的计算，对公式意义的理解及单位未做要求，而速度单位的换算对学生是个难点，要结合具体例子说明。

教材通过两个活动引导学生自主提出在不同问题情境下比较纸锥运动快慢的方案，并进行测量，进一步提高他们测量长度和时间的技能。活动为学生设置了真实的物理问题情境，引导他们体验科学探究的主要过程，在解决问题的过程中，启发学生提出不同的方案，培养学生的发散思维能力。在做"测量纸片下落的速度"实验中要注重培养学生的动手能力、自主设计表格的能力、搜集和处理信息的能力、获取新知识的能力，分析实验中的缺点并迅速找到解决问题的有效途径。

### 二、教学目标

(1) 通过探究活动找出比较运动快慢的方法，知道速度是描述物体运动快慢的物理量，理解速度的定义和单位。

(2) 通过测量速度，了解测量速度的基本方法，提高动手能力及合作能力。

(3) 学会用速度公式进行简单计算，并会进行速度单位的换算。

### 三、教学重点、难点

重点：速度概念的建立及测量速度的基本方法。

难点：设计比较物体运动快慢的方案，掌握速度单位的换算。

## 四、教学准备

教学器材：每个学习小组准备两个大小不同的纸锥、一把米尺、一块秒表。

教学媒体：关于动物奔跑、蜗牛爬行、运动员赛跑的视频。

## 五、教学流程图

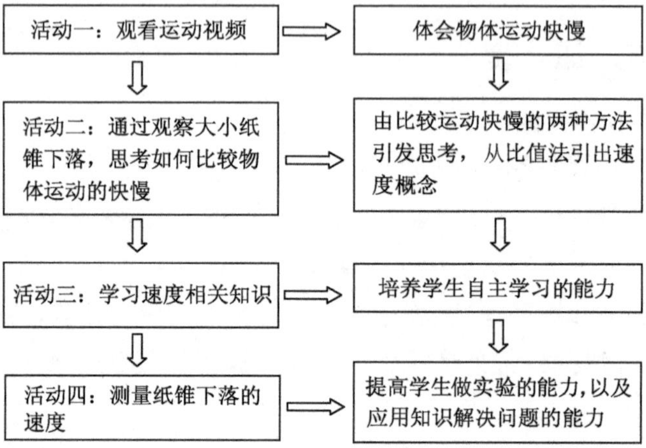


## 六、教学过程

### （一）课堂引入

活动一：观看运动视频

视频内容：《动物世界》中各种动物奔跑、蜗牛爬行、运动员赛跑、F1 赛车、飞机起飞、火箭升空等运动情景。

设计意图：通过情境设置，引起学生注意，激发学生兴趣，让学生体会物体的运动有快有慢。

衔接过渡：自然界中各种物体的运动有快有慢，那么我们如何比较物体运动的快慢呢？这就是我们今天要一起研究、学习的内容。

### （二）课堂教学

活动二：如何比较物体运动的快慢

衔接过渡：请同学们观察老师这里下落的两个大小不同的纸锥（分别下落），比较哪个纸锥下落得快。是不是有点困难呢？你有没有简单的比较方法呢？大家一起动手做一做吧。

学生活动：利用两个大小不同的纸锥、一把米尺、一块秒表，小组合作设计比较物体运动快慢的方案，并写出小组思考出的方案。

学生展示：要求学生上台演示，在演示前先说明自己的方案。

小组 1：将大小不同的两个纸锥从相同的高度同时释放，先到桌面的纸锥运动得快。

小组 2：将大小不同的两个纸锥从不同的高度同时释放，同时落到桌面，原来高度高的纸锥运动得快。（其他同学发现，很难同时落到桌面。提醒：此方案实际操作很困难）

小组 3：用秒表计时 1 秒钟，用米尺分别测出大小不同的两个纸锥下落的高度。（演示学生还重点强调下落高度要高些，以免落到桌面时间不够一秒）

小组 4：用秒表记录大小不同的两个纸锥下落 1 米所用的时间。

引导环节 1：利用展台投影各小组方案。各小组表现都非常出色，现在我们要静下来思考一下，前一节刚学习了路程、时间，刚才各小组展示中将哪个物理量取成相同的，哪个物理量取成不同的呢？

学生：1、4 小组的方案是路程相同，时间不同，2、3 小组的方案是时间相同，路程不同。

引导环节 2：很好，我们可以将 1、4 小组比较快慢的方法概括为相同路程比时间。那么 2、3 小组的方法可以概括为——

学生：相同时间比路程。

设计意图：学生知道怎么比较物体运动快慢，但用科学语言简洁地归纳出来有一定的难度，这里通过启发引导，让学生逐步形成概念。

联系生活：生活中有哪些地方可以利用这两种方法比较物体运动快慢？

学生：运动员赛跑、赛车、赛艇、帆船比赛、自行车比赛、速滑比赛、游泳比赛。

教师提问（播放刘翔比赛视频）：在体育比赛中观众和裁判所用的比较快慢的方法相同吗？

学生：观众的方法是谁在相同的时间内通过的路程长，谁运动得就快，所以是相同时间比路程。裁判的方法是谁在相同的路程中所用的时间短，谁运动得就快，所以是相同路程比时间。

设计意图：让学生体会生活中我们常利用刚刚归纳的方法比较物体运动的快慢。

引导环节 3：如果将两个纸锥从不同高度、不同时间释放，又怎样比较它们运动的快慢呢？

我们一起来看看下面的题目，看能不能得到启示。

课件显示：小明跑 50 米用了 10 秒，小强跑 36 米用了 6 秒，他们哪个更快？你有方法比较吗？你能归纳出这种比较方法吗？思考后，小组交流。

设计意图：在不同的高度、不同时间的条件下释放如何比较，引发学生思考，条件不符合，是否可以创造出符合的条件——比值法。利用试题，使学生很容易想到路程比时间，引出速度的概念。

衔接过渡：路程比时间，可以将哪个物理量创造出相等的条件？对，是时间。物理学中，路程比时间这个比值定义的物理量就是速度。接下来，同学们就要根据自学指导的问题看书，学习和整理速度相关知识了，看谁完成得又快又好。

**活动三：学生自学"速度"，整理相关知识**

课件出示学生自学指导：

(1) 速度的物理意义是什么？它是如何定义的？根据定义，你可以写出速度的公式吗？

(2) 国际单位制中长度和时间的单位是什么？根据公式，你可以写出速度的国际单位吗？

(3) 速度的常用单位是什么？

单位换算：

1km/h=1km÷1h=________m÷________s=________×________m/s=________m/s

1m/s=1m÷1s=________km÷________h=________×________km/h=________km/h

互动练习：

猎狗最大的奔跑速度是 30m/s，野兔最大的奔跑速度是 72km/h，谁的速度更快呢？

方法一：30m/s=________km/h

方法二：72km/h=________m/s

(1) 观察课本图 5-20 中一些物体的速度，其中人的步行速度约为多少？其物理含义是什么？汽车的速度约为多少？其物理含义是什么？你还记得声音在空气中传播的速度大约是多少吗？它可以标在这幅图的哪个位置呢？

(2) 认真学习课本中的例题，在导学案上独立写出解答过程。

(3) 阅读“生活 物理 社会”,比一比谁运动得最快。

(4) 以上自学的内容,你有哪些不理解或困惑的地方?

学生活动:学生自学课本 P109－P111 的内容,独立完成导学案“自学指导”中的问题后,组内交流,并记录本小组内解决不了的问题,留待集体交流时提出。

教师活动:组织学生自学,组织小组合作学习,组织小组展示学习成果和小组未解决的问题,调动其他小组同学帮助解决。及时总结学生回答的内容,学生回答得很到位,教师肯定表扬,无须补充。学生回答有问题,先调动其他同学点评,然后根据情况进行补充。讲解学生不能解决的问题。本活动中利用实物投影展示学生单位换算及例题解答过程,通过指出不足之处,强化学生单位换算以及规范计算的格式。

设计意图:通过“自学指导”缩短学生与教材间的距离,将学生的注意力集中到课本内容上,将课程标准中的目标变成学生的学习目标,培养学生的自学能力。通过小组合作学习,培养学生的合作能力,提高学生的学习效率。

衔接过渡:我们已学习了速度的相关知识,掌握了速度的单位换算,能应用速度公式解决生活中的简单问题,了解生活中一些物体的速度,那么现在我们是不是很想知道刚刚的两个纸锥下落的速度到底是多少呢?你能应用你所学的知识,解决这个问题吗?

**活动四:测量纸锥下落的速度**

问题 4-1:要测量纸锥下落的速度,你认为需要测量哪些量?你的依据是什么?你准备选用哪些测量仪器?请你设计表格,记录两个纸锥下落的速度。

设计意图:通过问题引导,让学生理清实验思路。投影学生实验表格,通过对比,修正实验表格。

问题 4-2:请同学们先测一次纸锥下落的速度,思考实验中哪些地方存在误差,如何减少这些误差。

设计意图:通过实验尝试,让学生体会出理论和实际的区别,实际操作中会出现很多意想不到的问题,如纸锥下落过快,反应不过来。通过思考与交流,找到解决方法,如提高纸锥下落高度。相同下落高度,多次测量时间,取时间平均值,减少时间测量的误差。

学生活动:学生再次测量大小不同的两个纸锥的下落速度,记录数据,展示测量结果。

拓展问题：实验中你有什么新的问题？纸锥下落的快慢与哪些因素有关呢？同学们课后可以进一步思考与探究。

七、板书设计

速　度

一、比较物体运动快慢的方法：
- 相同时间比路程——路程/时间
- 相同路程比时间

二、速度

1. 描述物体运动快慢的物理量，大小等于物体在单位时间内通过的路程。

2. 单位：国际单位　米/秒（m/s）

常用单位　千米/时（km/h）　厘米/秒（cm/s）

3. 计算公式：$v=\frac{s}{t}$

八、作业布置

**（一）课堂作业**

苏科版八年级上册物理教材 P112 第 1 题、第 2 题。

**（二）家庭作业**

必做：苏科版物理教材配套《补充习题》“速度”一节。

选做：苏科版八年级上册物理教材 P112 第 3 题。

九、教学设计评析

本节教学设计体现了学生的主体地位，充分调动了学生学习的主动性。整节课由四个学生活动组成，学生进行了自主学习、自主探究、自我构建知识。活动中充分发挥小组合作学习优势，提高学生的学习效率。教师在教学过程中起到了主导作用，强调知识的系统性和语言的规范性。如在比较物体运动快慢的活动中，教师通过设置层层深入的问题，引发学生深入思考，帮助学生自我构建速度的概念；在学生学习单位换算及速度计算上，教师及时总结规范学生的解答格式；最后在测量纸锥下落的速度活动中，及时引导学生发现问题、解决问题，促使学生顺利地完成测量。

建议：引入环节如果可以设置成学生亲身感受物体运动快慢的活动，更容易激发学生的学习积极性。方法归纳要注意语言的科学与规范，同时也要注意避免引起学生的误解。在归纳比较物体运动快慢的方法时，归纳出相同时间比路程和相同路程比时间，很多学生会把这里的比当成除号，从而在分辨路程/时间属于哪种方法的延伸时发生错误。可以归纳成相同时间比较路程大小或相同路程比较时间多少，利用“比较”排除学生的误解。

## 第二节 运动的相对性

### 一、教学设计思路

通过对“速度”和“直线运动”两节内容的学习，学生已经建立了运动和静止的初步概念，但还不能用科学语言描述物体的运动和静止，尤其是学生平时判断物体运动还是静止的参照物是默认地面的，所以对于运动和静止的相对性理解起来就有一定的困难。针对这点，本节课设置了多个活动，逐步引导学生正确地认识运动现象的本质，理解运动的相对性。

教材列举了日常生活中的一些运动现象，从微观世界到宏观世界，让学生体会到一切物体都处于运动之中。通过创设生活中两人等待列车开行的一个情境，引出机械运动和参照物的概念，再以运动员赛跑的画面进一步说明运动与否与参照物的选取之间的关系。接着引用古诗“游云西行，而谓月之东驰。”说明运动的相对性。最后介绍了运动相对性的应用。但由于等待列车开行的情境活动中有运动相对性的特点，而这点又是学生理解相对性的难点，所以本节课将它出现的位置作了适当调整。

### 二、教学目标

(1) 知道我们生活在一个不停运动着的世界中，能举例说明常见的运动现象。

(2) 了解人们描述运动的不同方式，举出文学、绘画等作品中描述运动的例子。

(3) 会选择参照物判断物体是运动还是静止，理解运动的相对性，初步学会用辨证的观点研究运动。

### 三、教学重点、难点

重点：用科学语言描述物体的运动和静止。

难点：运动和静止的相对性。

### 四、教学准备

教学器材：教室内可见的各种物品。

教学媒体：运动视频。

## 五、教学流程图

|  |  |
| --- | --- |
| 活动一：观察游戏——谁动了，谁没动 ⇨ | 引出机械运动和参照物的概念 |
| ⇩ | ⇩ |
| 活动二：说说它们是运动的还是静止的 ⇨ | 巩固机械运动和参照物的概念 |
| ⇩ | ⇩ |
| 活动三：就列车是运动的还是静止的展开辩论 ⇨ | 引出运动的相对性 |
| ⇩ | ⇩ |
| 活动四：运动还是静止，我来说 ⇨ | 应用运动的相对性 |

## 六、教学过程

### 活动一：观察游戏——谁动了，谁没动

活动内容：观察如图 2-1 所示的两张小朋友的游戏图片(课件展示)，判断谁动了，谁没动。

图 2-1

学生：1、2 号小朋友动了，3、4 号小朋友没动。

问题 1-1：你是怎么判断 1、2 号运动，而 3、4 号静止的呢？请说出理由。

学生活动：学生独立思考后，小组交流，小组代表说明 1、2 号相对于旁边的树的位置改变了，而 3、4 号位置没有改变。

问题 1-2：怎样用科学的语言来描述物体的运动和静止呢？

学生活动：学生独立思考后，小组交流，小组代表说明运动是一个物体相对于另一个物体位置发生了改变，静止是一个物体相对于另一个物体位置没有发生改变。

衔接过渡：在判断一个物体是否运动时被选来作为标准的另一个物体，在物理中叫作参照物。下面我们练习用参照物来说明物体运动情况，大家有没有信心？

学生：有。

设计意图：让学生体会判断物体运动还是静止，需要选择一个参照物。因为学生感性认识强，而理性认识相对较弱，用科学语言描述物体的运动和静止比较困难，所以采用小组合作讨论模式，让学生充分准备，必要时教师作适当引导。

**活动二：说说它们是运动的还是静止的**

活动内容 2-1：多媒体展示奔跑的骏马、行进中的火车、飞驰的赛车、飘动的浮云、火箭升空、行星绕日、电子绕核等，请选择参照物来说明它们的运动情况。

学生活动：交流、讨论、研究马、火车、赛车、云、火箭、行星、电子分别相对于草地、铁轨、楼房、地面、发射架、太阳、原子核有位置的变化，所以选择这些参照物，它们是运动的。

活动内容 2-2：教室中有很多物品，请选择参照物来说明它们的运动情况。

学生活动：课桌上的文具和书、课桌、讲台等相对于地面位置没有变化，所以选择地面，它们是静止的。它们彼此也可以互为参照物，如判断书，可以选择课桌。

活动内容 2-3：观察课本图 5-36，回答课本上的问题。

学生活动：以地板为参照物，运动员是运动的，因为运动员相对于地板位置发生了改变；墙是静止的，因为墙相对于地板位置没有改变。

设计意图：通过展示日常生活中的运动现象，从微观世界到宏观世界，让学生体会到一切物体都处于运动之中，尤其是地球绕日运动，让学生了解“地面也是运动的”，为下面学习运动和静止的相对性做铺垫。同时，通过这个环节，强化学生用科学的语言描述物体的运动和静止。

**活动三：就列车是运动的还是静止的展开辩论**

教师引导：组织辩论赛，如图 2-2 所示，列车到底动还是不动？

图 2-2

学生活动：

正方(小明派)：列车——相对于站台——位置没有改变　列车静止

反方(小华派)：列车——相对于已开动的列车——位置改变　列车运动

设计意图：通过分析、辩论，让学生体会到要说明一个物体是静止的还是运动的，首先要选定参照物，再根据物体相对于参照物的位置是否变化来做出判断，小明选取站台、小华选取已开动的列车为参照物，所以他们的判断都是正确的。

接下来，要求学生用所学的知识对教材中图 5-37 进行研究，引导学生观察得出正确结论，并填写课本上的相关内容。

问题 3-1："游云西行，而谓月之东驰。"诗句中游云西行，选择的参照物是谁？月之东驰，选择的参照物又是谁？

问题 3-2："满眼风波多闪烁，看山恰似走来迎，仔细看山山不动，是船行。"诗句中有与运动的相对性有关的地方吗？

设计意图：培养学生的分析能力，同时让学生知道古人对运动的相对性已经有了一定的认识。

教师引导：引导学生发现这类佳句与运动的相对性有关，再结合运动的概念，引导学生归纳出"运动的相对性"的含义。

衔接过渡：通过刚才的分析，同学们已经了解了运动相对性的含义，接下来，就要看看同学们应用知识解决问题的能力了。

**活动四：运动还是静止，我来说**

问题 4-1：你可以将原来我们认为"静止"的物体说成运动的吗？反过来，你可以将原来我们认为"运动"的物体说成静止的吗？看谁举的例子多。

设计意图：培养学生应用运动相对性知识的能力。

问题 4-2：阅读教材"生活・物理・社会"，你能说出这里有运用运动相对性的地方吗？思考后，和小组成员交流一下。

设计意图：巩固运动相对性知识的同时，让学生体会运动相对性在生活中的广泛应用。

## 七、板书设计

**运动的相对性**

一、机械运动

参照物：用来判断一个物体是否运动，这个选来作为标准的另一个物体叫参照物。

运动：一个物体　相对于　参照物　位置发生变化

静止：一个物体　相对于　参照物　位置没有发生变化

二、运动的相对性

参照物可以任意选择，但要方便研究。

运动相对性：同一物体选择不同的参照物所得的结论不同。

八、作业布置

**(一) 课堂巩固**

(1) 当你站在商场中上升的自动扶梯上时，你是运动的，还是静止的？

(参照物：墙壁柜台——运动；参照物：扶梯上的台阶——静止)

(2) 苏科版物理教材配套的《补充习题》"运动的相对性"一节。

**(二) 课外实践活动**

请课后收集描述物体运动的有关文学、诗歌、音乐、绘画等资料，并自编成一份"运动 VS 静止"的小报告。利用活动课分组交流研究。

九、教学设计评价

从本节教学设计可以看出设计者是针对学生的学情设计的。根据学生对运动和静止有一定的感性认识，但还不能科学地描述物体的运动和静止的实际情况，教学中设计了观察图片活动。通过学生分析、讨论和教师的问题引导，规范学生的语言表达，并通过"活动二：说说它们是运动的还是静止的"及时进行练习巩固，强化学生判断运动和静止的方法，为学生顺利学习运动相对性做好知识准备。将教材分析列车运动与静止作为引入运动的相对性原理，使学生更容易接受。最后的活动中关于问题 4-1 的设计，也是针对学生平时判断物体运动还是静止总是选取地面为参照物，运用反思维，突破学生对运动和静止的相对性理解的难点。

建议：本节课的活动主要是在问题推动下引导学生完成学习任务的，而这些问题主要是教师预设的，并非学生主动探索提出来的。可以在各种活动过程中留给学生提问环节，鼓励学生自主发现问题。

## 第三节　物质的密度

一、教学设计思路

密度是课程标准中要求达到理解的重点知识之一，是学生进一步学习力学知识的基础,它在全章中起到承上启下的作用,既是在质量的基础上对物质世界的进一步探索,也是掌握测定物质密度的方法和解决有关密度的实际问题的基础,并为更深入学习液体压强、浮力等知识做铺垫。本节课包括一个活动和一个重要物理概念,活动就是"探究质量与体积的关系",教材的重点放在密度概念的引入以及通过活动对密度的物理意义进行进一步的说明上。重要的物理概念就是密度,包括密度的大小和密度的单位。

根据学生的认知特点,通过设置鉴别物质情境,让学生体会属性可以鉴别物质。由鉴别同体积比质量,引导学生意识到物体的质量与体积之间存在一定的关系,从而产生探究物体质量与体积之间关系的动机。通过学生设计实验、经历实验探究活动,培养实验探究能力。密度概念是学生第二次遇到比值法定义的物理量,比值法是物理学常用的研究方法之一,有必要让学生逐步理解。密度的单位是复合单位,是学习的难点,通过练习让学生掌握密度单位的换算方法。

**二、教学目标**

(1) 通过探究质量与体积之间的关系,建构密度知识,理解密度概念。

(2) 查阅密度表,进一步理解密度是物质本身的一种属性,记住水的密度值,会进行密度单位之间的换算,能应用密度公式进行简单的计算。

(3) 经历科学探究,体验密度概念建构过程,提高动手能力和运用数学知识分析物理问题的能力,享受成功的乐趣。

**三、教学重点、难点**

重点:密度概念的建构过程。

难点:密度的单位及换算。

**四、教学准备**

教学器材:铜块、铁块、铝块、水、酒精,各小组一架天平,3 个大小不同的、长方体的铁块和塑料块。

教学媒体:实物投影仪、教学课件。

## 五、教学流程图

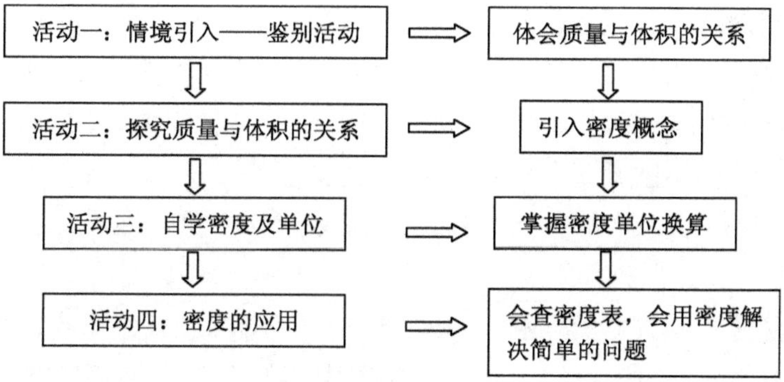


## 六、教学过程

### 活动一：情境引入——鉴别活动

问题 1-1：这里有铜块、铁块、铝块、一杯水、一杯酒精，你能把它们分辨出来吗？说明你是怎么分辨的。

设计意图：让学生体会颜色、气味、硬度等物质的不同属性，学会分辨物质的种类。

问题 1-2：出示两个颜色一模一样且体积相同的塑料块、铁块，你能分辨出哪个是塑料块、哪个是铁块吗？

设计意图：学生会下意识地说出看谁重，有学生会经过思考后补充，因体积相同，比较质量。

问题 1-3：可是如两个物体体积不一样，怎么比较呢？是不是比较困难？

设计意图：让学生产生认知冲突，为下面的学习做铺垫。

问题 1-4：手里出示两块体积不同的圆柱体铁块(其中一个体积是另一个的两倍)，那么这两个实心铁块，哪个质量大呢？(再出示铜块组、木块组，进行多次对比)

设计意图：通过多次对比观察，让学生体会同种物质，体积大的质量也大，从而产生探究物体质量与体积之间关系的动机。

衔接过渡：从上述问题我们可以感受到物体的质量与体积之间应该存在着一定的关系，那么物体的质量与体积之间有什么关系呢？接下来就让我们一起探究质量与体积的关系吧。

### 活动二：探究质量与体积的关系

猜想与假设：物体质量与体积可能成________。你有哪些经验支持这一猜想？

设计意图：通过学生列举生活实例，一枚、两枚……相同的硬币，硬币的枚数增加几倍，质量也相应地增大几倍，学生可以列举很多，如一本、两本……相同的物理课本；一块、两块……相同的砖块；一块、两块……相同的肥皂等，进而推测出“质量与体积成正比”的猜想。

衔接过渡：由我们的生活经验，是不是就可以下这个结论？那么怎样设计实验呢？

设计实验：观察桌面上被测物体(3个大小不同的、长方体的铁块和塑料块，铁块和塑料块的体积对应相等)，实验中我们需要直接测量哪几个物理量？用什么仪器测量？

设计意图：通过问题引导，理清学生实验思路，利用天平测量物体的质量，利用刻度尺测量物体的长、宽、高，根据数学公式 $V=abc$ 计算出物体的体积。

进行实验和收集证据：

(1) 测出3个体积不同的铁块的质量与体积。

(2) 测出3个体积不同的塑料的质量与体积。

(3) 分别算出每个铁块和塑料块的质量与体积的比值。

将数据记录在下面的表格中：

| 测量对象 | 质量/g | 体积/$cm^3$ | 质量/体积/($g/cm^3$) |
|---|---|---|---|
| 铁块 1 | | | |
| 铁块 2 | | | |
| 铁块 3 | | | |
| 塑料 1 | | | |
| 塑料 2 | | | |
| 塑料 3 | | | |

交流与讨论：根据测得的实验数据，你有哪些发现？(同种物质的不同物体，质量与体积的比值是否相等或相近？质量与体积成正比吗？不同物质的物体，质量与体积的比值是否相等)

设计意图：分两个层次提问，先让学生说有什么发现，如果学生感到困难，可以降低难度，课件展示辅助学生完成分析。

实验结论：

同种物质的不同物体，质量与体积的比值是________（填“相同”或“不相同”）的；不同物质的物体，质量与体积的比值一般是________（填“相同”或“不相同”）的。

衔接过渡：可见，物体质量与体积的比值反映了组成该物体的物质所特有的性质，物理学中用密度来表示这种性质。下面请同学们根据自学指导，学习密度的相关知识吧。

**活动三：自学密度及单位**

课件展示自学指导：

(1) 某种物质的物体，其__________________叫做这种物质的密度。

(2) 密度公式：______，其中符号________表示密度，$m$ 表示________，$V$ 表示________。

(3) 在国际单位制中，密度的单位是________，符号为 ________，读作________。密度的常用单位有________，它的符号为________。

单位换算：

$1g/cm^3 =$ _____ $kg \div$ _____ $m^3 =$ _____ $\div$ _____ $kg/m^3 =$ _____ $kg/m^3$

$1kg/m^3 =$ _____ $g \div$ _____ $cm^3 =$ _____ $\div$ _____ $g/cm^3 =$ _____ $g/cm^3$

互动练习：

① $0.8 \times 10^3 kg/m^3 =$ ______ $g/cm^3$

② $19.3g/cm^3 =$ ______ $kg/m^3$

③ $900kg/m^3 =$ ______ $g/cm^3$

方法总结：根据互动练习，你有什么发现？

设计意图：密度的单位换算是学生的难点，采用密度单位换算分步填空和学生交流合作，教师投影矫正，让学生理解密度单位间的进制，并通过互动练习及方法总结，让学生掌握密度单位的换算。

**活动四：密度的应用**

问题 4-1：观察密度表，你能找出什么特点或规律？小组交流，看哪个小组发现得多。

设计意图：通过观察与小组讨论，由学生自己发现某些液体的密度比一些固体的密度大；液体与固体密度数量级比气体的大；不同物质的密度一般不同；同种物质，状态改变后，密度会发生变化。

问题 4-2：水的密度是多少？有谁可以说出它的物理意义吗？如果有点难，试回忆 5m/s 的物理意义，再尝试下。

设计意图：让学生记住水的密度及其物理意义。

问题 4-3：完成教材第 4 题，要求写已知、求、解、答。

设计意图：应用密度知识解决简单的问题，并规范学生的计算过程。

问题 4-4：出示两个颜色一模一样但体积不同的塑料块、铁块，你能分辨出哪个是塑料块、哪个是铁块吗？说出你的方法。

设计意图：让学生体会密度可以鉴别物质，理解密度是物质本身的一种属性，通过学习提高学生解决问题的能力，使学生享受到成功的乐趣。

## 七、板书设计

**物质的密度**

一、探究物体质量与体积的关系

结论
- 1. 同种物质的不同物体，质量与体积成正比
- 2. 同种物质的不同物体，质量与体积的比值是相同的
- 3. 不同物质，质量与体积的比值一般不同

二、物质的密度

1. 密度：某种物质的物体，其质量与体积的比值叫这种物质的密度。

2. 公式：密度$=\dfrac{\text{质量}}{\text{体积}}$，$\rho=\dfrac{m}{V}$。

3. 单位
- 国际单位：$kg/m^3$
- 常用单位：$g/cm^3$
- 换算关系：$1g/cm^3=1\times10^3 kg/m^3$

4. 密度是物质本身的一种属性。

## 八、作业布置

苏科版八年级下册物理教材 P11 第 1、2、3 题。

## 九、教学设计评析

本节教学设计有以下几个方面是值得肯定的：

（1）本节教学设计体现了学生的主体地位，既有学生自主学习的内容，也有学生自主设计实验探究的过程，培养了学生的自学能力和探究能力。

（2）在猜想物体质量与体积的关系时，注重联系生活实际，引导学生根据生活经验来猜想，让学生体会到假设与验证的过程富有创造性和挑战性。

(3) 首尾呼应的环节,使内容更为完整,结构更为紧密。让学生实实在在地体会到,学习知识后,自己的能力有所提高,有助于增强学生的自信心。

(4) 教师的主导作用也得到了充分体现,如鉴别物质环节中,教师问题的引导,帮助学生发现问题;探究实验前的指导,帮助学生理清实验思路。

建议:由于实验器材的精确性和学生实验的准确性,实验数据可能有偏差。在分析表格数据中,学生很难得出正比关系,有时即使教师花了大量时间解释误差,实验准确性的问题,也只能勉强让学生信服,而且以后一有偏差,学生就想到误差,可能让学生形成思维定势。所以,可以利用图像法来分析数据,这样更直观。

## 第四节　力　弹力

### 一、教学设计思路

本节内容是引导学生进入力学世界的开篇,力是联系万物的纽带,天体运动、植物生长、动物奔跑、人类活动等都和力有关。教材由“力是什么”“形变和弹力”与“力的测量”三大板块组成,其设计意图是在教学中首先建立力的概念,进一步认识弹力,再通过实验探究理解弹簧测力计的测量原理,最后通过阅读说明书学会正确使用弹簧测力计。

学生生活体验中对“力”有初步认知,虽然有丰富的体验却欠缺科学的归纳,关于力的“前概念”存在细节的模糊和认识误区。本节课通过掰手腕的游戏,促使学生主动参与课堂,将已有的认知体验转化为学习资源,激发学生自主学习的积极性;再提供学生多样化的器材,鼓励学生自主设计、验证猜想,经历探究过程,建构稳固的认知体系;通过小组交流探讨,倡导合作精神,鼓励思维多样性和创造性。

### 二、教学目标

(1) 通过生活实例和归纳实验现象,初步建立力的概念,知道什么是施力物体和受力物体。

(2) 通过动手实验,知道弹力是由于物体发生弹性形变而产生的力。

(3) 通过探究弹性形变大小与外力的关系,体验弹簧测力计的原理。

(4) 通过观察和对比,认识弹簧测力计的构造及使用方法,学生通过分组实验学会使用弹簧测力计测量力的大小,通过测量细线所能承受的最大拉力的实验,培养学生乐于参与、勇于创新的意识和提高学生的实验设计、实验操作能力。

(5) 知道在国际单位制中力的单位是牛顿,通过观察,知道发生弹性形变的物体具有能量。

### 三、教学重点、难点

重点:力和弹力的概念,弹簧测力计的使用方法。

难点:弹力概念的引入,探究弹性形变大小和外力大小的关系。

### 四、教学准备

教学器材:气球、弹簧、橡皮筋、塑料直尺、橡皮泥、钩码、小桶、线、沙子。

教学媒体:教学课件。

### 五、教学流程图

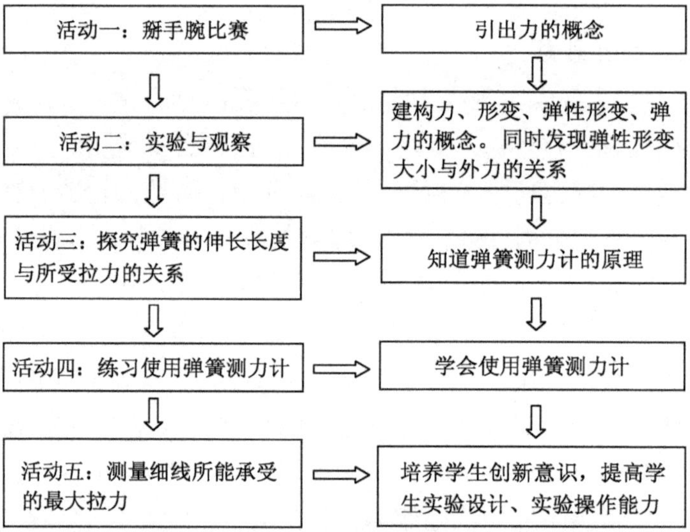


### 六、教学过程

#### 活动一:掰手腕比赛

活动内容:前后左右自由组合,要求全员参加,进行掰手腕比赛,然后学生推荐"最厉害"的两位同学上台比赛,教师宣布比赛结果后,提问刚刚的掰手腕比赛中,大家究竟比的是什么?比赛中你是如何施力的?手臂有何种感觉?(提醒学生赛前做好手腕"热身",注意安全)

设计意图:通过学生活动,调动学生的积极性,同时利用学生前面所学知识引入力的概念,这里,学生主要通过肌肉紧张感受力的存在。

**活动二：实验与观察**

活动内容：力是不是只由肌肉紧张引起的呢？带着这个问题，我们利用桌面上的气球、弹簧、橡皮筋、塑料尺、橡皮泥、钩码等物品，自选器材，对物体亲手施力，观察力的效果，并思考要达到同样的效果，有没有其他的方法呢？

学生活动：利用器材自主设计，小组内交流，然后到讲台展示并说明。

问题 2-1：根据实验现象，你可以归纳出力的概念吗？

设计意图：通过学生亲自实验，得出物体对物体也可以施力，如手拉弹簧可以让弹簧形变，挂钩码也可以达到同样的效果，从而更正了以前的错误认识，归纳出力是物体对物体的作用。

问题 2-2：发生力的作用时有几个物体？其中施加力的物体叫施力物体，受到力的物体叫受力物体，请找出活动中的施力物体和受力物体。

设计意图：培养学生的观察和分析能力，通过问题的追问，使学生能进一步理解力的概念。

问题 2-3：刚刚活动中，你有没有新的发现？小组交流，看看谁的发现多？

学生 1：物体受力时其形状发生了改变，如气球、弹簧、橡皮筋、塑料尺、橡皮泥在受力时，其形状都发生了改变。（教师补充：形变概念）

学生 2：气球、弹簧、橡皮筋、塑料尺形变与橡皮泥的形变有区别，如气球、弹簧、橡皮筋、塑料尺撤销外力，形变可以恢复，而橡皮泥不行。（教师补充：弹性形变概念）

学生 3：压气球和小尺时，手被形变的气球和小尺向外顶。拉弹簧和橡皮筋时，手被形变的弹簧和橡皮筋向内侧拉。（教师补充：弹力概念）

学生 4：弹簧与橡皮筋所受拉力越大，它们伸长就越长。

设计意图：培养学生自主发现问题，体会物体会发生形变，气球、弹簧、橡皮筋、塑料尺形变与橡皮泥的形变有区别，以及弹簧与橡皮筋所受拉力越大，它们伸长就越长。其实学生可以自己发现很多现象，教师只是提供一个平台让学生充分展示，虽然学生发现的问题可能是零碎的，不成系统的，打乱老师设计的，但这种能力的培养对学生终身受益。

衔接过渡：弹簧的伸长长度与所受拉力到底有什么关系呢？这个关系又有什么应用呢？就让我们一起来探究弹簧的伸长长度与所受拉力的关系吧。

**活动三：探究弹簧的伸长长度与所受拉力的关系**

猜想与假设：弹簧的伸长长度与所受拉力可能成________？

设计实验：需要测量哪些物理量？需要哪些器材？如何测量？设计表格。

设计意图：通过问题引导，让学生理清实验思路。投影学生实验表格，通过学生对比，修正实验表格。

| 实验次数 | 1 | 2 | 3 | 4 | 5 | 6 |
|---|---|---|---|---|---|---|
| 弹簧的长度/cm | | | | | | |
| 弹簧的伸长量/cm | 0 | | | | | |
| 所用的拉力/N | 0 | | | | | |

进行实验和收集证据：学生实验前教师做好实验指导。（课件显示实验注意点）

(1) 利用铁架台，将弹簧上端固定好，使弹簧的上端对准刻度尺的零刻度线，读出弹簧下端指针所对应的刻度，即为弹簧的原长，记录在表格中。

(2) 在弹簧的挂钩下分别挂上 1 个、2 个、3 个、4 个、5 个钩码，记录下弹簧的长度，算出对应的弹簧伸长量。（每个钩码 0.5N）

(3) 分析表中数据，归纳结论：弹簧的伸长量与所受拉力的大小成正比。

问题 3-1：将一根弹簧用力拉长，松手后，你发现了什么？

学生：弹簧无法恢复原长了。

问题 3-2：弹簧的伸长量与所受拉力的大小成正比有什么条件吗？

学生：在一定的弹性范围内，弹簧的伸长量与所受拉力的大小成正比。

设计意图：学生通过弹簧的伸长量与所受拉力大小的关系，领悟弹簧测力计的原理，为后面学习使用弹簧测力计做铺垫。

衔接过渡：根据上述原理，人们制成了测力计，它可用来测量力的大小。弹簧测力计就是其中的一种。下面请同学们根据自学指导，学习使用弹簧测力计吧。

**活动四：练习使用弹簧测力计**

自学指导：

(1) 知道弹簧测力计的原理。

(2) 观察弹簧测力计，了解它的构造、量程、分度值。

(3) 知道弹簧测力计的使用方法。

学生活动：

(1) 用手拉弹簧测力计，体会一下 1N、5N 的力有多大。

(2) 在弹簧测力计上分别挂上一只、两只钩码，它们的示数分别为多少？将身边的小物品分别挂上，看看示数是多少？

设计意图：通过“自学指导”缩短学生与教材间的距离，将学生的注意力集中到课本内容上，将课程标准中的目标，变成学生学习的目标，培养学生自学能力。通过小组合作学习，提高学生学习效率，培养学生的合作能力。

观察思考，了解弹性势能。

教师活动：演示回力车，将外壳取下，再次演示。简要介绍弹性势能的概念。

衔接过渡：今天的学习很丰富吧，接下来，我们将有一个更大的挑战——测量细线所能承受的最大拉力，同学们有信心完成吗？

**活动五：测量细线所能承受的最大拉力**

活动内容：以小组为单位，设计一个方案，测量细线所能承受的最大拉力，说明方案和实验步骤。

学生 1：将细线一端系在弹簧测力计上，用力拉细线的另一端，细线被拉断时弹簧测力计的示数即为所能承受的最大拉力。

学生 2：用手提住细线的一端，在另一端系上挂钩，不断向挂钩上增加钩码，直到将细线拉断为止，计算出所用钩码的总重力即为所能承受的最大拉力。

学生 3：用手提住细线的一端，在另一端系上小桶，向桶内加沙子，直到将细线拉断为止，用弹簧测力计测出桶和沙子的总重力即为所能承受的最大拉力。

学生活动：将班级分成三大组，第一大组的各小组用学生 1 的方案实验，以此分工。速度快的学生可以用其他的方案再做实验。

问题：实验中，你们都遇到了什么样的问题？

学生：方案一，超出弹簧测力计的量程，细线还没有断；方案二，断了，但数据可能不准确，因为力的跨度为 0.5N；方案三的数据比较准确，但因为不知道什么时候会断，慢慢加沙子，比较耗时。可以先用方案二，先了解细线所能承受的最大拉力范围，然后再用方案三，先定量加到某个值后，再少少地加。

设计意图：通过测量细线所能承受最大拉力的实验，培养学生乐于参与、勇于创新的意识和提高学生的实验设计、实验操作能力。先通过实验，再让学生评价方案，提高学生的分析能力。

**七、板书设计**

**力　弹力**

一、力是物体对物体的作用

二、形变：物体形状的改变

弹性形变：物体在撤去外力后能恢复原状的形变——发生弹性形变的物体具有弹性势能。

弹力：物体发生弹性形变时产生的力。

三、探究弹性形变大小与外力大小的关系

1. 猜想：弹簧的伸长量与外力的大小成正比

2. 需要测量的量：

需要的测量仪器：

3. 结论：在弹性限度内，弹簧的伸长量与外力的大小成正比。

**八、作业布置**

必做：苏科版物理教材配套的《补充习题》“力　弹力”一节。

选做：制作一个橡皮筋测力计。

**九、教学设计评价**

本节教学设计体现了学生的主体地位，让学生在做中学，在活动中感受力、探索中体验力、应用中体会力。教师的积极引导，使学生时刻处于主动实践、积极思考的探索状态，让学生主动地动脑、动口、动手，独立观察、比较、联想、归纳，在实践活动中去感受去发现知识，从而建构属于自己的有关力的知识。设计中大量的实验激起学生的兴趣，促使学生动手、观察、思考、讨论、总结、归纳得出科学结论。学生通过分组实验，小组讨论，体现了学生探究学习、合作学习和自主学习，让学生在沟通中创新，在交流中发展，在合作中获得知识，培养了学生的观察能力、动手能力和创新能力。

从课堂容量上看，本节课内容有点多。“活动三：探究弹簧的伸长长度与所受拉力的关系”比教材设计的要求要高，教材只是让学生探究归纳出物体弹性形变与外力的定性关系，而定量的关系在思维难度和探究时间上都要增加，可以将这个活动作为课外探究活动，或作为本章节知识延伸的探究活动课，这样就能让学生在这节课有充分的时间完成每个活动。

## 第五节　压强

### 一、教学设计思路

教材首先以力的三要素知识为基础画出压力示意图，引导学生总结压力的特点，进而帮助学生建立压力的概念；依据日常生活经验，从压力的作用效果出发，引导学生认识建立压强概念的必要性，从而通过实验探究形成并建立压强概念。再通过估测人站立时对地面的压强，让学生掌握测量、计算，提高学生表达能力及运用知识解决实际问题的能力。最后通过分析增大和减小压强的方法，总结本节知识，同时体现物理走向社会这一理念。

学生已经学习了力学的初步知识，有一定的受力分析能力，具备一定的观察、分析、归纳能力，同时会初步运用控制变量法设计探究实验，对于本节所学知识也有丰富的感性认识，所以本节课的设计要充分利用这些有利因素，让学生充分感受现实生活中的压强现象，丰富学生感性认识，在此基础上再通过设置系列问题逐步引导学生形成概念。通过列举生产和生活中的实例，进行分析和讨论，形成解决实际问题的思路。

### 二、教学目标

(1) 知道什么是压力，会画压力的示意图。

(2) 通过探究，知道影响压强大小的因素，并能建立压强定义公式。

(3) 知道国际单位制中压强的单位，能用压强公式进行简单计算。

(4) 经历测量人体对地面压强的过程，培养乐于和他人合作进行探究的团队精神，初步掌握压强的测量、计算、表达及运用所学知识解决实际问题。

(5) 知道增大和减小压强的方法，会分析生产和生活中的相关应用问题。

### 三、教学重点、难点

重点：探究影响压力作用效果的因素和压强计算。

难点：压力和压强概念的理解。

### 四、教学准备

教学器材：气球、塑料尺、小桌子、沙盘、砝码、海绵、矿泉水瓶、玻璃杯、足量的水、铅笔等。

教学媒体：教学课件、各种图片信息等。

五、教学流程图

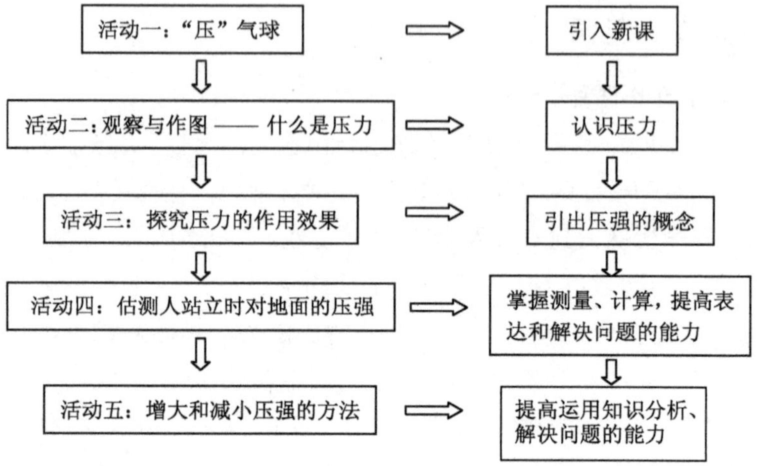


六、教学过程

活动一："压"气球

活动内容：将两个气球置于讲台上，一个让班上身高最高、力气最大的男生用手掌压气球，因气球打气不足，他会费九牛二虎之力才能压破气球。另一个让个头最小的女生，偷偷给她一根针，她只要用针轻轻一碰气球，气球便破了。

设计意图：通过实验者的选择，突出对比，激趣引入，调动学生学习的积极性，引发学生思考。

衔接过渡：为什么会出现这样的结果呢？大家一定都想知道吧。只要你认真学习了今天的知识，就可以解答上述问题。

活动二：观察与作图——什么是压力

问题 2-1：用两摞书做桥墩，塑料尺做桥面，再放上一砝码，此时"桥面"被压弯了，为什么呢？

设计意图：让学生分析原因，了解压力。

问题 2-2：生活中还有哪些地方存在压力？

设计意图：让学生体会压力是生活中常见的力。

学生活动：请对不同方向受压面受到的压力进行分析，物体对水平面的压力、物体对斜面的压力、物体对竖直墙面的压力。利用塑料尺模拟不同方向的受压面，用手指压塑料尺表面，观察塑料尺形变情况，分析压力的方向，并画出物体对各表面压力的示意图。

设计意图：通过观察塑料尺的形变情况，突破学生分析压力方向的难点，使学生可以顺利地画出压力的示意图。请三位学生在黑板上各画一个方向的压力示意图，其他学生在下面画，教师巡视，了解学生作图中的错误。画好后，利用实物投影仪投影一些有“代表性”的示意图，请学生对投影的图形和黑板上的图形进行点评、修正。黑板上的图形，教师用红色粉笔把压力突出出来，留做分析使用。

问题 2-3：图中物体对受力表面的压力有什么共同特点？

设计意图：通过学生动手观察活动，学生不难归纳出压力作用在受力面上，压力的方向跟受力面垂直，指向受力面。总结得出：垂直作用在物体表面的力叫压力。

问题 2-4：有人认为压力就是重力，你觉得对吗？根据相互作用力及二力平衡的知识，你能分析出压力与重力的关系吗？

设计意图：引导学生根据相互作用力及二力平衡的知识进行分析，得出物体对水平面的压力在数值上等于物体的重力。

教师活动：把一个物体放在水平放置的电子秤上，然后把电子秤倾斜，观察示数的变化；再用力压物体和向上提物体，再次观察其示数的变化。此过程中，思考物体重力是否发生变化？物体对秤盘的压力是否发生变化？

设计意图：让学生明确压力并不都是由重力产生的，从而为后面压强计算的教学扫清障碍。

**活动三：探究压力的作用效果**

问题 3-1：根据上述的活动以及前面所学的知识，我们知道压力越大，小尺的形变就越大，那么生活中是不是压力越大，压力的作用效果一定大呢？生活中有没有压力很大，但压力的作用效果不一定明显的例子呢？

设计意图：引导学生寻找身边的感性素材，寻找身边压力很大但压力的作用效果不一定明显的例子，如胸口碎大石、穿着滑雪板的人、有履带的工程车等。

问题 3-2：生活中有没有压力不大但压力的作用效果很明显的例子呢？

设计意图：寻找身边压力不大但压力的作用效果很明显的例子，增加感性认识。如压入墙壁的图钉，用不大的力产生明显的效果。再如蚊子、蝉等，它们的口器能够用不大的压力也能产生明显的效果。

学生活动：用两只手的食指抵住铅笔的两端(一端尖另一端粗)，感受两食指的疼痛感觉，观察两手指的凹陷程度。两只手抵住气球，左手用手掌，右手用食指，观察气球的形变程度。

设计意图：通过学生亲身体会，认识到压力与受压面积能影响压力的作用效果，为猜想做铺垫。

猜想：通过对上述现象的观察，你认为压力的作用效果跟什么因素有关呢？怎样分别展开实验？

设计思路：通过举例、体验，学生可以猜想出与压力、受压面积有关，并利用控制变量的思维方法设计实验。

问题 3-3：怎样反映压力的作用效果？

设计意图：引导学生观察利用受压表面的凹陷程度这一转换的科学方法。

学生活动：以小组为单位，自选器材(小桌、沙盘、砝码、海绵、矿泉水瓶、玻璃杯、足量的水等)，完成探究实验，归纳出实验结论。小组代表演示并描述实验过程。

设计意图：此实验比较简单，可以放手让学生去做，前面理清思路后，学生要思考的就是思路和器材怎么结合。

互动练习：

(1) 受力面积均为 $2m^2$，两个物体对地面的压力分别为 $F_1=100N$，$F_2=50N$，哪个对地面压力的作用效果大？

(2) 压力均为 100N，两个物体与地面接触面积分别为 $S_1=2m^2$，$S_2=3m^2$，哪个对地面压力的作用效果大？

设计意图：学生经历实验后，利用实验的探究结果解决实际问题。这样通过一系列问题引发学生不断深入思考。

(3) $F_1=80N$、$S_1=2m^2$，$F_2=90N$、$S_2=3m^2$ 的两个物体，哪个对地面压力的作用效果大？

设计意图：设置问题引发学生去发现冲突，同时数值的设置容易使学生回忆起相似的判断情境，如不同时间通过不同路程，怎么比较物体运动的快慢，从而想到比值法，进而认识压强的概念。

衔接过渡：压力与受压面积的比值可以比较更复杂情境中压力的作用效果，所以这个比值是很有意义的物理量，我们把物体所受压力与受力面积之比叫做压强。下面就让我们根据自学指导来学习压强的相关知识吧。

课件展示自学指导：

(1) 压强的物理意义是什么？根据定义，你可以写出压强的公式吗？

(2) 国际单位制中压强的单位是什么？

(3) 10Pa 的物理意义是什么？

(4) 认真学习课本中的例题，在导学案上独立写出解答的全过程。

设计意图：培养学生的自学能力，同时利用实物投影仪展示学生例题解答过程，通过学生指出例题解答过程中的不足之处，强化学生规范的计算格式。

衔接过渡：通过计算，我们了解了坦克对地面的压强，那么我们想不想知道自己站立时对地面的压强呢？好，下面我们就运用所学知识估测自己站立时对地面的压强。

**活动四：估测人站立时对地面的压强**

问题 4-1：估测人站立时对地面的压强，依据什么原理？

设计意图：引导学生利用压强公式分析解决问题。

问题 4-2：需要测量哪些物理量？需要哪些实验器材？如何测量这些物理量？

设计意图：以问题引导，让学生理清实验思路，教师要调查学生对面积测量的掌握情况，可以设置课本图 10-6 中一个方格为 $1cm^2$，那么鞋印的面积为多少？了解学生掌握的情况。

问题 4-3：猜一猜同组同学中，哪一位同学对地面的压强最大？

设计意图：激起学生参与测量的积极性，同时为后面问题分析埋下伏笔。

学生活动：以两人为一测量小组，一位学生帮助另一位学生画出鞋印边缘线。将收集的数据填写到表格中，计算出自己对地面的压强。然后小组交流，看看谁的压强最大。教师投影一些学生的测量数据，一来有些学生会忘了自己有几只脚，及时提醒，为以后计算题扫清障碍；二来作为下面问题的背景材料。

问题 4-4：根据测量数据，请分析是不是体重越大的人对地面压强越大呢？

问题 4-5：如何让自己对地面的压强增大一倍？如何减小自己对地面的压强？

问题4-6：小学生在结冰的河面上玩耍，突然发现脚下的冰层即将破裂。对于出现的危险，你给他提出的自救建议是什么？你的依据是什么？

设计意图：通过一系列问题的引导，让学生的思维不断深入，提高学生分析问题、解决问题的能力。

**活动五：增大和减小压强的方法**

问题5-1：根据压强公式进行分析，你能归纳出增大压强或减小压强的方法吗？

设计意图：引导学生根据压强公式进行分析，归纳出增大压强或减小压强的方法。

问题5-2：观察教材中的图10-7，说出各图是需要增大压强，还是减小压强，采用了什么方法。

设计意图：通过问题引导学生思考，体会通过情境分析和物体结构来判断增大压强或减小压强。

问题5-3：生活中还有增大压强或减小压强的实例呢？它又是采用了什么方法？

设计意图：体现了由物理到社会的设计思路，提高学生运用知识的能力。

衔接过渡：回顾开始"压"气球的活动，男生用手掌压气球非常费力，而女生用针就非常轻松地扎破气球，运用今天所学的知识，你能回答其中的原因吗？

设计意图：知识回归，首尾照应。

**七、板书设计**

**压　强**

一、压力
- 1. 定义：垂直作用于物体表面的力。
- 2. 三要素：作用点在受压物体的接触面上；
  方向垂直于接触面；
  指向被压物体。

二、压力的作用效果相关因素

1. 压力大小；2. 受压面积。

三、压强
1. 物理意义：表示压力作用效果的物理量。
2. 定义：物体所受的压力与受力面积之比。
3. 公式：$压强=\frac{压力}{受力面积}$，$p=\frac{F}{S}$。
4. 国际单位制：帕斯卡（简称帕），符号 Pa，$1\text{Pa}=1\text{N}/\text{m}^2$。

四、增大和减小压强的方法

## 八、作业布置

必做：苏科版八年级下册物理教材 P80 第 1、2、3 题。

选做：苏科版八年级下册物理教材 P80 第 4 题。

## 九、教学设计评析

本节教学设计有以下几个方面值得肯定：

(1) 从整体上看，本节教学设计充分体现了物理新课程标准“从生活走向物理，从物理走向社会”的基本理念。如压力、压强概念的引入都是从贴近学生的生活实例和实验感受入手，激发学生学习的求知欲。在理解了压强概念和公式的物理意义之后，又通过两个活动引导学生应用知识分析解决生活生产中的实际问题。

(2) “压”气球的活动激起学生学习的兴趣，让学生带着疑问来进行接下来的学习，课堂最后首尾呼应，强化了学生对所学知识的掌握与运用。

(3) 针对学生认为压力等于重力的认识误区，设置了压力与重力的关系讨论环节，并通过教师演示实验，帮助学生区分压力与重力。

(4) 探究压力作用效果后，不是直接给出压强的概念，而是通过系列问题逐步引导学生深入思考，自我构建压强的概念符合新课程理念。

(5) 充分利用小实验的直观特点，帮助学生突破难点。如利用塑料尺模拟受压面，让学生直观感受到压力的方向；压铅笔和气球的实验又为学生猜想影响压力作用效果做铺垫。

建议：

(1) 在压力和重力关系环节中，可以再设置强化练习，进一步提高学生的辨别能力。

(2) 注意方法的及时归纳，本节课中除运用到控制变量法外，还涉及转换法、比值法，在教学环节中应及时点出。

## 第六节　功

### 一、教学设计思路

学生通过对简单机械的学习，初步认识到力与距离有一定关系，但是不够明确，学生只有建立正确的功的概念，方可进一步理解简单机械的原理，从而能有效构建功率、机械效率等概念。本节功的概念具有核心地位，在教材中有着承前启后的作用。

功的概念较抽象，学生易将生活中的“做工”与物理中的做功混淆，所以建立功的概念是个难点。本设计通过对生活实例的分析引导，让学生积极思考，建立力和物体在力的方向上通过距离的乘积具有实际意义的认识，进而引出功的概念。然后，通过典型的生活实例和学生活动体验，认识做功的两个必要条件，再围绕做功的两个条件来讨论如何判断物体是否做了功。接着，由本节引入事例为例题进行公式应用和计算，由“通过斜面测量提升物体做的功”的活动，进一步熟悉功的计算，并认识到“力”和“距离”对简单机械的“此消彼长”的原因，认识到简单机械是不省功的。

### 二、教学目标

(1) 知道机械功的物理意义、符号、单位及计算公式，了解 1J 功大约有多大。

(2) 通过对生活实例的分析，知道物体做功的两个必要条件，能初步判断在什么情况下力对物体做功，在什么情况下没有做功。

(3) 能利用机械功的计算公式进行简单的测量和计算。

(4) 能从功的角度理解使用简单机械“省力”和“省距离”之间的辨证关系。

### 三、教学重点、难点

重点：知道机械功的概念，做功的两个必要因素，会用功的公式进行计算。

难点：机械功概念的建立，由功认识简单机械“省力”和“省距离”之间的辨证关系。

### 四、教学准备

斜面、小车、砝码、木块、弹簧测力计、刻度尺、鸡蛋等。

## 五、教学流程图

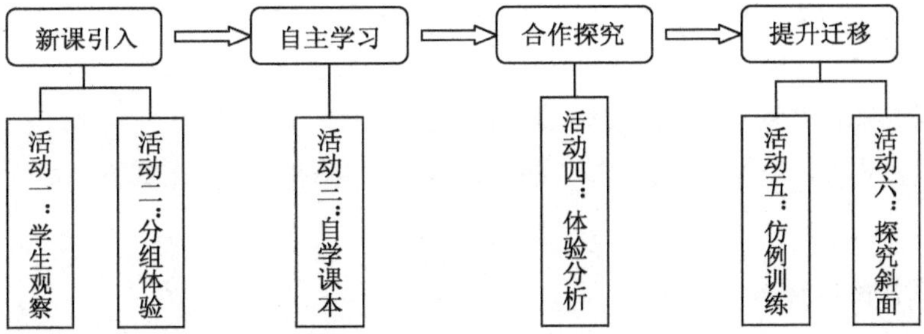


## 六、教学过程

### (一) 新课引入

**活动一：学生观察**

让学生观察如图 2-3 所示的图片并思考。

图 2-3

小组交流：它们的工作过程有什么共同的特点？

**活动二：分组体验**

学生进行分组活动并体验如下过程(图 2-4)：

(1) 在书包中逐渐增加书本，将书包由桌底提至桌面。

(2) 书包重量不变，逐渐增加提起的高度。

图 2-4

设计说明：巧妙创设情境，激发探究兴趣，让学生体验并认识到“力和物体在力的方向上的乘积”是一个有意义的物理量。

### (二) 自主学习

**活动三：自学课本**

学生带着问题阅读课本，并交流汇报。

问题 3-1：机械功的概念是什么？用什么符号表示？

问题 3-2：功的计算公式是什么？

问题 3-3：功的国际单位是什么？它是怎么规定的？(教师简介“焦耳”)

其物理意义是什么？

估算：从地上拿起一只约 50g 的鸡蛋，并把它缓缓举过头顶(图 2-5)，大约做了多少功？把一本物理课本从地面捡起来放到桌面上，大约做功多少？

图 2-5

设计说明：培养学生的自学能力、合作交流能力、估算能力。

**(三) 合作探究**

*活动四：体验分析*

学生体验如下过程：

(1) 让一同学从地上提起书包，水平前进。

(2) 搬起凳子放到桌子上。

(3) 同桌中的一位同学向另一位同学抛书。

(4) 弱小女同学推讲台，未推动。

讨论分析，上述哪些活动力对物体做了功？总结归纳不做功的形式。

(1) 不劳无功——物体因具有惯性而运动一段距离，如踢足球等。

(2) 劳而无功——物体受力未动，如推车未动等，力和距离垂直，如背书包水平前进。

分析下列活动是否做功(图 2-6)：

图 2-6

设计说明：通过观察与思考，提高学生的分析、归纳、判断能力，知道对物体做功有两个必要条件，缺一不可。

**(四) 提升迁移**

*活动五：仿例训练*

学习课本中的例题，模仿其解题格式和步骤，完成下列计算：

(1) 某个同学从地上提一个重 100N 的水桶，提高了 0.5m，问提水桶的力对水桶做了多少功？另一同学又提着水桶水平向前走了 2m，问向上提水桶的力对水桶做了多少功？

(2) 估算一下你上楼到教室时，克服自身重力做的功，做一次引体向上做的功。

设计说明：注重对书写格式的要求及解题习惯的培养，注意公式应用的力与距离两个物理量要满足同体性、同向性和同时性，通过例题中对水或对水桶做功的比较为机械效率的学习埋下伏笔。

**活动六：探究斜面**

分组实验——利用斜面测量提升物体所做的功(图 2-7)。

(1) 用弹簧测力计沿斜面匀速拉动小车至高度 $h$ 处，测量并计算拉力 $F$ 对小车所做的功。

(2) 沿竖直方向匀速提升小车，使之上升高度 $h$，测量并计算拉力所做的功。

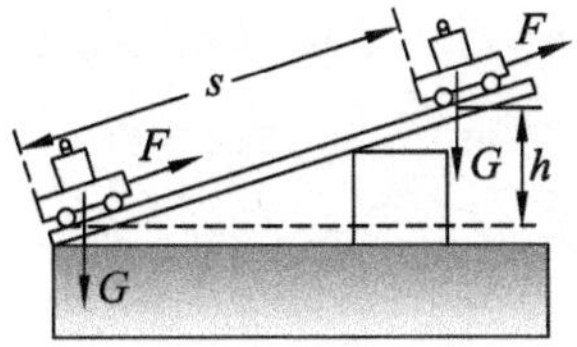

图 2-7

(3) 记录实验数据于下面的表格中：

| 测量次数 | $F$/N | $s$/m | $G$/N | $h$/m | $W_1=Fs$/J | $W_2=Gh$/J |
|---|---|---|---|---|---|---|
| 1 | | | | | | |
| 2 | | | | | | |
| 3 | | | | | | |

(4) 分析数据，看看利用斜面是否省力、是否省功。

(5) 阅读“生活 · 物理 · 社会”，了解斜面在生活中的应用。

设计说明：学生分组实验，加深对功的概念的理解和应用，进一步理解简单机械可以省力，但要费距离，或可以省距离，但要费力，即任何机械都不省功，从而认识简单机械“省力”和“省距离”之间的辨证关系。

**七、板书设计**

一、功($W$)
- 概念
- 公式：$W=Fs$，$F$ 与 $s$ 满足同一性、同时性、统一性
- 单位：J，1J=1N · m

二、做功的两个条件：1. 力的作用；2. 在力的方向上通过的距离。

三、测量斜面做功(原理、测量物理量、工具)

**八、作业布置**

(1) 第 1、2 两题。

(2) 实践：估算你从教室一楼走到三楼和跑到三楼分别做了多少功，分

别用时多少。

### 九、教学设计评析

本节课设计能够面向全体学生，体现了《标准》中“让生活走向物理，让物理走向社会”的基本理念，学生活动、合作学习等核心要素贯穿整个设计。本节设计结构完整、逻辑严密，能正确处理教师的“教”与学生的“学”的关系，密切联系实际，注重物理知识在实际生活中的应用，对做功条件、功计算的设计能突出重点，如借助教材图片和投影的几个实例，教师总结出“劳而无功”“不劳无功”“垂直无功”三种不做功的情形。对功的抽象概念的认识，通过学生观察、实践、理解、反思、应用等活动来突破难点，让每个学生都有收获。

设计中作者回避了一种力与物体运动方向相反的情形，如上抛物体时地球对物体也做了功，建议教师可巧妙地将这种情况穿插于实例中，一带而过，为将来高中讲授“负功”埋下伏笔。另外，功的计算也是对功概念理解的过程，作者对功的计算题设置偏少。设计中未能较好地体现出教师强化科学探究方法、淡知识传授、多给学生展示机会的教学机智。

## 第七节　电能表与电功

### 一、教学设计思路

利用日常生活中用电器工作时的能量转化作台阶，逐次设问，环环紧扣，让学生从电流做功的外在表现理解“电能转化为其他形式的能量过程就是用电器消耗电能的过程”，教师再引出电功的概念。从灯泡的亮暗引出对电流做功多少的感性认识，通过教师的演示实验加深对通电时间这一因素的理解，激发学生学习的积极性，达到情感教育的目的。然后让学生猜想电功是否与电压 $U$、电流 $I$、电阻 $R$ 有关，并提出是否有必要对三个物理量逐个进行实验分析，点拨学生综合运用欧姆定律确定三种实验方案。将学生分成三组进行思考、设计并交流讨论，师生一起分析 $U$、$R$ 和 $I$、$R$ 两种方案，改变 $R$ 的大小就使 $I$ 或 $U$ 发生了变化，通过优化实验方案取得共识：只要设计实验探究灯泡的亮度与 $U$、$I$ 的关系就可以了，即采用一种方案。在定性实验后穿插讲述电学发展史，使学生易于接受直接给出电功公式，并介绍电功的单位，设计两道由浅入深的形成性练习，使学生对电功的概念有更深入的理解。

### 二、教学目标

(1) 认识电能表，让学生了解电能表参数的物理意义，让学生会根据电能表读数计算消耗电能的多少。

(2) 通过对日常生活中电路元件的能量转化的分析，感悟电流做功的本质，知道电功的单位，提高学生分析问题、解决问题的能力。

(3) 通过对 $U$、$I$，$I$、$R$，$U$、$R$ 三组实验对象的筛选认识实验处理的方法，得出并理解电功公式，让学生会用电功公式计算电器消耗的电能。

## 三、教学重点、难点

重点：电能表参数的意义及计算耗电的方法，电功的含义，电功的公式及运用。

难点：电功的含义，电功公式的得出过程。

## 四、教学准备

教师器材：多媒体投影、电路示教板、学生电源、演示电流表、演示电压表、导线若干等。

学生器材：两只不同的小灯泡、两个电流表和电压表、电源、导线若干等。

## 五、教学流程图

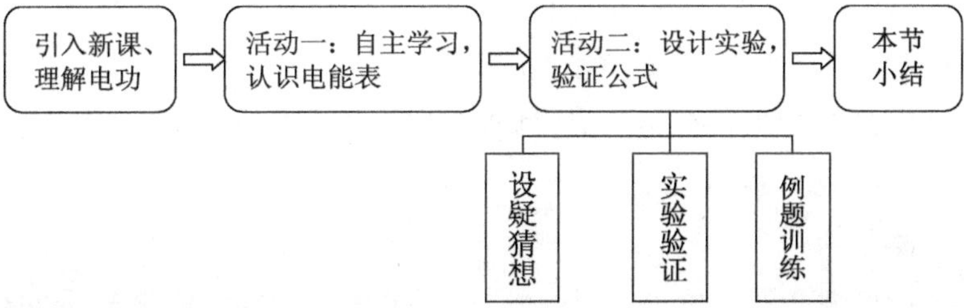


## 六、教学过程

### 1. 引入新课，理解电功

投影各种用电器图片(图 2-8)。

问：画面中这些电器同学们熟悉吗？用过吗？

师：它们工作时产生了什么形式的能？这些能是由什么能转化而来的呢？那电能是通过什么方式转化为这些能的？

图 2-8

这就是本节课学习的主要内容——电功。(板书)

电能转化为其他形式能量的过

程称为电流做了功,简称电功,即用电器消耗了电能的多少就说明电流做了多少功。

过渡：那么生活中,我们如何计量消耗的电能呢?

**活动一：自主学习,认识电能表**

教师出示电能表(图 2-9)。

问：谁读过电能表的示数?谁会读数?

下面我们阅读教材中单相感应式电能表的技术参数。指导学生阅读,根据学案的说明了解电能表的规格。

图 2-9

教师在学生交流的基础上重点讲解以下几个概念：

(1) 电能表的计量单位：kW · h。

(2) 电能表的示数是由四位整数和一位小数(深色框内的数字)组成的。

(3) “电压：220V”表示电能表适用的额定电压为 220V。

(4) “电流规格：10(40)A”中的“10A”表示电能表的基本电流;“(40)A”的数字表示能长时间正常运行的最大电流为 40A。

(5) “电能表常数：3200 imp/(kW · h)”表示用电 1kW · h 电能表转盘转动的圈数为 3200 转。

练一练：

(1) 小明家 2018 年 1 月底与 2 月底电能表的示数为 42678 和 43744。请计算,小明家 2 月份消耗多少电能?若 1kW · h 电费为 0.52 元,应付多少电费?

(2) 若电能表常数为 3200imp/(kW · h),则当消耗电能为 2kW · h 时,电能表转盘会转过______圈,若电能表转盘转过了 30 圈,则说明消耗了电能________kW · h。

设计说明：此环节认知难度较低,让学生自主学习,可以提高学生学习的目的性、主动性。通过学习,直观地看到电路在消耗电能时,电能表的转盘在转动,帮助学生理解电能表是由转盘转动来记录电路电能就容易得多,同时可帮助学生理解电子式电能表常数。

过渡：电流做功的过程伴随着电能转化为其他形式能的过程,那么,电流做功的多少可能与哪些因素有关呢?

**活动二：设计实验，验证公式**

问题 2-1　我们要探究电能与哪些因素有关，可以观察或测量电能转化成其他形式能的多少。电能可以转化成机械能、内能、光能、化学能等，同学们思考一下，你想从哪个角度探究这个问题？猜想电能可能与哪几个方面的因素有关？根据实验条件，你准备用什么方法来探究？

问题 2-2　教师展示亮度不同的两个灯泡，问哪只灯泡的电功多？接着，教师断开较亮灯泡的开关并稍等，还是刚才亮的那只灯泡电功多吗？这说明灯泡电功的多少与什么因素有关？

师生明确：通电时间。

教师提问：除了通电时间之外，电灯所做电功的多少还与哪些因素有关？

引导学生思考并交流，提出猜想(教师提出探究内容)。

问题 2-3　根据实验条件，选择观察电灯的亮暗来探究电功的影响因素。

说明：电灯亮是指在单位时间内产生的光能多，因此相同时间内消耗的电能也多。

教师指导学生取两只不同规格(电阻不同)的灯泡，设计成如图 2-10 所示的并联电路，通过电流表(电压表)测 $I(U)$，用控制变量法进行探究活动，教师巡回指导。

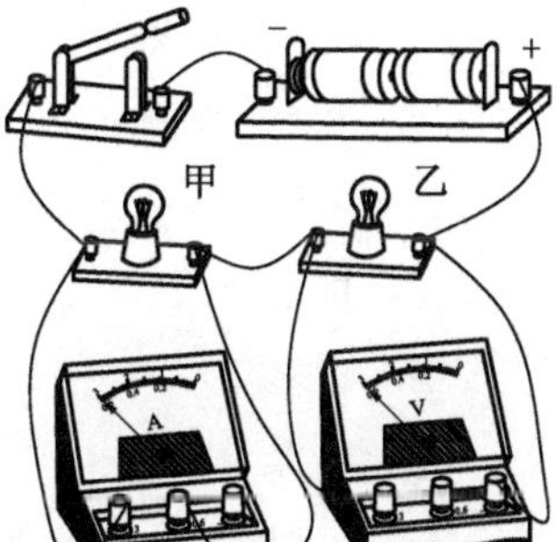

图 2-10

请学生代表回答实验结果，并总结如下：

(1) 相同时间，相同电流，电压越高，电流做功越多。

(2) 相同时间，相同电压，电流越大，电流做功越多。

教师指出：电流在某段电路上做的功，跟这段电路两端的电压、电路中的电流、通电时间成正比。这个规律如何用一个公式来表达？

学生：(总结回答)$W=UIt$。

教师提示：

(1) 公式中四个物理量的单位(J、V、A、s)要对应。

(2) $U$、$I$、$t$ 三个物理量要对应于同一个用电器或同一段电路。

教师介绍电功的单位。

普通手电筒的小灯泡每秒消耗的电能约 1J；1 只 40W 的白炽灯，每秒消耗的电能约 40J；电力机车行驶 1min，消耗的电能约为 $3\times10^9$J。

教师指导学生自学教材第 5 页例题，完成下列练习：

(1) 一只灯泡工作了一段时间后，得到了 90J 的内能和 10J 的光能，请问消耗了多少电能？此过程中电流做了多少功？

(2) 某位同学实验时测得灯泡中电流为 0.3A，灯泡两端电压为 3V，则通电 1min 电流做了多少电功？消耗了多少电能？

设计说明：由比较两个灯泡亮暗的验证性实验，使学生清楚地看出影响电功的因素是电流、电压和通电时间，突出了实验过程的有效性。对公式的应用，使学生在学以致用的过程中实现知识的内化、深化和活化。

2. 本节小结

本节课你学到什么？还有哪些疑惑？

## 七、板书设计

一、电能表
- 测量电路消耗电能的仪表
- 单位：kW·h(度)　1kW·h＝1 度＝$3.6\times10^6$J

二、电功
- 电流做的功叫电功
- 实质：电能转化为其他形式的能
- 影响：电压、电流和通电时间　$W=UIt$

## 八、作业布置

第 2、3 题。

## 九、教学设计评析

本节设计有两个重点内容：

(1) 电功、电能的概念。

(2) 电功的大小与哪些因素有关。

首先通过用电器的电能转化特点引入电功概念，教学过程设计能较好地体现师生互动、共同发展，设计所具有的创新特点突出了本节课的亮点。作为一门科学的物理，电功概念的本身固然很重要，但作为教学中的物理，概念的形成则显得更为重要，因此在教学中，通过设计猜想、实验、讨论等方法，尽可能地再现知识的发展过程。这样的教学设计强调开放性和学生自主探究的过程，有利于培养学生积极主动的学习态度和学习能力，促进学生的思维得到发展。

本节课设计不足之处：

(1) 学生的猜想可能是知识和经验积累到一定程度后才能灵活处理的问题，建议把这种教学方式运用到平时的教学中，不断总结，积累经验，在教学设计中体现应变能力。

(2) 这节课的内容，表面看简单，学生学习也不会有什么困难，但在教学中发现在定性实验后直接给出电功公式，不能用知识拓展的办法来解决，对学生接受新知识来讲有一定的困难，需要从现象的分析入手加深学生的印象，拓展知识的外延，这一点本设计做得不够。

(3) 在探究电功的大小与哪些因素有关时过分地强调过程，忽略了结论的得出，这样的探究就变成了形式。

## 第八节　物理综合活动课教学设计特征与要求

以“物理小制作活动”为主题的综合活动课，是以知识单元为模块，以开放、创新为特色，以学生动手实践为载体的一种课型。综合实践活动是物理课程教学理念的直观表达，从实践层面体现了以学生为本，“源于生活，高于生活”的朴素教学理念，从教学价值层面折射出“创新源于实践”的科学教育情怀与追求。综合实践活动带给学生的收获和体验是任何说教都不可替代的，这也正是以“物理小制作活动”为主题的综合实践活动的意义所在。

那么物理综合活动课教学设计有什么特征与要求呢？

### 一、物理综合活动课教学设计的特征

1. 整体性

综合实践活动具有整体性。综合实践活动主题的选择范围包括学生本人、社会生活和自然世界。对任何主题的探究都必须体现个人、社会、自然的内在整合，体现科学、艺术、道德的内在整合。综合实践活动必须立足于人的个性的整体性，立足于每一个学生的健全发展。

2. 实践性

综合实践活动具有实践性。综合实践活动以学生的现实生活和社会实践为基础发掘课程资源，而非在学科知识的逻辑序列中构建课程。综合实践活动以活动为主要开展形式，强调学生的亲身经历，要求学生积极参与到各项活动中去，在“做”“考察”“实验”“探究”等一系列的活动中发现和解决问题，体验和感受生活，发展实践能力和创新能力。

3. 开放性

综合实践活动具有开放性。综合实践活动面向每一个学生的个性发展，尊重每一个学生发展的特殊需要，其课程目标具有开放性。综合实践活动面向学生的整个生活世界，它随着学生生活的变化而变化，其课程内容具有开放性。综合实践活动关注学生在活动过程中所产生的丰富多彩的学习体验和个性化的创造性表现，其评价标准具有多元性，因而其活动过程与结果均具有开放性。

4. 生成性

综合实践活动具有生成性。这是由综合实践活动的过程取向所决定的。每一个班级、每一所学校都有对综合实践活动的整体规划，每一个活动开始之前都有对活动的周密设计，这是综合实践活动计划性的一面。但是，综合实践活动的本质特性却是生成性，这意味着每一个活动都是一个有机整体，而非根据预定目标的机械装配过程。随着活动的不断展开，新的目标不断生成，新的主题不断生成，学生在这个过程中兴趣盎然，认识和体验不断加深，创造性的火花不断迸发，这是综合实践活动生成性的集中表现。对综合实践活动的整体规划和周密设计不是为了限制其生成性，而是为了使其生成性发挥得更具有方向感、更富有成效。

5. 自主性

综合实践活动充分尊重学生的兴趣、爱好，为学生自主地充分发挥开辟了广阔的空间。学生自己选择学习的目标、内容、方式及指导老师，自己决定活动结果呈现的形式，指导老师仅对其进行必要的指导，不包揽学生的工作。

## 二、物理综合活动课教学设计的要求

1. 活动课教学设计的基本思路

先根据学生的实际情况，对将要开展的实践活动内容进行分析，然后确定实践活动目标，设计活动过程和程序，制定评价标准。

2. 活动课教学设计的要求

(1) 注重过程与方法的体验和掌握。在制定教学目标时，不仅要考虑传授科学文化知识和培养实验技能，而且还要考虑如何使学生通过学习过程去掌握学习方法、思考方法和行为方式，考虑改善学生的情感、态度和塑造良好的人格。

(2) 真正使学生成为实践活动的主人。在实践活动过程中，只有当学生意识到研究课题与自身现有的知识、能力存在着矛盾，并且解决这些矛盾是必要的,他们才能形成自主学习的动力。为此,教师应该在了解学生上下功夫。

(3) 要以单元教学内容为基本单位进行实践活动的设计。在设计实践活动的教学过程时,不能仅局限于一节课的细节设计,应以单元教学内容为基本单位进行设计。

(4) 设计的活动内容应符合学生的特点。在实践活动的教学设计中,一个很重要的方面就是如何针对不同层次的学生进行设计,激发学生兴趣和开发学生创造力。

## 第九节　物理综合活动课教学设计案例与评析

### 制作潜望镜

**一、教学设计思路**

本节课是在学生学习了光的反射和平面镜成像知识的基础上安排的一次综合实践活动课。学生在亲自动手制作简易潜望镜的过程中,不但对光的反射和平面镜成像的规律有了更进一步的认识,而且在活动中学生也充分认识到物理与生活、社会紧密联系。另外通过制作潜望镜的活动过程,学生的动手能力和与他人合作的意识也都得到了很大的提高。本节课的教学设计采用了"游戏活动→教师提出问题(制作潜望镜)→学生分小组讨论→提出设计方案→学生动手制作→各组交流展示"的设计思路。课堂教学中力求给学生提供较多的表现机会和参与的平台,使学生对光的反射及其在生活中的应用形成更加深刻的认识和感受,从而立体地达成新课程理念中的三维目标。

**二、教学目标**

(1) 在制作潜望镜的过程中进一步认识光的反射现象和平面镜成像的特点。

(2) 了解光的反射现象在生活中的应用。

(3) 经历制作潜望镜的活动过程,在活动中获得成功的体验。

(4) 通过活动进一步激发学生探索科学的兴趣,提高动手动脑的能力。

(5) 在活动中进一步培养小组合作学习的意识和能力。

**三、教学重点、难点**

重点:学生进一步了解光的反射现象,经历潜望镜的制作过程。

难点:理解潜望镜的成像原理,会固定潜望镜中两块平面镜。

## 四、教学准备

铅笔、剪刀、双面胶、平面镜两块、卡纸或牙膏盒、多媒体课件。

## 五、教学流程图

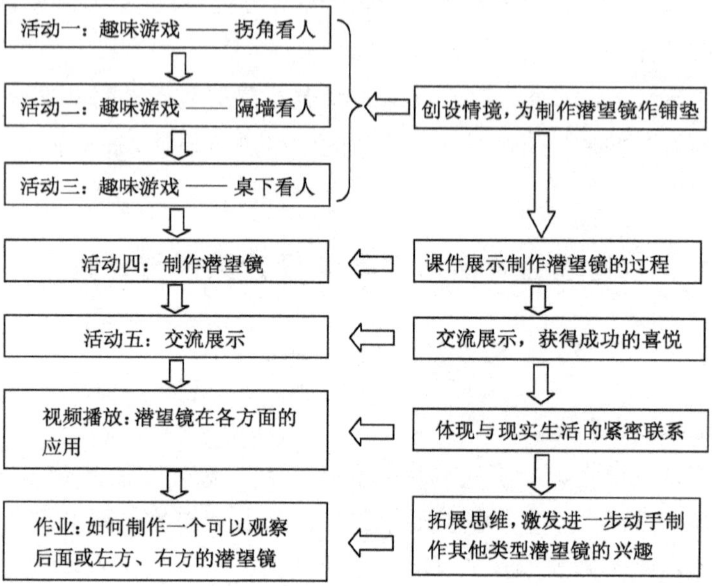


## 六、教学过程

前面我们学习了光的反射和平面镜成像的相关知识，下面我们利用这方面的知识来做三个游戏。

*活动一：趣味游戏——拐角看人*

游戏内容：如图 2-11 所示，甲、乙两位学生，学生甲在室内，学生乙在教室外拐弯处，如何利用一块平面镜让学生甲看见室外的学生乙？

联系生活：建筑物或山路的拐弯处会安装反射镜(为了扩大视野空间，往往会装凸面镜)。

设计意图：创设情境，为制作潜望镜作一个简单的铺垫。

思维点拨：学生甲要看

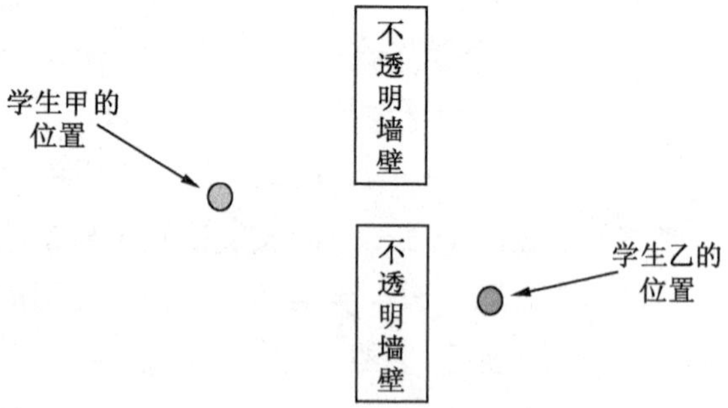


图 2-11

见学生乙,学生乙身上必须有反射光线进入学生甲的眼睛,为此可联想到用平面镜改变光传播的路线。

**活动二:趣味游戏——隔墙看人**

游戏内容:如图 2-12 所示,甲、乙两位学生,学生甲在墙壁的一侧,学生乙在墙壁的另一侧面,如何利用平面镜让学生甲看见室外的学生乙?

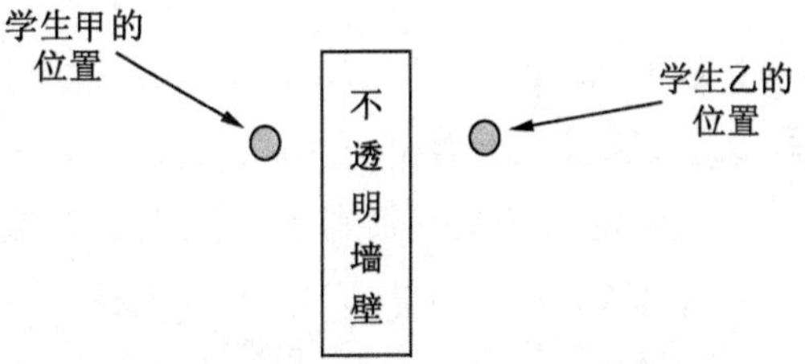

图 2-12

设计意图:进一步激发学生的思维,让学生在活动一的基础上进一步打开思路,为制作潜望镜作进一步的铺垫。

思维点拨:光经过一次反射后还可以进行二次反射。

**活动三:趣味游戏——桌下看人**

游戏内容:让一学生蹲到讲台后面,不站起来,能不能看到讲台前教室里的其他学生?

师:老师这里有自制的潜望镜(图 2-13),能不能看到呢?

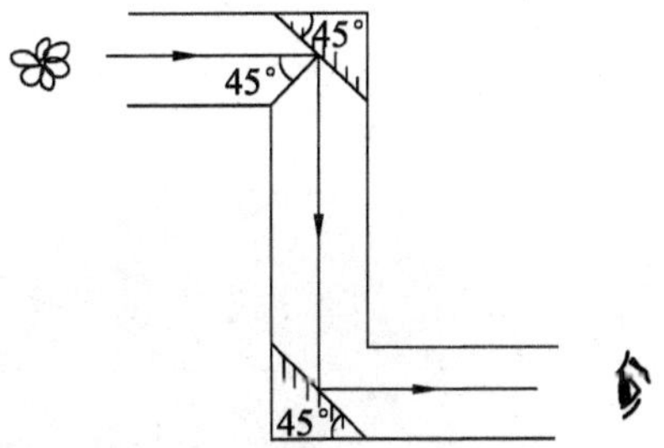

图 2-13

教师出示自制的工具(潜望镜),让学生再次观察。

潜望镜里面有什么秘密呢?

设计意图:激发学生对潜望镜原理的探究兴趣。

过渡语:通过上面的活动,同学们思考一下潜望镜里面应该有一种非常关键的光学元件,你知道是什么吗?

(学生根据上述两个游戏容易回答出是平面镜)

那么潜艇里的人是如何用平面镜观看到外面海面上的情况呢? 两个平面镜的位置应该如何摆放?

学生活动:讨论、思考、画图。

教师巡回指导点拨。

投影:潜望镜示意图。

师:同学们想不想利用手边的器材制作一个简易的潜望镜?

*活动四：制作潜望镜*

活动内容：制作潜望镜。

活动目的：进一步了解光的反射现象，培养动手能力和合作意识。

投影展示：用牙膏盒作为镜筒的制作步骤。

(1) 将一个牙膏盒从中间剪开，剪成如图 2-14 所示的形状，用胶带将平面镜固定，使其与盒底成 45 度角。

(2) 将另一个牙膏盒上下两面的两端各剪一个洞，如图 2-15 所示。

图 2-14

图 2-15

(3) 将图 2-14 所示的牙膏盒与图 2-15 所示的牙膏盒拼插在一起，效果如图2-16所示。

(4) 一个潜望镜就做好了，如图 2-17 所示。

图 2-16

图 2-17

扩展延伸：用卡纸制作潜望镜。

镜筒展示图如图 2-18 所示。

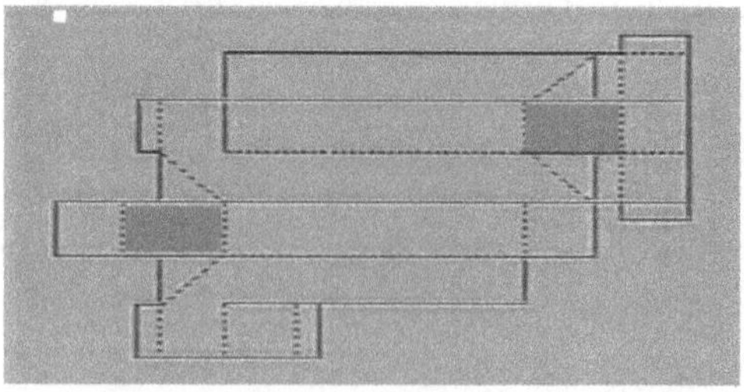

图 2-18

沿图中实线剪开，沿虚线折叠，其中阴影部分区域为粘贴平面镜的位置（反射面向上）。

播放视频：用卡纸制作潜望镜的过程。

视频来源：http://v.youku.com/v_show/id_XNTMwMDgwMjY4.html。

学生活动：小组合作，利用自备的材料（两块平面镜、牙膏盒、双面胶等）制作潜望镜模型。

教师：巡回指导并给有困难的同学进行技术方面的指导。

提醒：

(1) 在制作过程中，要注意安全，防止剪刀和镜片划破手。

(2) 在安装平面镜时，注意两平面镜之间要保持平行。

*活动五：交流展示*

活动内容：各小组交流展示所制作的潜望镜。

活动目的：培养学生动手能力和语言表达能力，在交流展示中学生获得成功的喜悦，从而能进一步激发他们对科学的探究欲望。

视频播放：潜望镜在各领域的应用（图 2-19）。

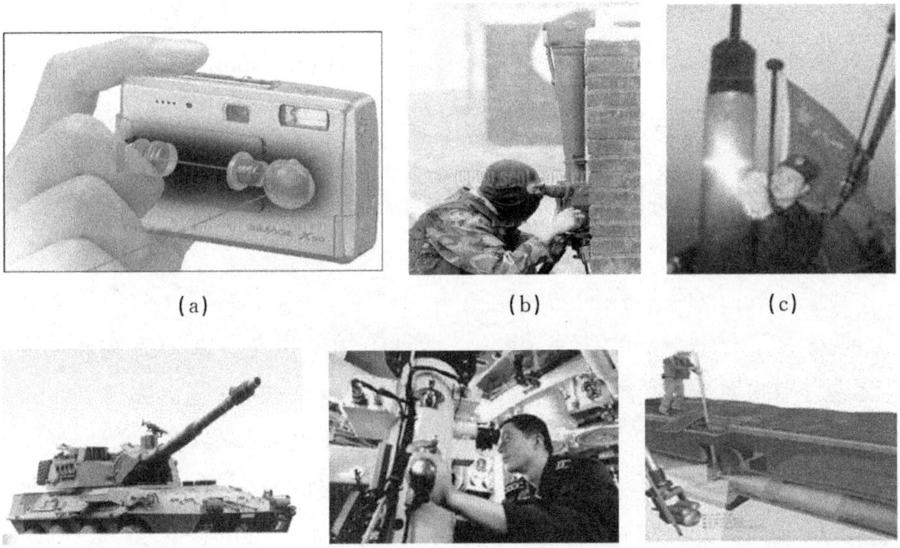

(a) (b) (c)

(d) (e) (f)

图 2-19

## 七、板书设计

潜望镜原理图如图 2-20 所示。

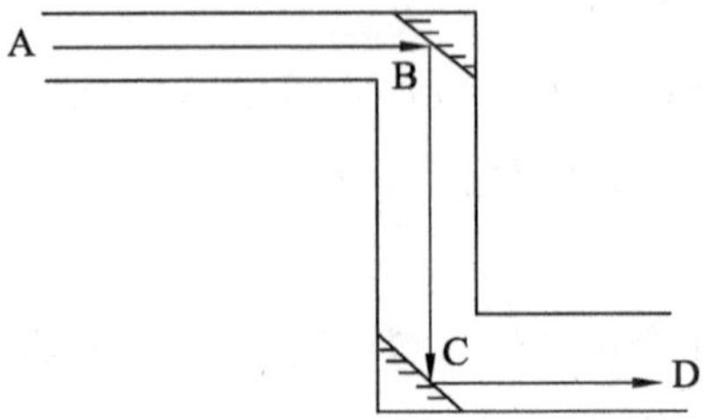


图 2-20

## 八、作业布置

如何制作一个可以观察后方或左右两侧方向的潜望镜?

## 九、教学设计评析

本节课是在学生学习了光的反射和平面镜成像知识的基础上安排的一次综合实践活动课。教师从游戏活动引入课堂,由易入难,从拐角看人到隔墙看人,学生在学习完光的反射后很容易知道拐角看人的原理,也很容易根据生活经验完成第一个游戏,在第一个游戏的引导下,隔墙看人游戏有点难度,激发了学生的探究热情,学生积极思考,教师进一步展示潜望镜,让学生从课桌下看到其他人,他们渐渐明白利用了光的二次反射原理的原因,最后老师指导学生利用身边的物品进行制作潜望镜的活动。学生在学中做、做中学的过程中,进一步理解潜望镜的原理,最后制作成功,学生获得了成功的体验,并进一步通过交流,分享喜悦。

学生在亲自动手制作简易潜望镜的过程中,不但对光的反射和平面镜成像的规律有了更进一步的认识,而且在活动中学生也充分认识到物理与现实生活的紧密联系,同时学生的动手能力和与他人合作的意识也都得到了很大的提高。课堂教学中力求给学生提供较多的表现机会和参与的平台,使学生对光的反射及其在生活中的应用形成更加深刻的认识和感受,从而立体地完成新课程理念中的三维目标。

# 制作密度计

## 一、教学设计思路

简易密度计的制作是学生学完浮力之后的一个综合实践活动。密度计是利用物体漂浮在液面上时，浮力等于重力的原理来测量液体的密度。在此之前学生已经学习了浮力的概念、影响浮力大小的因素及有关浮力的简单计算，还学习了二力平衡和物体的浮沉条件等内容。学生在制作密度计的活动过程中，能对浮力的概念、影响浮力大小的因素以及浮沉条件等知识有更加直观而深刻的认识。

本节课首先从鸡蛋在食盐水中漂浮的现象引入用漂浮物测量液体密度的思路，然后分析竖直漂浮的细管受力情况，并应用二力平衡条件和阿基米德原理，推导出杆状物漂浮体浸入液体深度与液体密度的关系，为学生设计和制作简易密度计提供必要的理论依据。接着围绕本节课的重点提出并解决以下四个问题：

(1) 如何使细管竖直漂浮于水中。

(2) 如何在密度计上标出刻度。

(3) 如何用自制的密度计测量可乐、食油、酱油等液体的密度。

(4) 如何使测量的结果更精确。

最后，要求学生课后撰写实验报告并相互交流。

**二、教学目标**

(1) 在制作密度计的过程中，学生进一步了解影响浮力大小的因素。

(2) 通过简易密度计的设计和制作，学生对二力平衡和浮沉条件有了更深刻的认识。

(3) 学生在活动过程中提高分析和解决实际问题的能力。

(4) 经历密度计设计和制作的过程，感悟技术设计的思想和方法。

(5) 学生在小组相互交流展示的活动中获得成功的喜悦。

**三、教学重点、难点**

重点：认识密度计原理，设计与制作简易密度计。

难点：解决在密度计制作过程中遇到的实际问题。

**四、教学准备**

烧杯、食盐、清水、竹筷或细木棍、吸管、圆珠笔壳、饮料吸管、带橡皮头的铅笔、橡皮泥、订书针。

## 五、教学流程图

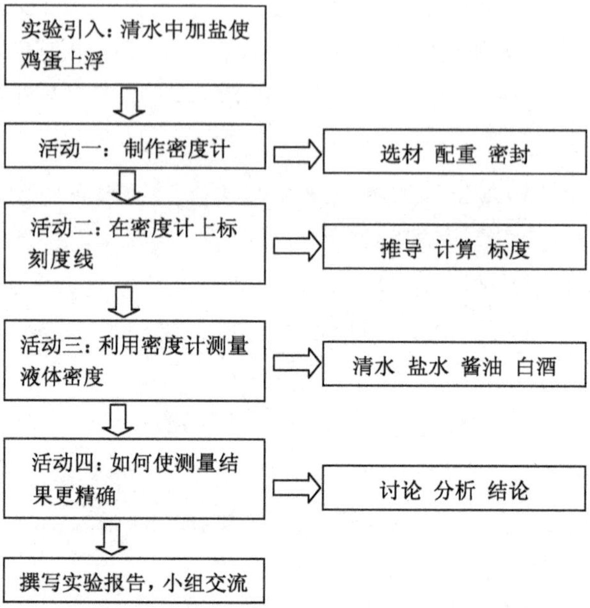


## 六、教学过程

演示实验，引入课题：向清水中加盐使沉在水下的鸡蛋上浮。

实验中，我们发现向水中加入一定量的食盐后，鸡蛋会上浮，直到漂浮，且食盐水的密度越大，鸡蛋漂浮时排开液体的体积越小。由此我们可以推测，对于同一个物体来说，它漂浮时排开液体的体积是由液体的密度决定的。根据这个原理我们可以制作一个能测量液体密度的工具——密度计。

### 活动一：制作密度计

制作密度计的主要材料可以是竹筷或细木棍、吸管、圆珠笔壳、带橡皮头的铅笔等，实际制作时，吸管做起来比较方便。

将吸管投入水中，它会浮在水面上，不能竖直地立起来。可以在吸管的一端内塞一些订书针，这时如果不注意，吸管就可能竖直沉到水底，这里关键的一步是将吸管下端封闭，调节订书针的数量和橡皮泥的量，使吸管能竖直地浮在水面上，如图 2-21 所示。此时吸管浸入水中的深度为 $h_0$。

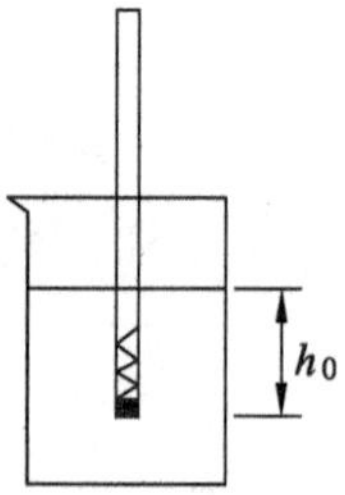


图 2-21

过渡语：怎样在我们制作好的密度计上标上刻度呢？

**活动二：在密度计上标刻度线**

在老师的引导下师生共同分析：设吸管的横截面积为 $S$，测出吸管浸入水中的深度为 $h_0$，根据漂浮条件 $F_{浮}=G=\rho_{水}gSh_0$，如果漂浮在另外的液体中，则 $F_{浮}=G=\rho_{液}gSh$，所以 $h=\frac{\rho_{水}}{\rho_{液}}h_0$。根据这个关系式，可对简易密度计标上刻度。

要标刻度，首先要确定 $h_0$，将密度计漂浮在水面上，用记号笔在吸管上标出水面的位置，并测量出该位置到吸管下端的距离 $h_0$。根据以上推导的公式，计算出不同液体密度时对应的深度 $h$。

调整橡皮泥的量和订书针的数量，分别取 $h_0=8\text{cm}$、$10\text{cm}$、$15\text{cm}$，并计算不同密度下浸入的深度，如表 2-1 所示。

**表 2-1**

| 液体密度 $\rho/(\text{g}\cdot\text{cm}^{-3})$ | 0.8 | 0.9 | 1.0 | 1.1 | 1.2 | … |
|---|---|---|---|---|---|---|
| $h_0=8\text{cm}$ 时浸入的深度 $h/\text{cm}$ | 10.0 | 8.9 | 8.0 | 7.3 | 6.7 | … |
| $h_0=10\text{cm}$ 时浸入的深度 $h/\text{cm}$ | 12.5 | 11.1 | 10.0 | 9.1 | 8.3 | … |
| $h_0=15\text{cm}$ 时浸入的深度 $h/\text{cm}$ | 18.8 | 16.7 | 15.0 | 13.6 | 12.5 | … |

如何将刻度刻在吸管上呢？吸管比较软，普通笔在上面不好写，如果用墨水笔，记号浸到水中后会模糊。如何克服这些困难呢？一种办法是用油性笔，它不溶于水，在水中不会变模糊。另外一种比较好的方法：裁一张狭长的小纸条，上面画上刻度，塞到吸管中，然后根据密度计漂浮在水面上时水面的位置(刚才用记号笔标记的位置)，调整纸片在吸管内的位置，使密度标记为 1.0 的刻度与水面相平。

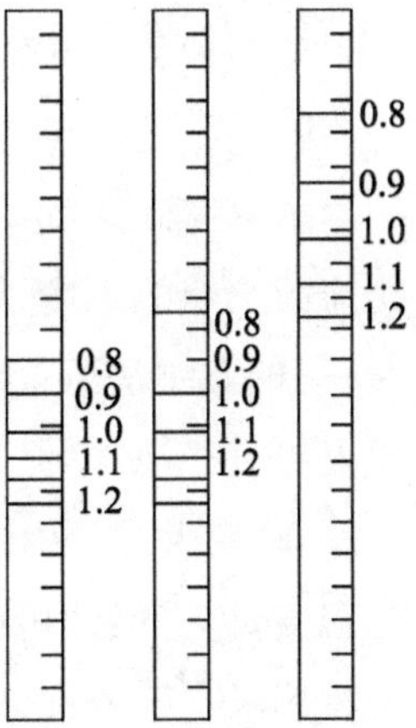

图 2-22

教学过程中，教师可以引导学生进行数据的计算并将数据画在纸条上，如图 2-22 所示是根据这三组数据进行刻画的刻度。从画图的结果来看，简易密度计的刻度线分布不均匀，且呈现出下密上疏的特点。

过渡语：下面我们就用制作成功的密度计来测量一些液体的密度吧！

**活动三：利用密度计测量液体密度**

为了检验自制的密度计测量密度是否准确，教师可以安排学生去测量浓盐水的密度。这样做是因为大家都知道浓盐水的密度比水大，但究竟是多少，书上也没有具体的数值。进行实际的测量，可以对盐水密度有一个更为感性的认识。

教师引导学生结合密度测量的知识，利用天平和量筒测饱和食盐水的密度，然后再用自制的密度计去测量，去比较。通过对比，自制密度计测到的密度与用天平量筒测到的密度有一定的差距，引导学生进行误差分析：吸管的粗细不够均匀、刻度有误差、用天平和量筒测密度时不够精确等。

学生实验：利用自己制作的密度计测量可乐、食油、酱油、白酒等常见液体的密度。

设计意图：进一步体验用密度计测量液体的密度，了解这些物质的密度与水密度的大小关系，激发学生学习物理的兴趣。

过渡语：从上述测量的结果我们发现，用密度计测量与用天平、量筒所测量的液体密度有一定的误差。那么如何改进能使密度计测量结果更精确呢？

引导学生结合活动二的表达式：$h=\frac{\rho_{水}}{\rho_{液}}h_0$ 进行思考、讨论。

**活动四：如何使测量结果更精确**

师生共同讨论分析并得出：为了使测量结果更精确，就要使密度计相邻的两条刻度线之间的距离大一些。如何使刻度线间距变大呢？通过观察对比前面三组的刻度，可以发现，当 $h_0$ 大一些时，可以使间距变大。要使 $h_0$ 变大，一种方法是可以增大吸管在水中的体积，即增大浮力，可以使吸管下面的配重更重一点。另一种方法是用更细一点的管子，即使它的横截面积变小。但是 $h_0$ 变大后，又会产生新的问题，一是测量的范围变小了，在测量较小空间的密度时，密度计可能会下沉到容器的底部；二是测量时，需要更深的容器，测量起来不够方便。为使密度计在变重、刻度部分变细的情况下，它的 $h_0$ 不变大，有什么好办法呢？

教师出示：实验室中实际的密度计。

请同学们比较实验室中的密度计与你们自己制作的简易密度计有什么

差别，并讨论这种差别存在的原因是什么。

学生交流讨论。

师生总结：下面的铁砂是为了增加重力，降低重心，使密度计竖直漂浮起来，玻璃圆球泡是为了增加排开液体的体积，目的是为了减小 $h_0$ 等。

总结：本节课通过密度计的制作、测量及比较，加深了对浮沉条件的认识，同时我们动手、动脑及分析解决问题的能力都得到了有效的训练。

## 七、板书设计

**密度计的制作原理：**

**设吸管的横截面积为 $S$，测出吸管浸入水中的深度 $h_0$，根据漂浮条件 $F_{浮}=G=\rho_{水}gSh_0$，如果漂浮在另外的液体中，则 $F_{浮}=G=\rho_{液}gSh$，所以 $h=\frac{\rho_{水}}{\rho_{液}}h_0$.**

## 八、布置作业

撰写实验报告并与同学相互交流。

## 九、教学设计评析

本节课教师从“清水中逐渐加盐使鸡蛋上浮”的实验引入新课，通过实验现象学生很容易观察到随着盐水密度的逐渐增大，鸡蛋漂浮时排开液体的体积逐渐减小。由此老师引导学生推测，对于同一个物体来说，它漂浮时排开液体的体积是由液体的密度决定的。这个演示实验非常巧妙地把密度计的原理直观地展现在学生面前，为下面密度计的制作作了很好的铺垫。接着老师安排了四个学生活动，分别从密度计的选材、标度、测量和如何减小测量误差这几个方面来逐步展开并推进课堂教学。每一个活动都是在老师的恰当引导下学生通过自己动手或小组合作来完成的。整节课通过密度计的制作、测量及比较，能够加深学生对漂浮条件的认识，更有助于学生动手能力、分析解决问题能力的培养。在活动中学生的智慧得到更大的发挥，如在密度计制作配重的选择上学生能想出很多的方法，老师最后用取材较为方便的订书针就是受到了学生的启发。

本节课教学设计的最大优点是能让每一个学生都能经历学习的全过程，改变了以往“人在课堂心在外”的低效课堂状况，真正实现了学生“在学习、真学习”的高效课堂模式。

## 制作杆秤

### 一、教学设计思路

学生在学完杠杆平衡条件之后，对杠杆平衡条件的应用有了一定的认识。本节内容作为杠杆平衡条件知识的应用，首先以生活中商家使用杆秤称量物体质量入手，让学生联系生活实际，对杆秤的作用及使用方法有一定的认识，老师再对杆秤的构造做一些基本的介绍，学生运用所学知识就很容易接受杆秤的原理及使用方法。在此基础上老师进一步激发学生的探索兴趣，引导学生自制杆秤。学生根据老师课前布置带的物品，在老师的引导下很容易完成杆秤的制作，并能对自己的作品进行评价，体会成功的喜悦。

由于学生在平时学习过程中很少去制作物品，因而形成了一些比较被动的学习习惯和思维定势，学生的科学探究能力和参与意识不强。因此老师在教学中要多引导多鼓励，提高学生的参与热情，放手发动学生去积极制作，允许出现各式各样的杆秤，主要是鼓励学生去动手，用所学的物理知识解决问题。

### 二、教学目标

(1) 在学习杠杆平衡条件的基础上，通过制作杆秤，加深对杠杆平衡条件的理解。

(2) 学生体验、经历探究过程，培养学生做实验的能力、想象能力和协作能力。

(3) 培养学生实事求是的科学态度和勇于探索的科学精神。

### 三、教学重点、难点

重点：杆秤原理的理解及应用。

难点：杆秤制作中量程及刻度值的确定。

### 四、教学准备

(1) 做秤杆用的细棍(硬的，30—50cm)。

(2) 做秤盘用的塑料盘(方便穿孔的)。

(3) 做秤砣用的重物(如小铁锁、小铁片之类的物品)。

(4) 透明胶带、剪刀、笔等工具，砝码。

## 五、教学流程图

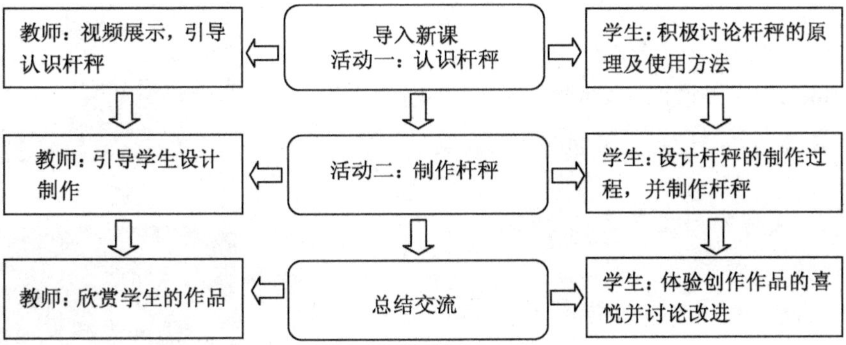


## 六、教学活动

### 活动一：认识杆秤

利用视频和学生的演示，激发学生制作杆秤的兴趣。

1. 视频展示(菜场商家用杆秤称商品的情景)

师：在视频中商家使用杆秤(图 2-23)来称顾客买的东西，你们知道杆秤的构造和原理吗？会使用杆秤吗？

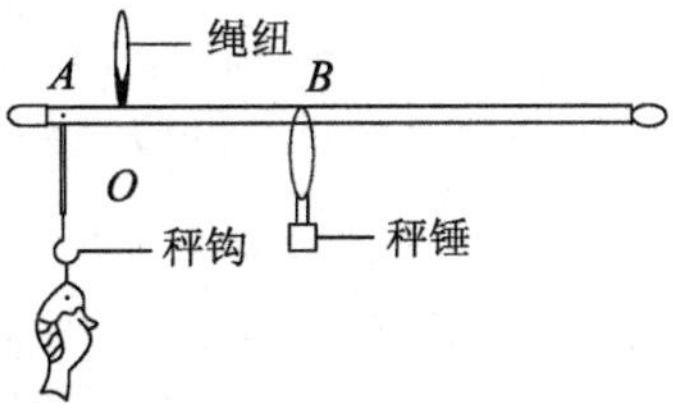


图 2-23

学生讨论回答。

通过视频的展示，激发学生对杆秤的兴趣，老师介绍杆秤的构造，学生在学会杠杆平衡条件的基础上，能对杆秤的原理有所了解，通过教师的介绍，学生能学会使用杆秤。

2. 讨论杆秤的制作

师：大家都学会了使用杆秤，今天老师和大家一起来制作自己的杆秤，请大家利用课桌上的物品，自己设计制作一个杆秤。

学生根据物品自己设计制作。通过刚才杆秤的介绍使用，知道了杆秤的构造，根据生活经验以及小组的合作讨论交流，制定制作杆秤的过程。

### 活动二：制作杆秤比赛

通过亲身制作杆秤，加深对杠杆平衡条件的认识，从单纯的物理知识，走向社会应用。

1. 在杆秤上挂上秤盘

材料：圆木棒(40cm)、塑料小盘(或纸盘、一次性杯子等)、棉线、小刀等。

方法：用一根圆木棒作秤杆，在小盘子上打三到四个小孔并将棉线穿过秤盘，在木棒的一端用小刀刻一小圆圈，将秤盘上的棉线系在小刀刻的位置，并固定好，如图 2-24 所示。

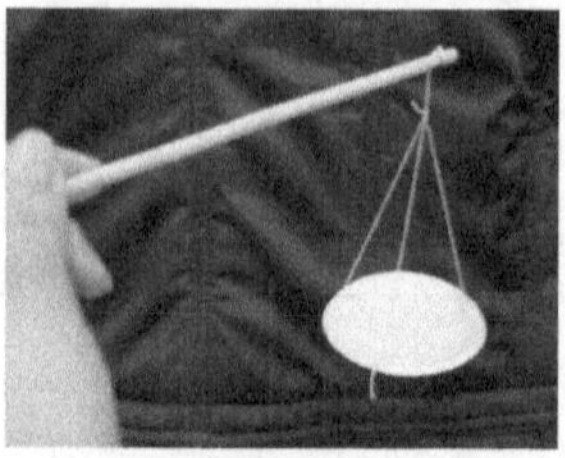
图 2-24

**注意**：小刀刻小圆圈的时候要小心，不要受伤。

2. 在秤杆上挂上提纽，确定支点

材料：棉线。

方法：剪一段棉线作提纽，系在秤杆上，移动提纽靠近秤盘，寻找到支点的位置，并用小刀刻一小圆圈，将提纽固定在该位置，如图 2-25 所示。

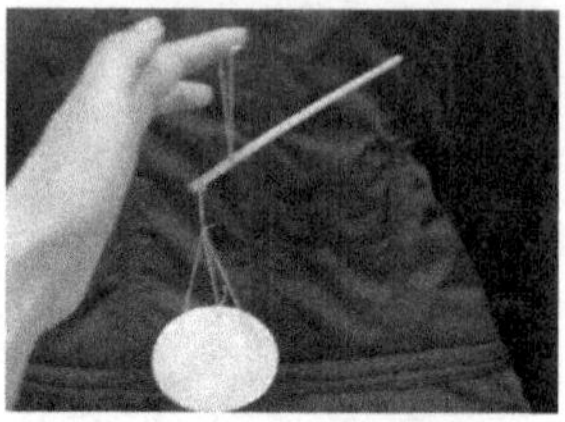
图 2-25

**注意**：正确的支点位置应该是手提住提纽时，秤盘的一边沉下去，秤杆的另一边翘起来。如果始终是秤盘一边翘起来的话，就要在秤盘底部加上重物，使其沉下去。

3. 在秤杆上挂上秤砣，确定“0”刻度

材料：棉线、铁圈(或橡皮钩码等重物)、铅笔。

方法：用铁圈等重物系上棉线作秤砣，吊到秤杆上。手提住提纽，移动秤砣，使秤杆保持平衡，用铅笔在吊线与秤杆贴合的位置上画一根刻度线，记作“0”，如图 2-26 所示。

图 2-26

**注意**：此时秤盘里不放任何物体；画好“0”刻度后可以再以此方法验证一下，确保“0”刻度的准确。

4. 在秤杆上确定其他质量的刻度

材料：砝码、铅笔。

方法：在秤盘上放上一个 5 克的砝码，手提住提纽，移动秤砣，使秤杆保持平衡，用铅笔在吊线与秤杆贴合的位置上画一根刻度线，记作“5”。接着在秤盘上换上一个 10 克的砝码，手提住提纽，移动秤砣，使秤杆保持平衡，用铅笔在吊线与秤杆贴合的位置上画一根刻度线，记作“10”。依此类推，确定出其他的刻度。最后量出每一段的距离进行平分，确定出每一克的位置，如图 2-27 所示。

图 2-27

**注意**：如果同学们使用较重的物体作为秤砣，则杆秤的最小刻度值要适当大一些。

5. 使用自制的杆秤测量身边的物品

利用自制的杆秤(图 2-28)测量身边的物品，体验自制作品的喜悦。

图 2-28

6. 交流展示

比一比，谁的作品好？同学们交流展示自己的作品，在交流中进一步体会杆秤的量程和分度值，对自己的作品提出改进意见。

## 七、板书设计

1. 杆秤的构造

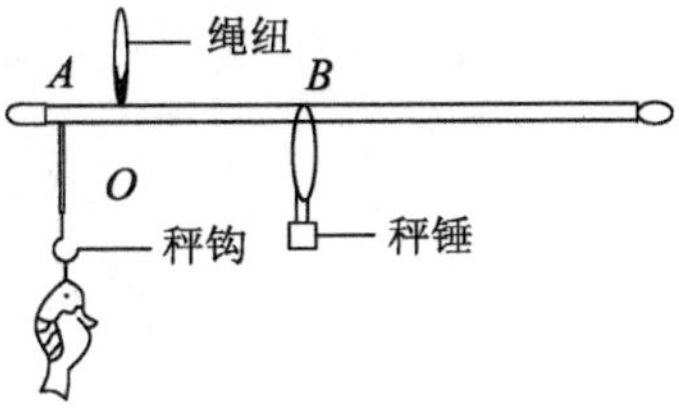


2. 自制杆秤

## 八、作业布置

利用自制杆秤测量身边的物品，并与电子秤的测量结果进行比较，分析产生误差的原因。

## 九、教学设计评析

本节课老师先是从生活中商家卖东西使用杆秤的视频引入课堂，将生活中的情景展示给学生，学生将生活情景与所学知识联系起来，从而能很快地进入学习状态，利用所学的知识很快弄懂杆秤的使用是杠杆平衡原理的应用，进而老师再设计制作杆秤的实验比赛，学生的激情很快被激发出来。老师安排学生课前准备的物品在学生大脑中有了创作的思路，在老师的引导下，一场比赛迅速开展起来。学生在制作过程中积极动手动脑，通过交流不但能提升知识的应用，更能激发学生的创作热情。学生在制作杆秤的活动中，热情高、兴趣浓。通过观察、思考和交流，学生对杠杆的平衡和影响平衡的条件有了进一步的认识，这为他们发现和提出问题奠定了基础。课堂上老师并没有静态地传授知识，解疑答难，而是创设真实情境，提供实验、观察、思考及讨论的机会,整堂课学生积极参与,师生互动,一气呵成。一些结论性的知识也就自然而然地在学生的活动中被发现并归纳出来。

这节活动课的优点是充分发挥了小组合作的作用,使学生成为活动的主体,教师在活动中是组织者同时也是参与者,课堂活动气氛活跃,学生汇报展示,以及形成了教师评价、学生评价、学生自我评价等多样的评价方式。

# 第三章　高中物理教学设计

## 第一节　速度变化快慢的描述——加速度

### 一、教学设计思路

#### (一) 学情分析

加速度是力学的重要概念,是联系力和运动的重要桥梁,也是高中学生接触到的物理上的第一个难点。而在学生的生活体验中,与加速度相关的现象较少,这给学生对加速度的理解带来一定的难度。所以在授课过程中要充分利用好多媒体,通过大量生活中实例的类比,将抽象的概念变为形象的事例,让学生理解加速度的概念及求解方法。

#### (二) 教材分析

本节内容主要讲解了加速度的物理意义、定义式、加速度方向与速度方向的关系及从 $v$-$t$ 图像中看加速度。通过前面几节内容的学习,学生已经掌握了选参考系,建立坐标系,用速度来描述物理运动的快慢,并涉及了矢量的含义。加速度是描述物体速度变化快慢的物理量,是对物体运动研究上的升华,也是联系力和运动的重要桥梁,具有承上启下的作用。

### 二、教学目标

(1) 理解加速度的物理意义,知道加速度的公式、符号、单位等。

(2) 理解加速度的矢量性,能判断物体是做加速运动还是减速运动。

(3) 能利用 $v$-$t$ 图像,判定加速度的大小。

### 三、教学重点、难点

重点:加速度概念的建立、理解以及与速度快慢的区别。

难点:理解加速度的物理意义及加速度的方向,树立变化率的思想。

### 四、教学准备

多媒体课件,坐标纸,有关摩托车、轿车、客车加速的视频。

## 五、教学流程

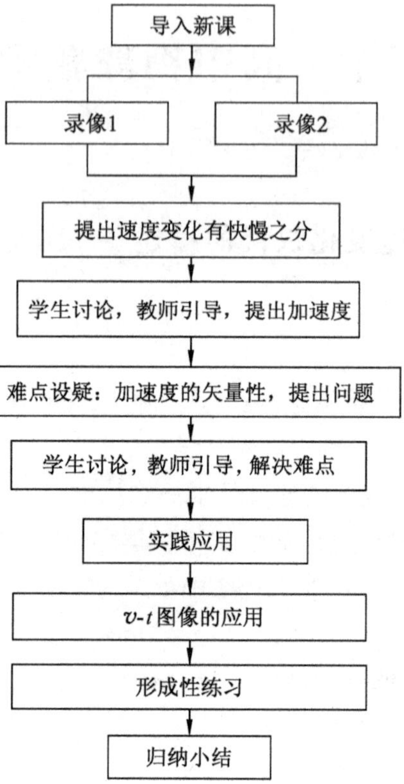


## 六、教学过程

### （一）课堂引入

*活动一：视频展示——刘翔跨栏*

视频展示：刘翔在瑞士洛桑破世界纪录。

问题1-1：刘翔为什么赢了？

问题1-2：如何看出刘翔的速度快呢？

归纳总结：比较物体运动快慢的方法有以下几种。

(1) 时间相同，比较位移。

(2) 位移相同，比较时间。

(3) 位移、时间都不同，比较单位时间内的位移。

速度——位移与时间的比值（比值法）。

问题1-3：初中阶段还学过哪些比值定义法？

设计意图：通过速度的复习，引出比值定义法。通过初中阶段学过的密度、压强等用比值定义法的回顾，实现新旧知识的衔接，为加速度的定义埋下伏笔。

衔接过渡：本节课我们也将学习一个利用比值法定义的物理量。

### （二）课堂教学

*活动二：概念构建——什么是加速度*

**表 3-1**

| 指标 | 摩托车 | 轿车 | 客车 |
|---|---|---|---|
| 初速度 $v_0$/(m/s) | 0 | 0 | 0 |
| 末速度 $v$/(km/h) | 60 | 60 | 60 |
| 速度的变化量/(m/s) | | | |
| 所用时间/s | 19.50 | 13.03 | 38.53 |
| 比较速度变化的快慢 | | | |

**表 3-2**

| 指标 | 摩托车 | 轿车 | 客车 |
|---|---|---|---|
| 初速度 $v_0$/(m/s) | 0 | 0 | 0 |
| 末速度 $v$/(km/h) | 60 | 60 | 60 |
| 速度的变化量/(m/s) | 16.67 | 16.67 | 16.67 |
| 所用时间/s | 19.50 | 13.03 | 38.53 |
| 比较速度变化的快慢 | 速度变化较快 | 速度变化最快 | 速度变化最慢 |
| 速度的变化量与所用时间的比值 | 0.85 | 1.28 | 0.43 |

联系生活：视频展示摩托车、轿车、客车都从 0 加速到 60km/h，所用时间的区别。

问题 2-1：三辆车，哪辆速度变化最快？

问题 2-2：大家如何看出轿车速度变化最快的？

问题 2-3：如果速度变化的量和所用的时间都不同，应怎么判断？

问题 2-4：请同学们利用比值算出结果，比较比值和速度变化快慢之间有什么联系？

设计意图：让学生通过解决具体的实际问题，在此基础上，由学生自己顺势引出加速度的意义、定义、定义式及单位。

衔接过渡：请问加速度是标量还是矢量？

*活动三：实战演练——加速度的矢量性*

具体情境：甲车在10s内速度由1m/s增加到11m/s，乙车在10s内速度由11m/s减小到1m/s。

问题3-1：甲、乙两辆汽车速度的改变量各是多少？

问题3-2：它们的加速度一样吗？

设计意图：速度变化量甲车为10m/s，乙车为－10m/s。甲车加速、乙车减速，运动情形不同。借此引发思维冲突，引出加速度有正负，说明加速度是矢量，方向与速度的变化量的方向一致。

问题3-3：加速度的正负的含义？

教师引导：在直线运动中，假设初速度方向为正方向，甲车的加速度为正值，说明甲车在加速，加速度方向与初速度方向一致；乙车加速度为负值，说明乙车在减速，加速度方向与初速度方向相反。加速度的方向与速度变化量$\Delta v$的方向相同。

*活动四：学以致用——加速度在生活中的应用*

分组讨论：学生分组讨论，这组数据对你有何启示？

设计意图：通过不同品牌汽车的制动效果的比较(表3-3)，进一步启发学生思考生活中加速度的说法及意义。体现物理知识与实际生活的联系，让学生做到学思结合、学用结合。

**表3-3**

| | 平均加速度 | 初始速度/(km/h) | 制动时间/s | 制动距离/m |
|---|---|---|---|---|
| 宝马530i | －1.0043g | 99.63 | 2.81 | 39.91 |
| 高尔夫1.6 | －0.9207g | 101.41 | 3.12 | 45.07 |
| 威驰1.5AT | －1.0027g | 99.83 | 2.82 | 40.03 |
| 奇瑞001.1 | －0.8491g | 98.92 | 3.30 | 47.83 |

*活动五：释疑解惑——回看刘翔的起跑画面*

问题5-1：为什么解释员说："刘翔一起跑就领先了"？

设计意图：呼应课堂引入，通过对实际问题的解答，培养学生分析问题、解决问题的能力，逐步养成发现问题、主动解决问题的习惯。

衔接过渡：既然研究加速度有很多的现实意义，除了用计算的代数方法外，还有其他的方法可以用来比较加速度吗？

**活动六：自主探究——如何利用 $v$-$t$ 图像表示加速度**

表 3-4

| 速度＼时刻 | 0s | 1s | 2s | 3s | 4s | 5s |
| --- | --- | --- | --- | --- | --- | --- |
| 甲的速度/(m/s) | 0 | 1 | 2 | 3 | 4 | 5 |
| 乙的速度/(m/s) | 0 | 2 | 4 | 6 | 8 | 10 |
| 丙的速度/(m/s) | 0 | 1 | 3 | 4 | 7 | 8 |
| 丁的速度/(m/s) | 5 | 4 | 3 | 2 | 1 | 0 |

分组探讨：利用老师给定的数据，先在同一个坐标图上分别作出甲、乙、丙、丁四个物体的 $v$-$t$ 图像后，探讨下列问题。

问题 6-1：甲、乙、丙的 $v$-$t$ 图像都是直线吗？他们的运动有何不同？

问题 6-2：甲、乙均为加速运动，但甲直线倾斜程度更厉害，倾斜角更大，而乙相对较平缓，倾斜角也小，为什么？

教师引导：$x$-$t$ 图像中直线的斜率表示什么？

问题 6-3：通过类比，$v$-$t$ 图像的斜率有何意义？甲、乙谁的加速度大？

问题 6-4：为何甲和丁倾斜的方向不同？说明了什么问题？

设计意图：利用四组具体的数值，引导学生规范作图。利用 $x$-$t$ 图像的类比，为学生巧搭台阶，使前后知识关联，降低思维的难度，收获成功的喜悦。利用问题的层层递进，引发学生的探讨与思考，使其对 $v$-$t$ 图像的斜率的理解得以升华。

**活动七：当堂练习——加速度相关问题的辨析**

问题 7-1：速度大，加速度一定大吗？

问题 7-2：加速度等于 0，而速度却不等于 0，可能吗？

问题 7-3：物体的速度变化量大，而加速度可能小吗？

问题 7-4：加速度大，速度一定大吗？

设计意图：加速度是高一学生遇到的第一个难点，通过辨析和碰撞，加深学生对其的理解。在这四个问题的解答过程中，老师要引导学生联系生活中的具体事例，使抽象的物理问题变为鲜活的事例，让学生感受物理的科学性和实用性。

## 七、板书设计

### 加 速 度

一、加速度

1. 定义：加速度是速度的变化量与发生这一变化所用时间的比值。

2. 物理意义：表示速度改变快慢的物理量，其数值越大表示在单位时间内速度改变的越快。

3. 定义式：$a=\Delta v/\Delta t=(v_t-v_0)/\Delta t$

4. 单位：米每二次方秒，写作：$m/s^2$ 或 $m\cdot s^{-2}$。

5. 矢量性：是矢量，方向与速度变化量 $\Delta v$ 的方向相同。

二、从 $v$-$t$ 图像来看加速度

## 八、布置作业

(1) 课后寻找加速度在现实生活中的应用，总结其特点。

(2) 完成课本后的练习。

## 九、教学设计评析

本节课用刘翔跨栏的视频来引入新课，从而提高学生的学习兴趣。再利用摩托车、轿车、客车加速视频引导学生积极思考，使学生达到认识物体的运动情形的三个层次：速度—速度变化—速度变化的快慢，自然地引出了加速度，巧妙地突破了难点。接着，利用实战演练，得出加速度是矢量及与速度方向的关系。再用轿车的制动性能和刘翔的起跑画面让学生学以致用。利用 $x$-$t$ 图像与$v$-$t$图像的类比，启发学生思考。用练习强化训练，加深理解。整节课构思巧妙，层层递进，符合学生的认知规律。

在讲解 $v$-$t$ 图像时列举了几个时刻的瞬时速度，虽从科学的角度来考虑不够严谨，但这符合学生的认知水平。从教学效果来看，学生通过具体的数据，在不知不觉中顺利地跨过了这台阶，说明了这种设计是正确的。由此可见，在进行新课程的教学时，分析学生认知水平，尊重学生认知规律是非常重要的。

本节课以教师为主导，学生为主体，让学生自主建构知识。对于教学难点，采用了先讨论、后探究、再交流、最后讲解的教学策略，同时也渗透了用比值定义物理量的方法教育。充分体现了教育的技巧并不在于能预见到课堂的所有细节，而是在于根据当时的具体情况，巧妙地在学生不知不觉中做出相应的变动。

# 第二节　自由落体运动

## 一、教学设计思路

### (一) 学情分析

在前面的教学中,学生已经初步掌握了匀变速直线运动的规律,并利用电磁打点计时器研究过匀速直线运动和匀变速直线运动,同时对物理学中的理想模型有了一定的认识,具备了初步的逻辑思维能力和实验设计能力。因此在学习过程中,要让学生主动参与,设计实验,体会科学研究方法对物理学发展的作用。

### (二) 教材分析

"自由落体运动"是高一物理第二章第四节的内容。本节内容是在学生学习了运动学知识后编排的,是匀变速直线运动的特例。对自由落体运动的研究一方面是对前面知识的复习和巩固,同时也加强了课本与实际生活的联系;另一方面,在学习过程中,要让学生初步体会伽利略的"提出假设→数学推理→实验验证→合理外推"的研究方法。培养学生的自主、合作、探究的科学研究方法,为学生的终身发展打下了良好的基础。因此本节课是本章知识的复习课,培养学生思维的研究课,联系生活的应用课,也是后面课程的知识准备的铺垫课。所以本节课在本章中具有重要的地位和作用。

## 二、教学目标

(1) 知道物体做自由落体运动的条件,掌握自由落体运动的特点和规律。

(2) 培养学生动手做实验的能力、协作能力、观察能力、归纳总结能力、知识迁移能力。

(3) 使学生初步接触物理学大师研究科学的方法和思想,培养科学探究的习惯。

## 三、教学重点、难点

重点:探究自由落体运动的特点和规律的过程,知道自由落体运动的规律和性质,初步体会伽利略的科学推理方法。

难点:对在忽略空气阻力的情况下,轻、重物体下落一样快的感性认知。

## 四、教学准备

(1) 硬币、A4 复写纸、硬纸板、软木塞(热水瓶塞)、打点计时器及配套器材各若干(由班级分组情况决定)、牛顿管、抽气机。

(2) 多媒体课件。

## 五、教学流程图

学生分组实验 → 对实验结果分析讨论 → 教师演示实验，难点突破 →

师生探讨，构建新知 → 新知巩固深化，突出重点 → 新知拓展，学以致用 →

课堂小结，布置作业

## 六、教学过程

新课引入：对于物体下落快慢情况，我们在生活中通过观察不同物体的下落情况都能得到自己的结论。请同学们比较两个物体从同一高度下落的情况，提出自己的看法，并举例说明。

**活动一：观察与猜想——物体从某一高度下落，其下落快慢可能与哪些因素有关**

学生分组活动：

(1) 同一高度，释放一枚硬币和一张与硬币面积相同的纸片，观察下落到桌面的情况。

(2) 同一高度，释放两张完全相同的纸片，将其中一张卷紧，观察下落到桌面的情况。

(3) 同一高度，释放一枚硬币和已经粘贴了纸片的硬币，观察下落到桌面的情况。

(4) 同一高度，释放一块面积较大的硬纸板和一个软木塞，硬纸板比软木塞重，观察下落到桌面的情况。

学生猜想和小组讨论：物体从某一高度下落，其下落快慢可能与哪些因素有关？(引导学生朝空气阻力方面思考)。

设计意图：学生通过小组合作的方式以及自己动手完成实验获取一定的结论，能够培养学生的分工协作能力，能够使每个组员都有展示和学习的机会。接着给学生提出新的问题，对新的问题进一步研究，从而使学生感受到对生活现象和结论进行进一步的思考和分析是科学研究的起点，初步体会伽利略的研究方法。

过渡衔接：在刚才大家的发言中，各小组都给出了物体下落快慢与阻力、质量等因素有关的结论，接下来，我们通过一个实验来研究这个问题。

图 3-1

演示实验：如图 3-1 所示，牛顿管实验：在演示中逐步将牛顿管抽成真空，其间进行 3～5 次的实验操作，提醒学生观察羽毛和铁片下落时的差距。

媒体展示：介绍伽利略的比萨斜塔实验，指出在阻力很小时，轻的物体和重的物体下落一样快。

设计意图：演示实验的目的是为了揭示自由落体现象的本质，提高学生的学习兴趣；本演示实验中逐步抽出玻璃管中的空气，观察减小物体下落阻力，物体的运动情况；这样一来每次实验现象均不相同，有利于形成科学的观察习惯及观察的敏锐性。通过多媒体向学生介绍伽利略的实验，可以更好地激发学生的学习兴趣，使学生逐步领悟伽利略的科学研究方法，感受科学大师的探索精神。

过渡衔接：像刚才所介绍的物体的运动，物理学上给出了专有的名词，请同学们阅读课本，思考它的运动规律和特点。

**活动二：阅读课本，掌握自由落体运动的概念，并完成例题**

问题 2-1：自由落体运动的定义是什么？

问题 2-2：物体做自由落体运动的特点是什么？

**例 1**　下列物体的运动能看作是自由落体运动的是　　　　（　　）。

A. 在空气中下落的羽毛

B. 在真空管中由静止下落的羽毛

C. 打开降落伞的运动员在空中下落

D. 雨滴从云中落下直到地面的运动

**活动三：学生分组操作课本第 44 页的实验，探究自由落体运动是什么性质的运动**

设计意图：通过分组实验培养学生的观察习惯和观察的敏锐性；通过要求学生总结自由落体运动的性质使学生能够把知识前后联系，拓展延伸；培养学生的知识迁移能力。

过渡衔接：自由落体运动是初速度为零的匀变速直线运动，那么，它的加速度应为一个定值，对于这个自由落体加速度，请同学们阅读课本，回答下列问题。

**活动四：理解重力加速度的相关意义**

问题 4-1：什么是重力加速度？标准值是多少？方向指向哪里？

问题 4-2：阅读课本第 44 页内容，分析表中的数据，总结重力加速度的大小规律。

结论：同一地点，任何物体的自由落体加速度________，跟物体的轻重无关。

重力加速度的方向________________，大小随高度的增加和纬度的变化而变化。

地面附近通常取 $g=9.8\text{m/s}^2$，粗略计算时，可取 $g=10\text{m/s}^2$。

设计意图：通过对表格数据的处理，培养学生的数据分析能力和归纳总结能力。重点讲解重力加速度的相关知识来突出本节课的重点内容。对于层次较高、思维能力较强的学生，可以在此处提出重力加速度的测量问题，以呼应学生学过的打点计时器知识和课本给出的频闪照片知识，但需注意，可能会有学生提出使用 $h=\frac{1}{2}gt^2$，用秒表测量运动时间的方法，若出现这种情况，应对学生加以肯定后指出测量方法上的不足。

过渡衔接：通过以上过程的学习，我们对自由落体运动的性质、遵循规律都有了初步的了解。那么自由落体运动遵从的运动学公式应该是什么呢？请各小组讨论并给出结论。

**活动五：回忆匀变速直线运动的规律及公式，讨论自由落体运动规律并写出公式**

**例 2** 已知甲、乙两球从同一高度相隔 1 秒先后自由下落，则在下落过程中 (　　)。

A. 两球速度差始终不变　　B. 两球速度差越来越大

C. 两球距离始终不变　　D. 两球距离越来越大

**例 3** 从离地 500m 的空中自由落下一个小球，不计空气阻力，取 $g=10\text{m/s}^2$，求：

(1) 落到地面所用时间；

(2) 从开始落下的时刻起，在第 1s 内的位移以及最后 1s 内的位移；

(3) 落下一半时所经过的位移。

设计意图：让学生进行小组合作学习，在已有的学习经验的基础上获取新的知识。进一步培养学生的协作能力和知识迁移能力。得出结论后通过题目加以巩固，使学生对新知识有更深刻的领悟。

过渡衔接：接下来，我们利用已经掌握的知识来完成一个有趣的实验，同桌之间合作完成课本第45页“做一做——看看你反应的快慢”。比较一下同学之间反应时间的长短。

活动六：同桌互助，完成课本小实验“看看你反应的快慢”，进行课堂小结

设计意图：将学习与生活相联系，激发兴趣的同时培养学生的动手能力。让学生自我小结，可以帮助老师了解学生本次课学习的薄弱点，为下次课的教学重点做准备。

**七、板书设计**

**自由落体运动**

一、自由落体运动

1. 定义：物体只在重力作用下(理想化模型)，从静止开始下落的运动。

2. 性质：自由落体运动是初速度为零的匀加速直线运动。

二、自由落体运动的加速度 $g$

1. $g$ 的方向：永远竖直向下。

2. $g$ 的大小：通常取 $g=9.8\text{m/s}^2$，估算时 $g=10\text{m/s}^2$，不同地点 $g$ 不一样。

三、自由落体运动规律

1. 速度公式 $v=gt$。

2. 下落高度公式 $h=\frac{1}{2}gt^2$ 或 $h=\frac{v^2}{2g}$。

**八、作业布置**

1. 课后“问题与练习”：2.3.4。

2. 阅读“从伽利略的一生看科学与社会”。

**九、教学设计评析**

这节教学设计成功的地方有以下几点：

(1) 教学思路清晰，教学知识结构(“什么是自由落体运动”“自由落体运动的性质”“自由落体运动的规律”“自由落体运动知识运用”)安排合理。

(2) 教学方法多样，有集体教学、个别提问、小组讨论、分组实验等；教学以实验为主线，设计生动有趣的实验来丰富和激活课堂。以问题来衔接过渡，创设情景引发问题，层层推进，符合学生的认知规律。

(3) 教学特色：设计者能紧抓主题、吸引学生，注重知识的温故而知新，重视能力的培养，包括提出问题的能力、动手探究的能力、相互合作的能力

等。教学中充分体现出以学生为主体,重视小组交流合作,充分发挥学生学习探究精神的高效课堂模式。

(4) 设计亮点:① 在牛顿管的演示实验中,不是一次性抽成真空,而是逐步将空气抽出,此间进行 3～5 次实验,能让学生更加深刻地理解空气阻力对运动的阻碍作用。② 设计者将南通地区所使用的活动单导学与淮安区实施的循环差异教学法结合在一起,从而使课堂模式更加丰富,学生的主体地位更加突出。通过学生的自学互探,改变了灌输式教学的缺点,使学生对知识点的理解更加透彻。

## 第三节　牛顿第一定律

### 一、教学设计思路

在初中阶段,学生对牛顿第一定律已有了大致的了解,知道亚里士多德的观点(力是维持物体运动的原因)是错的,也知道伽利略通过研究澄清了运动和力的关系(运动不需要力来维持)。

在设计这节课的教学时,笔者注意创设情境,在设置问题的过程中,突出研究的过程和方法,让学生头脑里的前概念与物理学里的科学概念激烈交战,引导学生在现有知识经验的基础上主动构建新知识。

在设计这节课的教学时,笔者注重三维目标的和谐统一,让学生理解科学的完整内涵,同时在人文、德育方面给学生以潜移默化的影响。

### 二、教学目标

1. 知识与技能

(1) 掌握牛顿第一定律,正确理解力和运动的关系;

(2) 明确惯性的概念,会正确解释惯性现象。

2. 过程与方法

(1) 回顾、体验“牛顿第一定律”建立的历史过程,并能作出初步评述;

(2) 体会牛顿第一定律深刻的思想性和认识问题的本质性;

(3) 体会“实验+逻辑推理”的科学研究方法。

3. 情感态度与价值观

(1) 通过对牛顿第一定律得出过程的回顾,感受科学成果往往是多人智慧的结晶;

(2) 通过了解历史上人们认识力和运动的关系的艰难历程,使学生形成不迷信权威，敢于质疑的科学态度。

**三、教学方法**

自主学习、启发诱导、合作探索、实验探究等。

**四、教学过程**

**活动一：播放模拟“嫦娥一号”奔月过程的动画**

学生观看、思考。

设计意图：引出“运动的原因”问题，是物理学最早研究的问题之一。

**活动二：历史回顾，科学感悟**

指导学生表演情景剧《穿越时空的对话》（课前排练、关于几位科学大师穿越时空的对话），并以问题串的形式引发思考，小组讨论，师生互动。

问题 2-1：本节课学习的是“力和运动”的关系，请讨论总结：有哪些科学家对“力和运动”的关系做出过贡献？

问题 2-2：亚里士多德提出的“力和运动”的关系是什么？其依据是什么？

亚里士多德：古希腊哲学的集大成者；从事的学术研究涉及逻辑学、修辞学、物理学、生物学、教育学、心理学、政治学、经济学、美学、博物学等；他创立了形式逻辑学，是最早论证地球是球形的人。马克思说：“他是最博学的人。”

亚里士多德观察了大量物体的运动，经过思考，把运动分成两类，一类是自然运动，另外一类是受迫运动。

自然运动：每个物体都有自己的固有位置，比如，火的自然位置在上，土的自然位置在下，气和水在中间。偏离固有位置的物体将趋向固有位置运动。地上物体的自然运动沿直线，轻者上升，重者下降；天体的自然运动永恒地沿着圆周进行。

受迫运动：物体的运动是在推或拉的外力作用下发生的。没有外力，物体就会停止。

问题 2-3：为什么亚里士多德的观点能延续两千年？

(1) 由于亚里士多德在其他许多领域的卓越成就，他在科学领域、思想领域享有崇高的威望。

(2) 加上他的任何运动都有原动者和天上的运动（完善的，圆形轨道的匀速运动，没有起点，没有终点）优于地上运动（有起点，也有终点）的观点，正好和基督教义十分吻合，因而得到了教会的支持。

(3) 亚里士多德关于力和运动的观点又与人们的许多生活经验相一致。

(4) 科技落后：加速度、速度都是后来伽利略建立的；无法直接测定瞬时速度，只能靠滴水计时；没有关于力的明确定义；能量守恒的观点还没有建立起来；等等。

设计意图：通过设计这样一些举措，指明学生要探究的内容和方向。通过这一环节的学习，可使学生的自学能力、总结归纳能力、合作学习能力、表演能力和逻辑思维能力大幅提升。

**活动三：理想实验，找出本源**

教师活动：提出问题，演示实验，引发思考。

学生活动：观察实验(图 3-2)，师生互动，解决问题。

问题 3-1：如果你是“伽利略”，你将用什么方法证明亚里士多德的观点是错误的？

问题 3-2：伽利略提出的“力和运动”的观点是什么？其依据是什么？

伽利略观察到：物体从斜面下滑(加速的原因)，速度增加；上滑时(减速的原因)，速度减小。

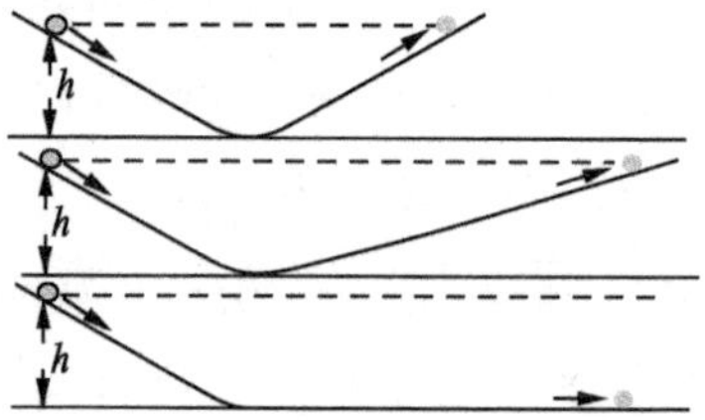

图 3-2

伽利略猜想：当球在水平面上运动时，他的速度应该不增不减。

教师演示：理想斜面实验。

更进一步：减小摩擦，物体近乎回到相同的高度，与倾角无关(是否受伽利略在 1583 年发现的“摆的等时性”影响，而产生敏锐的洞察力呢)。

得出结论：力不是亚里士多德所说的维持运动的原因，而是改变运动状态(如加速或减速)的原因。

问题 3-3：为何称之为“理想实验”，它的魅力在哪？

(1) 这个实验实际上是无法做到的，但是以可靠的实验事实为依据的；

(2) 确立了物理实验在物理学研究中的基本地位。

设计意图：通过本环节的学习，学生充分领略了伽利略理想实验的推理过程，知道理想实验是建立在可靠事实基础上的一种科学方法，学生会为伽利略的这一推理过程而拍案叫绝。

**活动四：总结归纳，形成体系**

教师活动：提出问题，引发思考。

学生活动：师生互动，解决问题。

问题 4-1：以上几位科学家把人们认识“力和运动”的关系都向前推进了一步，试分析每人推进的一步具体在哪里？

亚里士多德——直觉+思辨：直觉的观察提出问题，为科学家的研究确立课题。

伽利略——实验+科学推理：提出不易观察到的摩擦力(一个本质至今还没有被认识清楚的问题)，并应用到了一种科学方法——理想实验。

笛卡儿——补充完善：补充完善了伽利略的观点，提出该观点应该作为一个原理加以确立。

牛顿——形成体系。

问题 4-2：请同学们认真研读“牛顿第一定律”的内容，相互讨论和自主探究，总结对内容的理解。

牛顿第一定律：一切物体总保持匀速直线运动状态或静止状态，除非作用在它上面的力迫使它改变这种状态。

理解：

(1) 明确了惯性的概念。

(2) 确定了力的含义。

(3) 定性揭示了力和运动的关系。

设计意图：这一节课的中心知识点就是牛顿第一定律。通过本环节的学习，学生对该定律有了深刻的理解，为后面的学习打下坚实的基础。让学生明白，牛顿第一定律所描述的虽然是一种理想化的状态，但它却正确地揭示了自然规律。

**活动五：提出问题，深化理解**

教师活动：提出问题，引发思考。

学生活动：师生互动，解决问题。

问题 5-1：你能举一生活实例，或设计一简单可行的实验，证实一下惯性与质量之间存在怎样的定性关系吗？

让学生讨论、交流。

一般情况下，学生能够说出：质量越大，惯性越大。量度物体惯性大小的物理量就是其自身质量。但是很难通过生活中的实例或设计简单的实验来说清楚这个关系。这就需要教师通过实验和实例帮助学生理解惯性和质量的关系。

师生合作：小实验。

找一个肺活量大一点的男生到前面来，深呼吸，吹老师用线提着的乒乓球。乒乓球被高高吹起(学生笑)。老师再拿出一个跟乒乓球体积差不多的钢球，用线提着，让学生用力吹。钢球几乎不动(学生大笑)。通过这个小实验就能够说明质量大的惯性大。

其实现实生活中的相关例子很多，而且根据质量和惯性的关系设计了好多娱乐项目，如保龄球。保龄球撞木瓶，很有趣，一个球过去，十个木瓶全倒了。想想看，有这种娱乐项目吗？拿着木瓶去打保龄球(学生大笑)。在保龄球跟木瓶碰撞的过程中体现了质量和惯性的关系。

问题 5-2：发挥想象力，地球每天自转一周，故地球赤道上的物体大约以 1600km/h 的速率绕地心运动。那么在地球突然“停住”的瞬间，会出现怎样的情况？

教师活动：播放视频，引发思考。

(1) 生活中的惯性的应用与防治。

(2) 刘谦“螺帽旋转”魔术及其解密。

设计意图：通过设置问题情境，激发学生的求知欲，发挥学生的想象力；播放一些与惯性有关的视频，使学生对惯性有更直观、更深刻的理解。

**活动六：自主完善，系统构建**

问题 6-1：$F$、$a$、$m$ 三者究竟有何关系呢(图 3-3)？

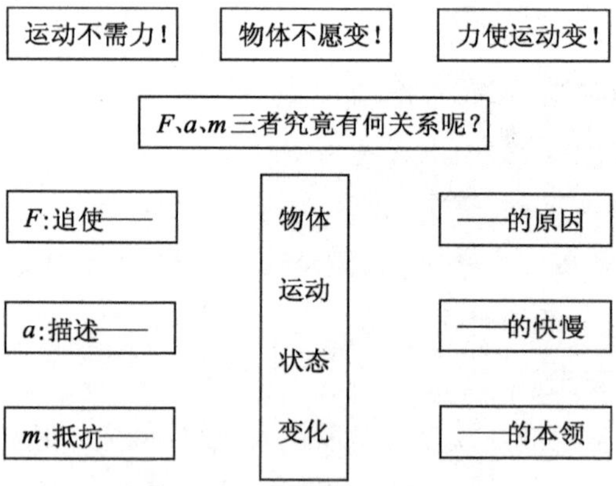


图 3-3　$F$、$a$、$m$ 三者之间的关系

设计意图：让学生自己总结这节课学习的内容和方法，在学习过程中，找

出理解不透彻、容易混淆的地方进行小组合作学习。形成学生自我总结、自我完善、自我反思的自学能力，为下一节课做好铺垫。

五、板书设计

**课题：牛顿第一定律**

一、亚里士多德(古希腊)：直觉＋思辨；

二、伽利略(意大利)：实验＋科学推理；

三、笛卡尔(法国)：补充完善。

六、教学设计评析

总体上看，这篇教学设计层次清晰、环节安排合理，各环节设计中可见“以学生为主体”的教学思想。设计重视科学探究过程、方法引领以及自主学习意识的培养，活动安排环环相扣、层层推进，作者通过精心设计的6个环节、11个问题巧妙地串联了本节课的教学。下面具体谈几点看法：

1. 教学设计基于学情，教学理念基于新课标，科学探究基于活动

设计者对高一学生学情把握准确：高一学生有了一定的基础知识(牛顿第一运动定律、摩擦力、惯性等)；这个年龄的学生好奇心强、观察力强；这节课的实验操作比较简单；同时也认识到学生从生活经验中所得到的被生活经验所掩盖的错误认识——“力是物体运动的原因”的前概念很顽固；学生的逻辑推理等能力都还不是很强，设计者在这些方面都做了充分的考虑。

设计者对本节课知识吸收点、智能开发点、思想教育点确立准确且符合学生实际情况。通过对力与运动关系探索的物理学史介绍，“还原”了人类探索力和运动关系的曲折历史，让学生了解人类认识事物本质的曲折和艰难，培养学生敢于坚持真理、不迷信权威的科学精神，对学生进行科学精神和科学态度的教育。实验探究的过程充分发挥了学生的主体作用。在“自主、合作、探究”的学习活动中培养了观察力、做实验的动手能力以及思维能力。

2. 教学环节的策略设计精当

教学素材的选取精当，能为学生提供合理、适度的学习资源，重点突出、难易适度。设计预设巧妙、层次清晰、教法灵活、主体突出、氛围融洽、生成精彩，能有效引导学生进行“自主、合作、探究”学习，重视激发学生的学习兴趣。设计还突出了学生为主体、教师为主导、问题为主线的教学思想。

从时间预设来看，做到了五个保证：保证阅读的时间，保证独立思考的时间，保证质疑问难的时间，保证多向交流的时间，保证练习实践的时间。教学

手段多元、综合、机智，现代教学手段综合应用，将会有效地帮助学生眼观其形，耳闻其声，身临其境，心通其情，从而更好地发挥各类媒体的辅助作用，将使课堂教学更加生动活泼，使学生更主动地学习。教学设计还十分重视对学生的鼓励性评价，重视人文精神的渗透。

3. 个人思考

(1) 在探究的验证环节，是否可开发、设计一些实验，如频闪照相、光电计数等验证性实验进行比较能接近真实的验证(尽管不可能严格验证)。

(2) 在研究质量是物体惯性大小唯一量度环节，设计实验、讲清道理，难度很大，我们都还存在一定的研究空间。

(由张东风老师提供)

## 第四节　实验：探究功与速度变化的关系

### 一、教学设计思路

“实验：探究功与速度变化的关系”是普通高中课程标准实验教科书·物理(必修2)第七章第6节的内容，是新引入的一节探究性实验内容，目的在于让学生经历和体验探究的过程，为下一节动能和动能定理的推导奠定基础，使学生能比较深刻地认识到动能定理不仅适用于恒力做功，同样也适用于变力做功。这一安排完全符合人们认识事物的思维过程，符合学生的认知规律。

通过前几节的学习，学生通过学习重力做功与重力势能的关系、弹力做功与弹性势能的关系，初步体验到“功是能量转化的量度”，本节从力对物体做功入手探究动能的变化，首先要探究功与物体速度变化的关系。教学中应围绕创新实验方案设计、实验操作与实验数据处理三个环节引导学生展开探究，通过小组讨论得出不同实验方案，教师给予辅导后课堂展示。通过分组动手设计，完成不同实验方案并进行实验数据处理等一系列开放式的教学活动，真正激发学生主动参与的积极性和学习的热情。

### 二、教学目标

(1) 领会探究功与物体速度变化的关系实验的设计思路，经历探究学习的情感体验过程。

(2) 知道用一根橡皮筋所做的功为“单位的功”，学会利用倍增法简化问题的思想方法。

(3) 理解小车做匀速运动阶段测量速度比较合理。

(4) 能进行实验操作,会采集实验数据。

(5) 理解实验数据处理时寻找 $W$ 与 $v$ 的关系的方法。

## 三、教学重点、难点

重点:实验方案的设计、实验条件的控制及实验数据的采集与处理。

难点:变力功的确定(倍增法);会利用图像法处理数据。

## 四、教学准备

一端带滑轮的长木板,气垫导轨,小车,打点计时器,纸带,光电门,砝码,铁架台,重锤,规格相同的橡皮筋若干条,刻度尺,多媒体设备。

## 五、教学过程

### (一) 课堂引入

**活动一:创设情境,引入课题——观看视频,问题串引导**

教师活动:前面我们学习了两种常见的能量(重力势能和弹性势能),本节课我们一起来学习动能。

问题 1-1:什么是动能?

问题 1-2:静止在手中的粉笔的动能是多少?

问题 1-3:将粉笔抛出,它的动能变化吗?

问题 1-4:你是怎么看出动能变化的? 变化的原因是什么?

学生活动:速度大小发生了变化;手对粉笔做功的结果。

播放视频:① 运动员踢球;② 奥运会射箭比赛;③ 汽车刹车。

问题 1-5:是什么改变物体运动速度?

学生活动:力对物体做功改变物体运动速度。

问题 1-6:功与速度变化的关系可能是怎样的?

学生甲:做功越多,获得的速度肯定越大,可能功与速度变化成正比。

学生乙:不一定,也可能是和速度的平方或者三次方成正比。

设计意图:以生活实例创设情景,激发学生探究的欲望和热情;以问题串引导学生思考,激发学生尝试利用已学知识解决新问题,并提出猜想与假设,也为后面研究外力对小车做功多少提供分析参考。

### (二) 课堂教学

**活动二:分析问题,探究准备——明确探究需要从哪些具体方面进行分析**

问题:在大家进行实验探究之前,首先应该明确研究需要从哪些角度入手,也就是说需要具体做些什么。

学生活动:

(1) 如何测量速度? 可以用什么器材测量?

(2) 如何计算外力所做的功? 可以用什么器材测量?

(3) 什么方案?

(4) 数据如何采集,如何处理?

设计意图:培养学生分析问题的能力,找寻探究的方向,同时降低后续自主探究的难度。

**活动三:自主探究、设计方案——结合上面分析的问题,小组合作、探究,提出可行的方案**

学生小组探究,教师巡视,及时了解学生遇到的问题和困难,掌握学生的学情,同时观察各小组完成实验的情况。

设计意图:让学生通过对问题的分析,结合已学知识,并根据已学过的器材知识,大胆设计实验方案,提升学生分析问题、解决问题的能力。

**活动四:展示交流——小组代表发言交流(学生容易提出的两种方案)**

学生代表甲:斜面小车法(类比探究加速度与力、质量的关系)(图 3-4)。

将小车放在长木板上(木板略微倾斜,使小车的重力沿斜面方向的分力与摩擦力平衡),纸带穿过打点计时器。我们保持盘中的砝码数目不变,从而实现小车所受的合力不变,让小车在拉力作用下发生运动。选取打出的一条纸带,在这一条纸带上选取不同的运动段,分别测量出不同的运动段所对应的位移 $x_1$、$x_2$、$x_3$……设小车所受的拉力(盘及盘中砝码的总重力)为 $F$,则功就是 $Fx_1$、$Fx_2$、$Fx_3$……然后再测得不同运动段所对应的初末速度,将这些功与这些速度的数据进行处理,就可得到小车所受合外力做的功与小车所获得的速度的定量的关系。

图 3-4

老师引导：这个设计很好，能够想到用"探究加速度与力、质量关系"实验的装置，说明大家已经能够对已学知识进行迁移，来解决新的问题。那么在这个实验中有什么注意事项吗？装置还可以怎么改进？

学生活动：

(1) 注意事项：① 平衡摩擦力；② 盘及盘中砝码的总质量要远小于小车的质量。

(2) 改进方法：可以用气垫导轨代替轨道，光电门代替打点计时器和纸带。

学生代表乙：自由落体法(类比对自由落体运动的研究)(图 3-5)。

利用自由落体实验的装置同样可以探究重力做功与物体速度变化之间的关系。重力所做的功等于重物的重力与下落高度的乘积 $mgh$，再根据纸带求出物体对应的初末速度，就可以研究重力所做的功与速度变化的关系。

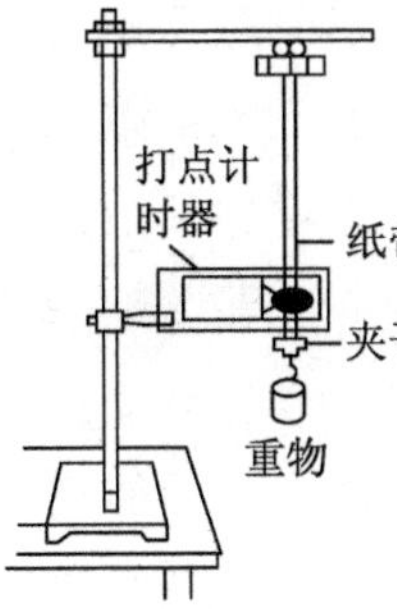

图 3-5

老师引导：这个设计也很好，也是对已学知识进行迁移应用。那么在这个实验中误差的来源是什么？应该注意些什么？

学生活动：

(1) 误差来源：① 纸带与限位孔的摩擦；② 空气阻力。

(2) 注意事项：① 打点计时器竖直放置，以减小纸带与限位孔的摩擦；② 重物体积适当小一些，适当重一些，以减小空气阻力的影响。

老师引导：实验中装置可以改进吗？

学生活动：可以将打点计时器和纸带换成两个光电门，则下落高度就是两个光电门间的距离。

设计意图：经过前面的问题分解，这两种实验方案使学生容易想到的，通过他们的展示交流，教师的适当引导，可以启发思考，逐步完善实验方案。这有利于提高他们应用已学知识与方法来分析问题、解决问题的能力；同时可以培养学生用规范、严密、有逻辑性的物理语言表述问题，并在交流中反思，使理解更加丰富和全面，加深思维的深度，拓展思维的广度。

衔接过渡：上面的两种方案，都是通过恒力对物体做功来研究功与物体速度变化的关系，而生活中更常见的做功方式是变力做功，因此探究变力做功更具有普遍意义。当然,变力做功问题显然要比恒力做功问题复杂,有没有哪位同学可以通过某变力做功来探究功与速度变化之间的关系？例如射箭比赛中,可否得出弹力做的功与物体动能变化的关系？

**活动五：教师引导,共同探究——以问题串引导思考,让学生学会利用倍增法解决问题**

问题 5-1：若用变力做功,可以采用容易获取的橡皮筋作为器材之一,橡皮筋对小车做的功如何测量？

学生活动：橡皮筋的拉力是变力,所做的功很难直接测量。

问题 5-2：那么,探究过程中我们是否可以不测出橡皮筋做功的具体数值？如果可以,又该如何表示每次做功的大小？

学生分组讨论：可以用增加橡皮筋的条数来表示功的大小。

问题 5-3：如何保证每根橡皮筋做功相同？

学生活动：如果是完全相同的橡皮筋,每次拉伸长度相同,则每根橡皮筋每次做功数值相同。

教师归纳总结：回答得非常好,如果是完全相同的橡皮筋,每次拉伸长度相同,则一条橡皮筋对小车做功为 $W$,两条橡皮筋做功为 $2W$,三条为 $3W$,依次类推,每次做功都可以用 $W$ 的倍数来表达。这种"倍增法"的处理方法,把不便于用公式计算的弹力做功转换为比值代替,是一种很好的思维方法,其精妙之处在于巧妙地回避了功的具体数值的计算。

学生小组合作设计方案。

问题 5-4：小车最终获得的速度,只是在橡皮筋的弹力作用下获得的吗？也就是说橡皮筋弹力所做的功是合力做功吗？

学生活动：不是,还有摩擦力做功,可以用平衡摩擦力的办法来处理。

问题 5-5：小车在平衡摩擦力后做什么性质的运动？

学生活动：先加速运动,再匀速运动,最后减速。

问题 5-6：纸带上的点距是不均匀的,那么应该采用哪些点来计算小车速度？为什么？

小组讨论,得出结论：小车获得的速度应该是弹力做功结束但还未减速时的速度,即取点迹清晰、间距较大且均匀的点来计算速度。

问题 5-7：得出数据后,该如何处理数据得出做功与速度变化之间的关系？

学生甲：可以用比值的方法，把记录的各组数据根据所猜测的结论一一用比值的方法进行验证。

学生乙：这种方法比较麻烦，而且容易将个别误差较大的点计算在内。我们可以尝试作图法，作 $W$-$v$ 图像或者 $W$-$v^2$ 图像，并可以用 Excel 软件作图，寻找功与速度变化之间的关系。

设计意图：学生之前并没有尝试过用“倍增法”来研究问题，并且对于小车获得的速度如何计算、处理等问题，没有足够的认知，是本节课教学的难点。而通过教师问题串的引导，铺设台阶，降低探究难度，提升学生用已学知识解决新问题的能力，激发他们探究的热情、体验探究的成功感。

**活动六：小组合作，经历实验——分四至五个小组，两个小组分别按照斜面小车法和自由落体法的思想进行实验，另外两至三个小组用“倍增法”进行实验**

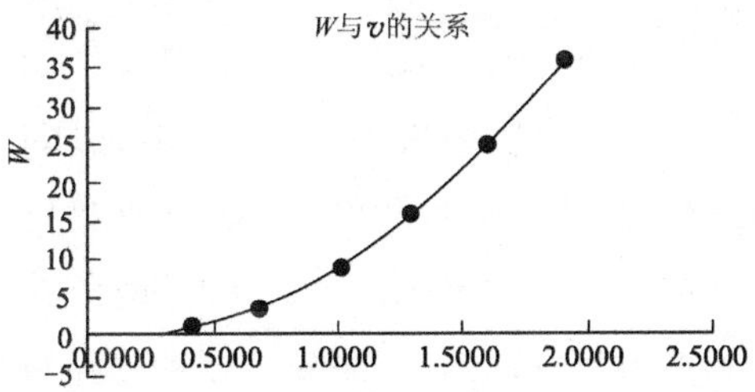


**图** 3-6

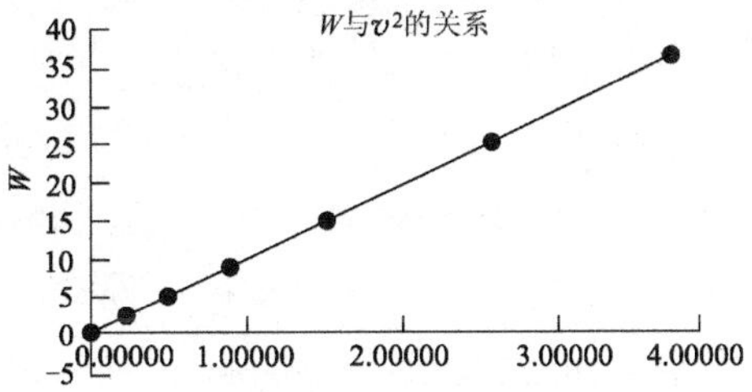


**图** 3-7

得到实验数据后，将各组数据分别输入计算机进行展示分析。

得出结论：外力对物体做的功与物体速度的平方成正比，即当初速度为零时，有 $W \propto v^2$。

设计意图：采取不同的实验探究方案，经过不同小组学生的操作，在误差允许范围内进行比较，最终得到相同的实验结论，不仅实现课堂教学多样化，更是体现了探究的科学严谨。

**活动七：迁移运用，拓展提高——课后思考讨论，为下一节研究做铺垫**

(1) 若小车 $v_0 \neq 0$，则功与速度变化又有什么关系呢？

(2) 根据已学知识，你能从理论上寻找功与速度变化的关系吗？

六、板书设计

实验：探究功与速度变化的关系

1. 猜想：$W \propto v$?　　$W \propto v^2$?　　$W \propto v^3$?

2. 方案设计

(1) 速度的测定：纸带或光电门

(2) 功的测定：相同橡皮筋、同一位置释放

(3) 橡皮筋的选择：规格完全相同

(4) 平衡摩擦力

3. 数据处理：图像法

4. 结论：当初速度为零时，有 $W \propto v^2$

七、作业布置

请各位同学根据已学知识，尝试从理论上寻找功与速度变化的关系。

八、教学设计评析

本节课先播一段视频激发学生的学习兴趣和学习热情，同时又引入了学习课题，以生活实例创设情景，激发学生探究的欲望和热情；在教学中，以问题串引导学生思考，激发学生尝试利用已学知识解决新问题，并提出猜想与假设，总结归纳，使学生掌握了处理科学问题的一般方法。“倍增法”是个教学难点，但通过教师问题串的引导，铺设台阶，降低了探究难度，使学生容易接受。

本节课不足之处在于课堂容量较大，要在 45 分钟之内通过实验，数据收集处理，作图得到功与速度变化的关系，时间上稍显仓促。

（由吴鹏飞老师提供）

**相关链接：**

### 关于“探究功与速度变化关系”的教学案例

2010 年 6 月 19 日应邀赴四川省南充市为教师作“新课程”培训：先上一节课，然后再针对“新课程”背景下的课堂教学做一个辅导性的讲座。

于是，按照相应的理解，和南充某中学二十位高一年级的同学在南充市近 200 位高中物理教师的观摩下共同创作了一节课，如下所示。

教学环节 1：课题研究

师：今天我们学习《机械能》一章中的第 6 节内容。(板书课题 6、实验：探究功与速度变化的关系)

师：老师建议大家对课题做一点研究。第一，把课题作分层次表述；第二，对课题中的关键词作精细而精准的解读。

生 A：对课题分层次表述依次为探究关系；探究功与速度变化的关系；用实验的手段来探究功与速度变化的关系。

师：层次分明，很好！第二点内容呢？能对标题中的关键词作出指认与解读吗？

生 A：没明白您的意思。

师：这节课要求我们探究关系。发生关系的双方分别是？

生 A：功和速度。

师：嗯。

生 A：哦！功和速度变化。

师：我如果把"功"说成是"力与位移的标量积"，那么"速度变化"就应该说成是？

生 A：始末速度的矢量差。

师：很好！下面我们该干什么了？

生 A：做实验。

师：是的，按照教材提出的要求，我们是应该设计实验来探究"力与位移的标量积"与"始末速度的矢量差"之间的关系。可是，老师刚从机场赶来，没来得及准备实验器材。怎么办？

生 B：那我们就通过计算来探究。

师：谢谢这位同学帮老师出了个好主意。"功"和"速度变化"我们都已经学过，完全可以在具体的物理过程中通过计算来探究其间的关系。

教学环节 2：理性探究

(教师依次呈现探究过程 1、2、3，并启发、指导学生计算、讨论、猜测、小结)

探究过程 1：

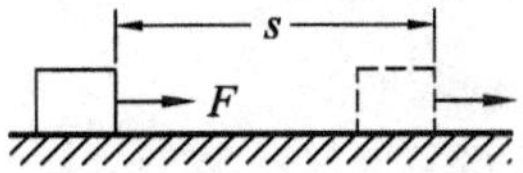


图 3-8

如图 3-8 所示，质量为 $m$ 的物体在水平恒力 $F$ 的作用下以初速度 $v_0$ 沿水平面运动，物体与水平面

间的动摩擦因数为 $\mu$，重力加速度取 $g=10\text{m/s}^2$，当物体运动位移为 $s$ 的过程中物体速度变为 $v$，则在如表 3-5 所示的三种情况下考察外力对物体做的总功（$W$）与物体速度变化（$\Delta v$）间的关系。

**表 3-5**

| | $m$ | $F$ | $\mu$ | $s$ | $v_0$ | $v$ | $W$ | $\Delta v$ |
|---|---|---|---|---|---|---|---|---|
| 情况 1 | 1 | 2 | 0.1 | 1.5 | 1 | 2 | 1.5 | 1 |
| 情况 2 | 1 | 2 | 0.2 | 1.5 | 1 | 1 | 0 | 0 |
| 情况 3 | 1 | 2 | 0.3 | 1.5 | 2 | 1 | −1.5 | −1 |

似乎有：$W>0$—$\Delta v>0$；$W=0$—$\Delta v=0$；$W<0$—$\Delta v<0$，且 $W\propto\Delta v$。

探究过程 2：

质量为 $m=1\text{kg}$ 的物体做自由落体运动，重力加速度取 $g=10\text{m/s}^2$，试在如表 3-6 所示的各个阶段中考察外力对物体做的总功（$W$）与物体速度变化（$\Delta v$）间的关系。

**表 3-6**

| 阶段 | 第 1s 内 | 第 2s 内 | 第 3s 内 | 第 4s 内 | 第 5s 内 |
|---|---|---|---|---|---|
| W/J | 50 | 150 | 250 | 350 | 450 |
| $\Delta v/(\text{m}\cdot\text{s}^{-1})$ | 10 | 10 | 10 | 10 | 10 |

似乎有：$W>0$—$\Delta v>0$；$W=0$—$\Delta v=0$；$W<0$—$\Delta v<0$，但 $W\not\propto\Delta v$。

探究过程 3：

物体以速率 $v$ 做匀速圆周运动，试在表 3-7 所示的各个过程中考察外力对物体做的总功（$W$）与物体速度变化（$\Delta v$）间的关系。

**表 3-7**

| 过程 | 转 1 圈 | 转 1/2 圈 | 转 1/4 圈 | 转 1/6 圈 |
|---|---|---|---|---|
| W/J | 0 | 0 | 0 | 0 |
| $\Delta v/(\text{m}\cdot\text{s}^{-1})$ | 0 | $2v$ | $\sqrt{2}v$ | $v$ |

此时有：

$W>0$ —— $\Delta v>0$

$W=0$ —— $\Delta v=0$

$W<0$ —— $\Delta v<0$

（连线上画有交叉 ×）　　$W\not\propto\Delta v$

理性探究结论：

在一般的运动过程中，功与速度变化之间并不存在确定的关系。

较为弱化的表述：

在一般的运动过程中，功与速率变化有关：

若 $W>0$，则速率将变大；

若 $W=0$，则速率将不变；

若 $W<0$，则速率将变小。

**教学环节 3：实验探究**

师：大家对理性探究所得结论可能会感到有些意外吧？

生 C：不是“有些意外”，而是“相当意外”。（笑声）

师：面对着这种“相当意外”，我们需要的是冷静。让我们研读教材并从中寻求解释吧。同学们在阅读教材时，请关注如下几个问题。

问题 1：教材是选择了怎样的过程来实施实验探究的呢？

问题 2：选择这样的过程可以给探究带来怎样的便利呢？

问题 3：教材设计的实验是怎样测量功和速度变化的呢？

问题 4：教材设计的实验是怎样处理数据而得出结论的呢？

问题 5：对教材的实验设计和探究结论你有什么质疑吗？

（学生自主阅读教材约 2 分钟）

师：好！就请这几位同学按顺序谈一谈对上述问题的理解与感受吧。

生 D：教材是选择了初速度为零的过程来实施实验探究的。

生 E：选择初速度为零的过程可以避免测量初速度的麻烦。

生 F：教材巧妙地用发生相同形变的相同橡皮筋所储存的能量作为功的单位而测量功；由于初速度为零，所以测出末速度就可以取代速度变化（当 $v_0=0$ 时，$\Delta v=v$）。

生 G：教材中处理实验数据采用的是“图像法”：先在“$W\sim v$”坐标平面内根据实验数据描点作图，如果是直线就说明 $W\propto v$，如果不是直线就改在“$W\sim v^2$”坐标平面内根据实验数据描点作图，直到描绘出直线为止。

生 H：前几个问题的答案都在书上，我这个问题书上没有现成的答案。（笑声）

师：那就给你换一个问题吧。事实上，若按教材上的安排而精心测量并认真处理数据，可以描绘出如图 3-9(a)、(b)所示的实验曲线。据此你能说些什么呢？

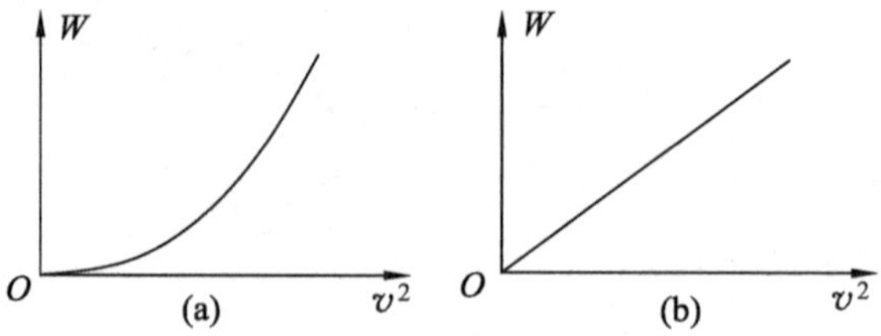


图 3-9

生 H：那就简单了。图 3-9(a)说明功与速度成复杂的关系；图 3-9(b)说明功与速度平方成正比关系。

师：我们所要探究的是“功”与“速度变化”间的关系哟！

生 H：因为初速度为零，所以“功”与“速度平方”成正比就意味着“功”与“速度变化的平方”成正比。

师：可刚才理性探究结论是“‘功’与‘速度变化’之间并不存在具有一般意义的确定关系”哟！

生 I：老师，这怎么解释呢？

师：其实很好解释。在初速度 $v_0=0$ 时，下面的两个等式都成立，即

$$(\Delta v)^2=(v-v_0)^2=v^2,\quad \Delta v^2=v^2-v_0^2=v^2$$

如果我们把$(\Delta v)^2$ 称作“速度变化的平方”，那么就应该把 $\Delta v^2$ 称作“速度平方的变化”。这样的解释能理解吗？

生 I：哦！我懂了！图 3-9(b)并不能说明“功”与“速度变化的平方”成正比，而是说明“功”与“速度平方的变化”成正比。

师：作此判断的理由充分吗？想一想，应该怎样表述才更为严密呢？

生 I：老师，可以这样表述，图 3-9(b)说明“功”与“速度变化情况”间的关系可能有两种：第一，“功”与“速度变化的平方”成正比；第二，“功”与“速度平方的变化”成正比。而前面所作的理性探究已经证明“功”与“速度变化”之间并不存在一般意义的确定关系，所以“功”与“速度平方的变化”成正比。

师：I 同学说的太好了！只是，如果借用前面理性探究的实例对相应的判断作进一步的验证，那就更好了。

**教学环节 4：数据验证**

在理性探究的三个过程当中，将相应的数据增添一栏“速度平方的变化”，然后再针对“‘功’与‘速度平方的变化’成正比”的猜测作相应的数据验证。

探究过程 1 的数据验证如表 3-8 所示：

**表 3-8**

| | $m$ | $F$ | $\mu$ | $s$ | $v_0$ | $v$ | $W$ | $\Delta v$ | $v^2-v_0^2$ |
|---|---|---|---|---|---|---|---|---|---|
| 情况 1 | 1 | 2 | 0.1 | 1.5 | 1 | 2 | 1.5 | 1 | 3 |
| 情况 2 | 1 | 2 | 0.2 | 1.5 | 1 | 1 | 0 | 0 | 0 |
| 情况 3 | 1 | 2 | 0.3 | 1.5 | 2 | 1 | −1.5 | −1 | −3 |

确实有：$W\propto v^2-v_0^2$。

探究过程 2 的数据验证如表 3-9 所示：

**表 3-9**

| 阶段 | 第 1s 内 | 第 2s 内 | 第 3s 内 | 第 4s 内 | 第 5s 内 |
|---|---|---|---|---|---|
| $W$/J | 50 | 150 | 250 | 350 | 450 |
| $\Delta v/(\mathrm{m\cdot s^{-1}})$ | 10 | 10 | 10 | 10 | 10 |
| $v^2-{v_0}^2$ | 100 | 300 | 500 | 700 | 900 |

确实也有：$W\propto v^2-{v_0}^2$。

探究过程 3 的数据验证如表 3-10 所示：

**表 3-10**

| 过程 | 转 1 圈 | 转 1/2 圈 | 转 1/4 圈 | 转 1/6 圈 |
|---|---|---|---|---|
| $W$/J | 0 | 0 | 0 | 0 |
| $\Delta v/(\mathrm{m\cdot s^{-1}})$ | 0 | $2v$ | $\sqrt{2}v$ | $v$ |
| $v^2-{v_0}^2$ | 0 | 0 | 0 | 0 |

仍不违背：$W\propto v^2-{v_0}^2$

**教学环节 5：探究结论**

在上述研究的基础上可以给出结论如下："功"与"速度变化"之间并不存在具有一般意义的确定关系，"功"与"速度平方的变化"成正比关系，即 $W\propto \Delta v^2=v^2-v_0^2$

## 九、教学体会

针对这节课的教学案例，相应的体会主要有如下几点：

（1）指导学科教学活动的一个基本原则经常被简要地表述为：以“本”为本。基于该原则的相应体会是：尊重课本，并努力从正、反两个侧面切入而最大限度地发掘课本中所蕴含着的“教育因子”来有效服务于教学。在本案例的教学处理中，敏锐地发现了教材文本的表述瑕疵后，自觉从反面切入而将其整合为基于科学精神的良性影响的“教育因子”，相应的教学应该能够给学生留下久远的回忆。

（2）“尊重课本”并不能简单地等同于“迁就课本”，“尊重课本”的合理表现应该是在使用课本时“具质疑之意识”并“扬批判之精神”。关于这一点笔者的体会最为深切：“质疑”与“批判”其实不是以“挑刺”为目的，而是为了在研读与审读教材文本时取得最佳视角。笔者曾撰写与发表过诸如《教师应该怎样阅读教材》等一系列文章，笔者觉得：仰视教材会失真，平视教材得真传。在本案例的教学处理中，无论是教材表述的精妙之处，或者是教材表述的瑕疵之点，在教学的实际运行中都能够较为合理地被运用在服务于教学目标达成的相应运行之中。

（3）都知道学科教学的运作要求总是“会学”比“学会”更为重要，即使是基于学科教学的知识目标而言也不例外。在本案例的教学处理中，针对教材文本自觉质疑的相应做法，实际上比针对物理知识的传承更加重要。因为物理知识的传承，其直接影响着的只是“学会”；而在基于学习行为的教材文本阅读过程中形成质疑意识，则直接支撑起的却是“会学”。

（根据南京朱建廉老师讲座稿整理）

## 第五节　能源和可持续发展

### 一、教学设计思路

本节内容为人教版教材选修 3-3 第十章第 6 节，是《热力学定律》的最后一节，设计课时为 1 课时。本节内容紧密联系生活实际和当今社会关于能源和环境的热点问题，体现生活、物理和社会的密切联系。

在实际教学中，从知识应用的角度看，要求学生在学习热力学第一定律、热力学第二定律和能量守恒定律后，能够应用这些规律来解释和思考生活中的实际问题，了解新能源的应用以及能量耗散和能量品质；从能力培养的角度看，要求学生能够对能源的利用、社会的发展和环境问题的关系进行辩证思考，培养学生的思维能力和透过现象发现事物本质的意识；激发学生学习的积极性。从情感培养的角度看，培养学生具有可持续发展的责任感和节约能源、保护环境的意识和能源危机的紧迫感。

根据学生的心理特点和认知规律，本课的教学设计思路为：以图片展示的形式引入，让学生通过思考初步认识到能源与环境的关系。通过展示能源科技的发展使学生感受到能源对促进社会发展和改善人们生活的重大意义。以“科技是把双刃剑”为转折，引出常规能源的大量使用对环境造成的影响，并通过多种形式加深学生的体会。根据常规能源的大量消耗及其有限储量的对比，使学生意识到能源危机的产生原因和解决的迫切性。因此，“如何应对能源危机”的问题自然而然就暴露在学生面前，“节约能源”和“开发新能源”两种应对方法提出后，从对“身边存在的浪费能源的现象”的分析，培养学生的节约意识、环保意识和“从我做起，从现在做起，从点滴小事做起”的思想意识及行为习惯，而不是从正面去谈大道理，讲空话，使学生对节约能源有亲身的体会。“开发新能源”是个热点问题，让学生通过报纸、网络等媒体，先对各种新能源进行了解，再通过交流、讨论和老师引导等方式对各种新能源进行对比分析，了解开发新能源的重大意义并激发学生的学习积极性，树立“从物理走向生活，从生活走向社会”的物理学习观。建立能源与可持续发展的联系。

本节课通过图片展示、查阅资料、合作交流、小组讨论等教学方法，引导学生主动参与课堂教学，体现学生的课堂主体地位，发挥老师的课堂引导、组织作用，以实现预期的教学目标。

## 二、教学目标

### 1. 知识与技能

（1）理解能源的利用实际上是能量的转化和转移过程。

（2）理解能量耗散和品质降低的概念。

（3）了解常规能源的使用带来的环境污染。

（4）了解开发新能源的方法和意义。

### 2. 过程与方法

了解使用常规能源带来的环境问题，开发新能源的迫切性。

### 3. 情感、态度与价值观

知道能源和可持续发展的关系，树立节约能源的理念，培养学生探究知识的欲望和学习兴趣。

### 三、教学重点、难点

重点：能源与环境的关系。

难点：理解能量耗散和能量品质降低。

### 四、教学方法

情境教学法、讲授——演播法、程序教学法、讨论法、读书指导法。

### 五、教学准备

多媒体课件，网络、报纸等搜集的资料。

### 六、教学流程图

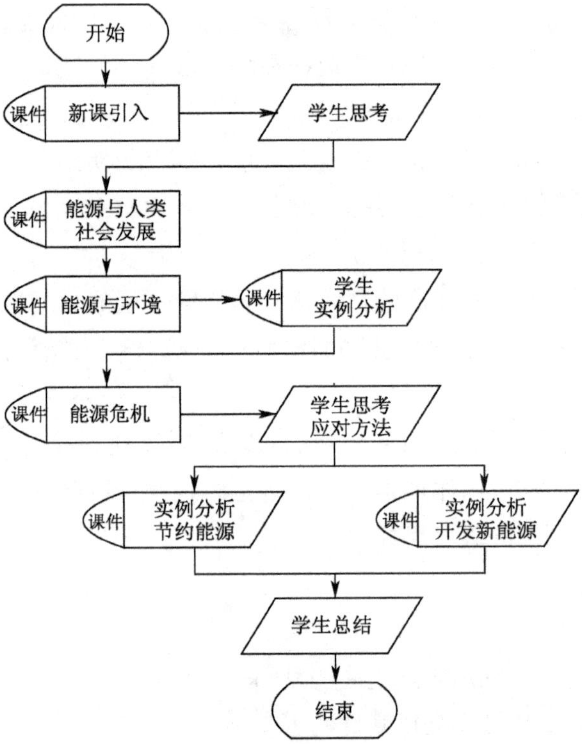


### 七、教学过程

#### （一）板块 1　新课引入

{多媒体投影展示}

图 3-10：内蒙古某火力发电厂，浓烟笼罩下的村庄。

图 3-11：2011 年 3 月，福岛核电站发生爆炸，50 公里内核辐射严重，600 公里外核辐射超标。周围环境核污染严重。

图 3-12：汽车排放尾气。

图 3-10

图 3-11

图 3-12

师：这几幅图片折射出近年来全球关注的热点问题是什么？

生：能源问题和环境问题。

设计意图：用直观、形象和具有震撼性的图片引入新课。通过观察图片，学生不但对能源与环境有了直观的惯性认识，而且感悟到能源的利用已经给人们的生存环境带来了影响。

预期目标：感悟能源对环境的影响，为后面的能源与人类社会发展和能源与环境埋下伏笔。

**（二）板块 2　能源与人类社会发展**

纵观人类发展的历史，能源与我们的衣食住行和社会生活息息相关。

{多媒体投影展示}

图 3-13：火的发明，使人类脱离了茹毛饮血的时代，这是人类能源使用史上的里程碑。

图 3-14：蒸汽机的发明和改良，吹响了工业革命的号角，使人类进入蒸汽时代。

图 3-15：内燃机的发展，强有力地推动了 19 世纪末机械化和电气化的进程。

图 3-16：燃气轮机和蒸汽轮机的出现，为 20 世纪中叶大规模发电和航空事业奠定了基础。

图 3-13

图 3-14

图 3-15

图 3-16

师：自从大规模的发电成为可能以后，电就与我们的生活息息相关，大家设想一下，如果没有电，我们的生活会发生哪些变化？

生 1：电视机、电风扇、空调等家用电器不能使用了。

生 2：电瓶车等使用电的交通工具不能使用。

生 3：没有电，无法做饭，吃饭也成了大问题。

生 4：工厂停产，会影响到我们使用的各种工业产品的生产进程。

教师总结：由此可见，能源科技的每一次突破，对我们的社会发展和我们的生活都有着巨大的影响。

设计意图：以人类能源利用的发展历史为主线，让学生观察图片，结合历史知识，从理性上领悟到能源科技的每次突破给人类社会发展带来的影响；再以“燃气轮机和蒸汽轮机为大规模发电奠定了基础”为自然过渡点，让学生通过对生活中使用电的认识，亲身感受能源科技的突破给生活带来的便利。

预期目标：让学生从理性和感性两方面认识到能源科技的突破对人类社会发展的巨大推动作用。

**（三）板块 3　能源与环境**

科技是把双刃剑。因此，能源科技发展的同时，也必然会给环境带来更加巨大的影响。

师：上节课布置的作业是让同学们上网搜索能源对环境的影响。能源的利用对环境带来了哪些影响？

生：温室效应、酸雨、光化学烟雾、雾霾。

师：大家互相谈谈各种影响的成因以及危害。

{多媒体投影展示}

图 3-17：温室效应的成因及危害。

图 3-18：酸雨的成因及危害。

图 3-19：光化学烟雾的成因及危害。

图 3-17

图 3-18

图 3-19

师：通过 2013 年我国雾霾天气分布情况图，你想到了什么？

生：我国的雾霾天气主要出现在东部沿海地区，因为这些地方经济和工业发达，消耗大量能源，产生如工业废气、汽车尾气等，对环境造成很大的影响。

教师总结：由此可见，大量消耗常规能源，对我们的生存环境带来了巨大的影响。

设计意图：让学生通过自我查阅资料了解能源利用对环境的影响，并分析各种影响的成因和产生的危害，拓展学生的知识面，了解能源利用与环境保护的关系，增强学生的环保意识。通过自主学习、自我研究分析的方法加深学生对问题的深层认识，并培养学生透过现象看本质和辩证地分析问题的能力。以图片展示的形式，让学生意识到破坏环境带来的严重后果。

预期目标：使学生了解能源利用与环境保护的关系，增强环保意识，培养学生的思维能力。

**（四）板块 4　能源危机**

{多媒体投影展示}

图 3-20：我国 2012 年煤、石油和天然气的消费量。

师：通过这幅图，大家能得到什么？

生 1：我国的常规能源利用中煤炭的使用量最多。

生 2：煤、石油和天然气的使用量都很大，数以亿吨计。

师：我们每时每刻都在消耗着大量的能源，那么这些能源是不是取之不尽用之不竭的呢？

生：不是。

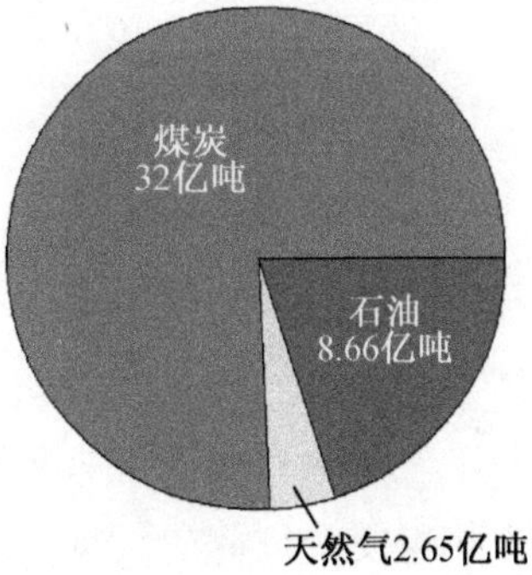


图 3-20

{多媒体投影展示}

师：按照目前的消耗量，石油、天然气大约可再使用 50 年；煤炭大约可再使用 240 年。由此可以看出我们面临着严重的能源危机。

{多媒体投影展示}

师：能量守恒定律告诉我们：在能量转化和转移过程中利用能量，并不会使能源的总量减少，那么为什么还会出现能源危机呢？

生 1：(通过实例说明)能量耗散。

生 2：(通过实例说明)能量品质降低。(此处学生总结出能源的利用价值变化也可，由师生共同总结出能量的品质降低)

设计意图：通过“2013 年我国雾霾天气分布情况图”和“2012 年我国煤、石油和天然气的消费量”，并结合学生的切身体会，感受常规能源的大量消耗及其对环境的危害。由“全球煤、石油和天然气的消耗量”使学生认识到常规能源并不是“取之不尽用之不竭”的，从而得出“存在能源危机”，并结合生活实例分析能源危机产生的原因，加深学生的能源危机意识，为后面的“节约能源”和“开发新能源”做好铺垫。

预期目标：让学生了解常规能源的消耗量巨大，而其总量是有限的，从而使学生自然而然地产生能源危机感，并且能够结合生活分析能源危机产生的原因。

**(五) 板块 5　应对能源危机 保证可持续发展**

教师总结：虽然能量不会减少，但能源越来越少，因此会出现能源危机。

{多媒体投影展示}

师：如何应对能源危机？

生 1：节约能源。

生 2：开发新能源。

设计意图：从能源危机出发，得出应对能源危机的方法——节约能源和开发新能源。让学生通过生活实例分析、查阅资料、交流讨论等形式深切地体会到节约能源和开发新能源的迫切性。

上节课布置大家去观察我们身边存在哪些浪费能源的现象，现在同桌两人相互交流彼此的发现。

〈学生交流活动〉

师：相信大家通过交流会有更多的发现，也会有更深的感触。哪位同学自告奋勇，谈谈你观察到的浪费陋习？

生 1：长明灯，冬天空调温度设定过高、夏天过低。

生 2：待机耗电的隐性浪费。一个人开着汽车。

生 3：浪费水、浪费粮食。

{多媒体投影展示}

图 3-21：身边的能源浪费现象。

(a) 长流水　(b) 长明灯　(c) 空调温度　(d) 浪费粮食　(e) 待机耗电

图 3-21

师：可见生活中浪费能源的现象很多！节约能源只是举手之劳的事。节约能源，我们应该怎么做？

学生总结：从我做起！从现在做起！从点滴小事做起！

师：节约能源是我们应对能源危机的一种方法，但并不是根本性地解决。要解决能源危机，我们还应该做什么？

生：开发新能源。

师：上节课布置大家去了解各种各样的新能源。请同桌两人相互交流彼此的成果。

〈学生交流活动〉

师：同学们了解到哪些新能源？

生：太阳能、风能、水能、生物质能、地热能、核能等。

{多媒体投影展示}

师：这些能源中，你觉得哪种能源前景最光明？

{多媒体投影展示}

图 3-22：太阳能的应用。

(a) 太阳灶　(b) 太阳能热水器　(c) 太阳能汽车　(d) 太阳能电池板

图 3-22

图 3-23：风能的应用。

新疆达坂城风轴

图 3-23

(a) 葛洲坝水电站　　(b) 三峡水电站

图 3-24

图 3-24：水能的应用。

图 3-25：生物质能的应用。

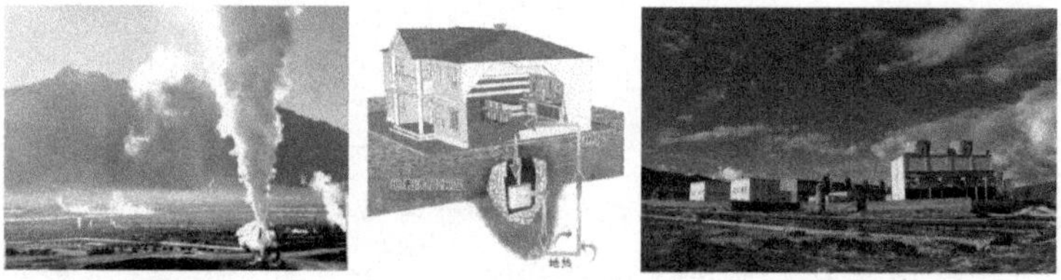

(a) 地热能　　(b) 地热供暖系统　　(c) 西藏羊八井地热电站

图 3-25

图 3-26：地热能的应用。

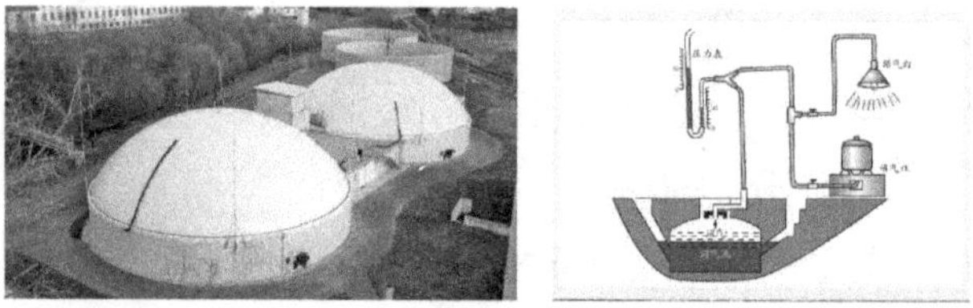

(a) 沼气池　　(b) 照明、做饭、取暖

图 3-26

图 3-27：核能的应用。

(a) 秦山核电站　　(b) 大亚湾核电站　　(c) 田湾核电站

图 3-27

{多媒体投影展示}

师：同学们详细分析了各种新能源，通过这些分析我们可以看出“21 世纪人类利用新能源的趋势是什么”？

生：绿色、清洁、安全、可再生。

师：通过本节课的学习，你有什么收获？

生 1：能源的利用推动着社会的发展并改善了我们的生活。

生 2：能源危机的存在会制约我们社会的发展，因此，我们从身边的小事做起，节约能源。

生 3：我们应努力学习，提高我们的科学知识水平和科学素养，为新能源的开发打下坚实的技术基础。

生 4：能源的利用对我们的环境造成巨大的破坏，节约能源、开发新能源，保护环境，才能保证可持续发展。

师：通过本节课的学习，你有什么收获？

设计意图：通过生活实例分析，发现生活中存在浪费能源的现象，从而使学生充分地意识到节约能源并不是一件巨大的、遥远的事情，它就存在于身边，存在于点滴的小事中，节约能源，要“从我做起！从现在做起！从点滴小事做起！”，从而避免了空谈理论，空讲大道理。

通过查阅资料、交流讨论和图片展示等形式，使学生了解到各种新能源的优点、应用以及他们各自存在的不足。知道新能源的发展趋势、开发新能源应扬长避短和新能源的开发对推动社会发展、保护环境、解决能源危机所具有的重大意义。要让学生意识到学习的重要性，激发学生学习的积极性和热情。最后通过学生自我总结进行点题“能源与可持续发展”。

预期目标：结合生活实例梳理从我做起，从小事做起的节约意识；了解各种新能源并体会到新能源开发的重大意义；培养学生的学习积极性。

**八、板书设计**

**能源和可持续发展**

一、能源与人类社会发展

二、能源与环境

三、能源危机

四、节约能源

五、开发新能源：太阳能、风能、水能、生物质能、地热能、核能

（绿色、清洁、安全、可再生）

九、作业布置

以《我与能源》为题写一篇小论文，字数不限。

（由王聿奎老师提供）

## 第六节　电荷及其守恒定律

### 一、教学设计思路

#### （一）学情分析

虽然初中阶段关于静电现象方面的知识学生已经有所了解，但高中物理更侧重于从物质微观结构的角度出发来认识物体带电的本质，要求比初中高很多。高中教材中通过对摩擦起电和感应起电这两种现象的分析使学生的思考达到电荷能守恒的推测，进一步深化对电荷的认识，这一点对学生来说是难点，因此摩擦起电和感应起电两个实验是本节的关键，教学中要设计好摩擦起电和感应起电这两个实验。

#### （二）教材分析

本章是高中物理电磁学的起始章节，可以说本章将学生引入另一个全新的学习领域；本章教学是整个电磁学教学的基础，对后续的电磁学的教学将产生深远的影响。

本节内容由电荷、电荷守恒定律、元电荷三部分内容组成，它们是本章的预备知识。关于静电现象方面的知识，初中已有所介绍，而高中更侧重于从物质的微观结构角度认识物体带电的本质。

结合摩擦起电和感应起电的具体情境，理解电荷守恒定律是本节的重点，守恒始终是物理学家追求的目标。在力学中学习功和能的关系时，就是从追寻守恒量开始的。对于元电荷的概念，重点是把握电荷量子化的思想，这是学生第一次接触量子化，不必提出量子化的名词。

### 二、教学目标

（1）知道两种电荷及其相互作用，知道电量的概念。

（2）知道三种起电方式的现象及原理。

（3）知道电荷守恒定律。

（4）知道什么是元电荷。

## 三、教学重点、难点

重点：电荷守恒定律。

难点：利用电荷守恒定律分析和解决摩擦起电、感应起电等的相关问题。

## 四、教学准备

(1) 多媒体课件。

(2) 相关的实验器材：橡胶棒、毛皮、玻璃棒、丝绸、手摇发电机、验电器、易拉罐等。

## 五、教学流程

现象引入、激发兴趣—温故知新、新知初探—提出问题、实验探究—构建模型、强调守恒—释疑引入、学以致用—自主探究、新知拓展—课堂小结、布置作业。

## 六、教学过程

### (一) 课堂引入

*活动一：观看视频——爆炸头，闪电(图 3-28)*

视频内容：视频回放教师本人在物理实验室的静电感应装置上发生的令人惊叹一幕。

图 3-28

观察现象：头发都竖起来了。

联系生活：生活中与电类似的实例有闪电等。

设计意图：引入新颖，由于是教师本人做的实验，容易引起学生兴趣。

衔接过渡：是谁有这么神奇的功能把我的头发弄竖起来呢？——电！其实，在我们的生活中，电现象到处可见。

观察闪电视频。

师1：为什么能产生这么神奇的电现象呢？为了更多地了解和利用电，今天，就让我们进入物理学习的新篇章——第一章 静电场 第一节 电荷及其守恒定律。

### (二) 课堂教学

*活动二：回顾初中所学的知识*

问题 2-1：初中我们学过，自然界中有几种电荷？同种电荷和异种电荷之间有什么作用？怎么样让不带电的物体带电呢？

学生回答：自然界中有两种电荷：正电荷和负电荷，同种电荷相互排斥，异种电荷相互吸引;摩擦可以使物体带电。

问题 2-2：为什么摩擦能使物体带电呢？摩擦起电的实质是什么呢？

设计意图：联系学生的实际,温习初中已经学过的知识,自然地引出新的问题,激发学生的思考。让学生带着问题听老师讲解物质的微观结构,从而让学生总结摩擦起电的实质是电子的得失或转移。

问题 2-3：初中我们知道,用毛皮摩擦过的橡胶棒带负电,你能说一下电子的得失情况吗？

设计意图：应用学生熟悉的实例,加深对摩擦起电实质的理解。

问题 2-4：如果不用毛皮,用泡沫摩擦橡胶棒,橡胶棒能不能带电呢？

问题 2-5：如何判断物体带不带电呢？

学生回答：吸引轻小物体。

设计意图：用问题的形式激发学生求知的欲望,学生带着问题听老师讲解检验是否带电的仪器——验电器。

教师展示：泡沫摩擦过的橡胶棒吸引轻小物体,介绍验电器。

问题 2-6：我们看到验电器指针张开,为什么指针会张开呢？它为什么会带上电呢？

学生回答：因为验电器带上了电;接触起电。

设计意图：通过实物展示和演示,激发学生的学习热情和兴趣,得出带电方式的一种——接触起电,教师再进一步讲解电荷均分法则。

问题 2-7：接触为什么能使物体带电呢？

学生回答：因为电荷发生了转移。

问题 2-8：电荷是如何转移的呢？

视频展示：动画——金属内部自由电子的移动。

问题 2-9：观察动画,你认为金属内部能自由移动的是什么？

设计意图：通过观察动画,让学生直观了解金属的内部结构,加深对接触起电实质的理解。

教师演示：丝绸摩擦玻璃棒,接触验电器,指针张开。

问题 2-10：你觉得验电器带哪种电荷？正电荷是怎么带上去的呢？如果玻璃棒不接触验电器,验电器指针能不能张开呢？

教师演示：丝绸摩擦玻璃棒,靠近验电器。指针张开。

问题 2-11：为什么不接触,玻璃棒靠近验电器,验电器指针也张开呢？而远离后，验电器指针又闭合呢？

设计意图：通过两个演示实验，让学生真真切切地感受到了电；而且通过看到的现象思考问题，第一个演示实验巩固了学生对接触起电的理解，第二个演示实验激发学生新的思考，进而得出第三种起电方式——感应起电。

*活动三：自主探究——如何使易拉罐带上电*

分组实验：提供器材——毛皮、橡胶棒，两个与验电器相连接的易拉罐。

探究目标：你能设法让这两个导体都带上电荷吗？

请小组讨论，拿出方案，并给出具体操作步骤。

教学过程：思考探究起电的方法→分组实验→分组展示→巩固三种起电方式→学生总结。

设计意图：如图 3-29 所示，用易拉罐和验电器相连，可以清楚地看出易拉罐上是否戴上了电，让学生分组实验并展示，既锻炼了学生的动手能力，又应用了我们所学三种起电的方式，激发了学生学习的热情，把课堂氛围推向一个新的高潮。

**图** 3-29

衔接过渡：我们学习了三种起电方式，下面请同学们利用所学的知识解释一下刚开始时我们看到的神奇的电现象。

*活动四：实例应用——学生利用所学知识解释引入：爆炸头和闪电现象*

教师展示：起电机放电现象。

设计意图：呼应课堂引入，创造一个充满活力的课堂，同时将看似复杂的日常现象提炼为简单的物理模型，从而利用物理知识解决问题，并实现新的创新。通过起电机放电现象，粗略地介绍闪电的原理，激发学生的兴趣。

学生总结：由三种起电方式的实质得出——电荷守恒定律。

*活动五：自主学习——元电荷部分*

问题 5-1：

(1) 各种起电过程是否创造了电荷？

(2) 在电荷转移的过程中，是否有电荷消失，总量有无变化？

(3) 物体显中性，是否是物体中没有电荷？

设计意图：本部分比较简单，学生完全可以通过看书自己解决相关问题，从而锻炼学生自主学习的能力。

## 七、板书设计

### 电荷及其守恒定律

一、两种电荷：正电荷和负电荷

相互作用：同种电荷相互排斥，异种电荷相互吸引

二、三种起电方式

摩擦起电 接触起电 感应起电

三、电荷守恒定律

四、元电荷

## 八、布置作业

(1) 找寻生活中的电现象，并用所学知识加以解释。

(2) 课后“问题与练习”：1、2、3、4。

## 九、教学设计评析

本节课主要有三大亮点：

(1) 以问题的形式贯穿始终，对学生的调动较好，课堂氛围活跃。本节课引入新颖，教师本人的爆炸头让人眼前一亮，然后结合学情，复习初中的知识，并始终以问题的形式，层层递进。让学生带着问题去学习新的知识，使学生的学习有针对性，从而达到更好的效果。

(2) 本节课的演示实验准备精细、充分，构思新颖，实验现象明显，效果好。通过直观的现象，极大地调动了学生的学习热情。而且要求学生用所学的知识解决所看到的实验现象，学以致用，有利于激发学生的学习兴趣。分组实验是本节课最大的亮点，学生通过所学知识，自己想办法让导体带电。教师自制实验器材，看出教师对教材的研究深入，准备充分，既巩固了学生学到的知识，又锻炼了学生的动手能力。手摇发电机的放电现象实验，把自然界中的闪电和其联系起来，向学生简单介绍了闪电的原理。

(3) 充分发挥学生的自主性，把课堂交给了学生，元电荷部分相对比较简单，学生完全可以通过看书自己掌握相关知识，所以对于这部分内容的处理，教师完全放手交给学生，从而可以锻炼学生的自主学习能力。

（由徐利丽老师提供）

# 第七节　库仑定律

## 一、教学设计思路

本节内容的核心是库仑定律，它不仅是电磁学的基础，也是物理学的基本定律之一，它阐明了带电体相互作用的规律，为整个电磁学奠定了基础。

教科书在库仑定律的处理上，首先通过“演示”栏目中“探究影响电荷间相互作用力的因素”的定性实验导入。在此基础上，展示库仑定律建立的历史背景。一方面，凸显类比的方法在该定律建立过程中所起的重要作用；另一方面，库仑的实验是建立该定律的重要基础，该实验结果有力地证实了多位科学家的猜想。所以，本节的教学要特别注意实验的教学。

本节教学内容的主线有两条。

第一条：掌握真空中静止点电荷之间相互作用的规律，即库仑定律；

第二条：掌握研究多个变量之间关系的方法，掌握间接测量一些不易测量物理量的方法及研究物理问题的其他基本方法。

## 二、教学目标

### （一）知识与技能

（1）了解库仑定律的建立过程和相关的物理学史。

（2）知道点电荷的物理意义。

（3）理解真空中的库仑定律以及适用条件。

（4）知道静电力常量 $k$ 的物理意义、数值和单位。

（5）会用库仑定律解决涉及点电荷静电力计算的简单问题。

### （二）过程与方法

（1）提出问题—猜想与假设—实验验证—得出结论—反思评价。

（2）培养学生观察、分析、概括的能力，体会研究物理问题的一些常用的方法，如控制变量法、理想模型法、测量变换法、类比法等。

### （三）情感态度与价值观

（1）利用库仑定律建立的过程以及相关的物理学史培养学生的科学素养。

（2）通过静电力与万有引力的对比，体会自然规律的多样性与统一性。

## 三、教学重点、难点

重点：

(1) 库仑定律的建立过程。

(2) 对库仑定律的理解和应用。

难点：探究库仑定律的定性演示。

**四、教学准备**

多媒体课件、静电力演示器材、有关库仑定律建立的历史背景资料。

**五、教学过程**

**(一) 创设情境，提出问题——探究电荷间的相互作用力**

教师活动：演示定性实验，如图 3-30 所示。

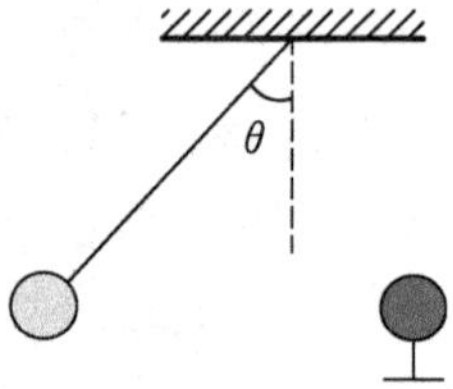


图 3-30

学生活动：观察现象，引发思考，得出初步结论：电荷之间的作用力($F$)随电荷量($Q$)的增大而增大；随距离($r$)的增大而减小。

教师活动：在演示实验的基础上，提出思考：如何深入、定量研究电荷间的作用力($F$)与相关量($Q_1$、$Q_2$、$r$ 等)的关系呢？

学生活动：学生小组讨论、提出改进方案、完善优化建议。

教师活动：展示部分学生的修改建议，播放视频，同时引出“点电荷”的概念。

设计意图：这一阶段通过创设情境形成科学问题，引导学生应用类比的方法猜想两个电荷之间的作用力与哪些因素有关，为后续研究问题指明了方向，提供了方法。通过“点电荷”的抽象，让学生再次体会“理想化”模型，并与质点类比学习，以便学生更好地掌握。在此过程中，突出学生主体，把课堂还给学生。在学生对静电力有感性认识的基础上，进行定性探讨，促进了学生对物理规律意义的深刻理解，对学生学习物理规律的内在建构过程和认知有重大意义。

**(二) 历史回顾，科学感悟——电荷间作用规律的认识过程**

教师活动：讲解并展示物理科学史——“库仑定律”的形成史。

(1) 1733 年，科学家 Du Fay 发现电荷有两种，同性电会互相排斥，异性电会互相吸引。

(2) 1767 年，受富兰克林影响，普利斯特利由实验发现，在带电的球形导体空腔内，带电量甚小的电荷在任一位置所受的静电力均为零，与万有引力的情形类似，因而推测电荷间的作用力也应遵守平方反比定律。

(3) 18 世纪 70 年代，卡文迪许利用实验的方法，间接验证了电荷间作用力的平方反比关系。

(4) 1785 年，库仑从扭秤实验中提出库仑定律。

学生活动：学生聆听、感悟物理学家的魅力和科学探究的艰辛。

设计意图：在完成上述实验的基础上，需要向学生明确的是，该实验属于定性研究，据此还不能得出库仑定律。教学中将库仑定律建立的历史背景加以介绍，目的是向学生传达一个信息，即科学定律的建立仅凭实验事实还不够，还需要推理、需要创新。科学家以广博的知识和深刻的洞察力为基础进行的猜想，才是最有创造力的思维活动。本环节体现了类比的思想、集体的智慧、历史的检验(修正推广)。

**(三) 科学猜想，定量验证——库仑扭秤实验**

教学说明：库仑扭秤实验由于在中学很难做出，所以此处仅通过视频简单介绍实验的设计思路。重点突出两点：

第一，库仑扭秤实验的特点是可以测量微小的力。

第二，库仑当年实验时，还不知道怎样测量物体所带的电荷量，甚至连电荷量的单位都没有。库仑根据实验现象判断：两个相同的带电金属小球相互接触后所带的电荷量相等。应该要让学生理解库仑做出这一判断的依据，这不仅能够培养学生严谨的科学态度，而且还能培养学生的理性思维能力。

教师活动：播放有关库仑扭秤的视频文件。提出问题：库仑扭秤利用的思想方法是什么？

学生活动：认真观看，引发思考。库仑扭秤采用了放大、转化等思想方法来测量微小力。

得出结论：$F \propto \frac{1}{r^2}$。

教师活动：播放有关库仑扭秤(图 3-31)的视频文件。提出问题：库仑的重要贡献是什么？

学生活动：库仑发现，如果把一个带电小球和一个不带电的完全相同的金属小球接触，前者的带电荷量就会分给后者一半，如图 3-32 所示。库仑就用这个方法，把带电小球的电荷量 $q$ 分为原来的 $\frac{1}{2}q$、$\frac{1}{4}q$、

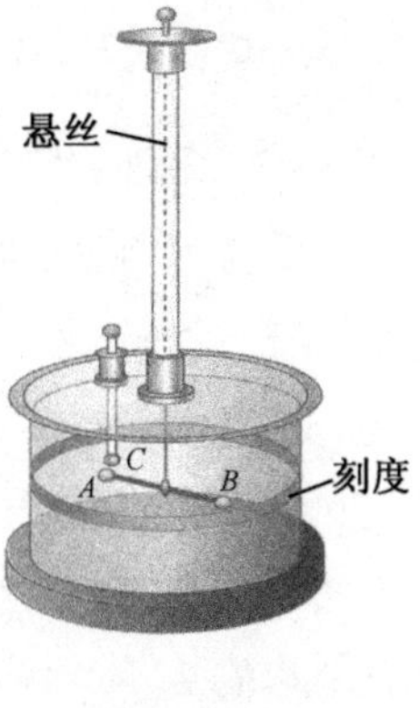


图 3-31

$\frac{1}{8}q$……进而可以研究力和电荷量的关系。

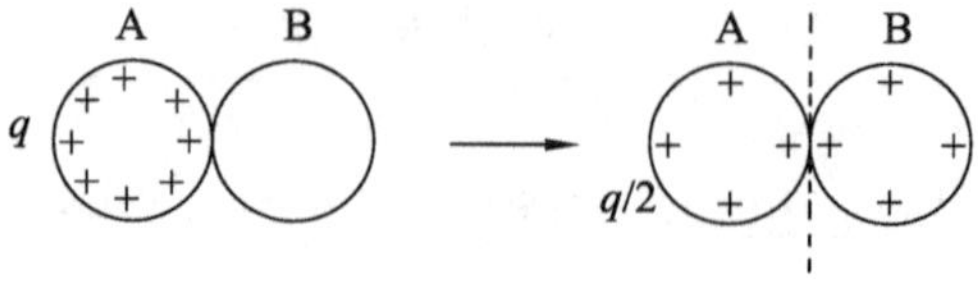


图 3-32

成果整合：

$$\left.\begin{matrix}F\propto\frac{1}{r^2}\\F\propto Q_1Q_2\end{matrix}\right\}\Rightarrow F\propto\frac{Q_1Q_2}{r^2}\Rightarrow F=k\frac{Q_1Q_2}{r^2}$$

教师活动：上式中的 $k$ 是比例系数，叫做静电力常量。通过实验测定其值为

$$k=9.0\times10^9\,\mathrm{N\cdot m^2/C^2}$$

设计意图：定量探究过程中从卡文迪许扭秤启发学生想到库仑扭秤实验，让学生体会科学发展的相互联系。现代多媒体教学手段的综合应用，在教学中帮助了学生眼观其形，耳闻其声，身临其境，心通其情，从而更好地发挥各类媒体的辅助作用，确立教师的主导性和学生的主体地位，使课堂教学更加生动活泼。

**(四) 分析总结，应用提高——库仑定律**

教师活动：在真空中两个静止点电荷之间的作用力，与它们带电荷量的乘积成正比，与它们的距离的平方成反比，作用力的方向在它们的连线上。

表达式：$F=k\frac{Q_1Q_2}{r^2}$，$k=9.0\times10^9\,\mathrm{N\cdot m^2/C^2}$。

适用条件：(1) 真空；(2) 静止的点电荷。

视为点电荷(理想模型)条件：带电体的形状、大小对所研究问题的影响可忽略不计时。

教师活动：展示情境，比较大小。

已知氢核(质子)的质量是 $1.67\times10^{-27}$ kg，电子的质量是 $9.1\times10^{-31}$ kg，在氢原子内它们之间的最短距离为 $5.3\times10^{-11}$ m。试估算氢原子中氢核与电子之间的库仑力是它们间万有引力的倍数。提示：$e=1.6\times10^{-19}$ C，$k=9.0\times10^9\,\mathrm{N\cdot m^2/C^2}$，$G=6.7\times10^{-11}\,\mathrm{N\cdot m^2/kg^2}$。

学生活动：

计算得出结果：$\frac{F_{库}}{F_{引}}=2.3\times10^{39}$。

分析总结，得出经验：微观粒子间的万有引力远小于库仑力，因此在研究微观粒子的相互作用时，可把万有引力忽略。

团队合作，成果展示如表 3-11 所示：

**表 3-11**

| | 库仑定律 | 万有引力定律 |
|---|---|---|
| 公式 | $F=k\frac{Q_1Q_2}{r^2}$ | $F=G\frac{m_1m_2}{r^2}$ |
| 方向 | 连线 | 连线 |
| 多样美 | 引力或斥力、微观带电粒子静电力相对较大 | 引力常用于天体问题 |
| 和谐美 | 形式相似，相关“场”的作用 | |

设计意图：加深对库仑定律的理解，让学生体会规律来源于实践，并在实践中加以应用。同时锻炼学生的团队协作能力和归纳总结能力。

**(五) 深入思考，拓展提高——理性回归**

教师活动：回归到课题的引入(实验)，深刻解决引入的实验现象。

学生活动：利用库仑定律结合受力分析加以升华提高。

教师活动：展示问题，拓展提高：真空中有三个点电荷，它们固定在边长 50cm 的等边三角形的三个顶点上，每个点电荷都是$+2\times10^{-6}$ C，求 $Q_3$ 所受的库仑力。

学生活动：解析。

教师活动：引发学生再思考：如果从 $Q_1$ 到 $Q_2$ 是一根均匀带电的直棒，所带的电荷量为$(Q_1+Q_2)$，那么，此棒对 $Q_3$ 的作用力方向如何?

学生活动：学有余力的同学课后思考。

教师活动：静电力同样具有力的共性；解决一般问题，体现特殊到一般的回归。

设计意图：让学生真正感悟、体验规律及灵活使用规律解决问题。

**(六) 系统构建，总结升华——我们收获了多少**

教师活动：知识的总结：详见板书部分；方法的总结：PPT 投影展示如图 3-33 所示。

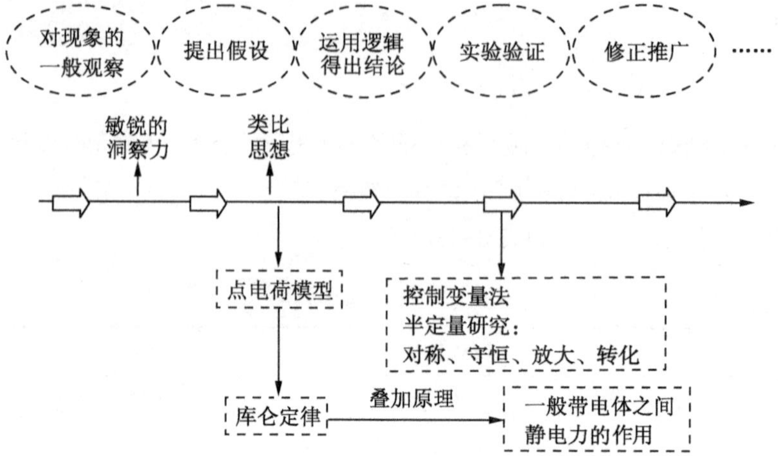


图 3-33

六、板书设计

**库仑定律**

1. 内容：在真空中两个静止点电荷之间的作用力，与它们带电荷量的乘积成正比，与它们的距离的平方成反比，作用力的方向在它们的连线上。

2. 表达式：$F=k\dfrac{Q_1Q_2}{r^2}$，$k=9.0\times10^9\,\mathrm{N\cdot m^2/C^2}$。

3. 适用条件：(1) 真空；(2) 静止的点电荷。

4. 视为点电荷(理想模型)条件：带电体的形状、大小对所研究问题的影响可忽略不计时。

七、布置作业

《高中物理导学案——库仑定律》。

八、教学设计评析

**(一) 设计注重对学生科学探究能力、创新意识以及科学精神的培养**

“教育绝非单纯的文化传递，教育之所以为教育，正是在于它是一种人格心灵及智慧的唤醒”。库仑定律的发现历程像其他物理规律一样，都是经过科学家艰辛的探索而得以实现的，其间不乏有物理思维方式的重大突破，这些宝贵的资源当然是我们物理课堂教学的精髓。在这节课的设计中，教师通过创设有效的情境对学生进行“诱思”和“导思”，这些精湛的处理艺术充分彰显了教师智慧的教学思想和丰富的教学能力。

纵观本节课的设计，“物理味”体现得相当浓郁，充分感受到教师对教材文本研究得很透彻。设计者采用了层层探究的教学模式，使学生科学探究能力得到培养。另外，控制变量法、放大法、测量变换法、理想模型法、类比法等物理方法在课堂教学中都得到了有效的渗透和处理，所以本节课的设计是高度的科学性与精湛的艺术性的有机结合，学科价值彰显充分，堪称经典之作。

**（二）教学内容主线明晰，贴近学生实际**

类比等科学方法灵动的处理极大地激发了学生的学习兴趣；多媒体的辅助对几个不容易操作的实验进行了近乎完美的演绎：情境创设、问题提出；历史回顾、科学感悟；科学猜想、定量验证；分析总结、应用提高；深入思考、拓展提高；系统构建、总结升华等六个环节有效地串联了整节课教学活动。这样的设计条理清晰、层次分明、逻辑性很强，将会有效地引发师生思维活动和思维碰撞，使探究的味道体现得淋漓尽致，同时也可想象和感受到设计者的课堂活动形式多样、有序有线、丰富多彩、鲜活灵动。

**（三）三维目标的确立，是着眼于“人”的整体发展**

纵观全篇设计，作者着力把依附知识探索过程中将要形成和发展的情感、态度、价值观去潜移默化地影响每一个学生对世界的感受和思考，并努力使其积淀成为学生人生最深厚、最基本的东西。如利用库仑定律建立过程以及相关物理学史的了解，使学生的科学素养得以培养和发展；通过静电力与万有引力的对比，体会自然规律的多样性与统一性等，对培养学生积极的情感态度和科学精神都有着积极的作用。

**（四）设计者重视课程资源开发、问题和例题设置优化**

环节设计中，师生双边活动角色定位准确，这一切无疑都证实设计者对这节课的设计是成功的。

**（五）两点想法**

(1) 适当重视“类比”这一智慧的思维方法在科学发展史、特别是物理学发展史上的重大贡献的拓展，这样会使学生对“类比”更感兴趣，也可以进一步激发学生的科学探索的斗志。

(2) 库仑定律使用条件内涵的理解可适当拓宽和强调。

（由张东风老师提供）

## 第八节　磁感应强度

一、教学目标

(1) 通过实验、类比和分析，寻找描述磁场强弱和方向的物理量——磁感应强度。

(2) 进一步体会通过比值定义物理量的方法。

(3) 理解磁感应强度的定义和定义式，知道其方向和单位。

二、教学重点、难点

重点：

(1) 通过实验探究影响通电导线受力的因素；

(2) 理解磁感应强度的大小、方向；

(3) 理解磁感应强度的定义及其条件。

难点：磁感应强度概念的建立。

三、教学方法

自主、合作与探究。

四、教学过程

**(一) 引入新课**

1. 演示实验：磁场的强弱和方向

用自制电磁铁(五寸长的铁钉，绕上漆包线)吸起大头针，改变电流大小，吸起大头针的多少不同，说明磁性的强弱不同(图 3-34)。

用小磁针检验电磁铁极性，并说明不同位置磁场的方向不同，小磁针静止时 N 极所指的方向即为磁场方向(图 3-35)。

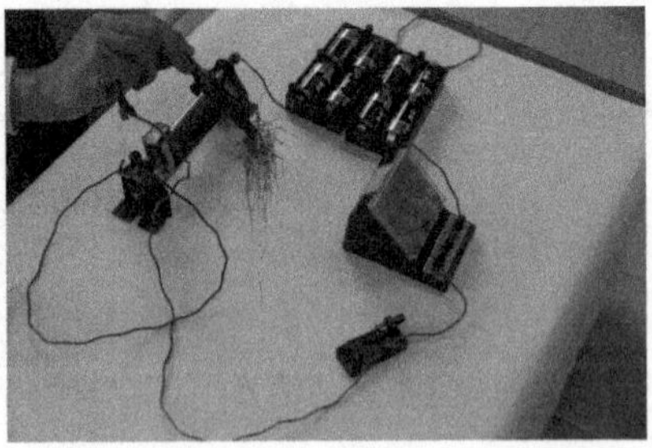

图 3-34

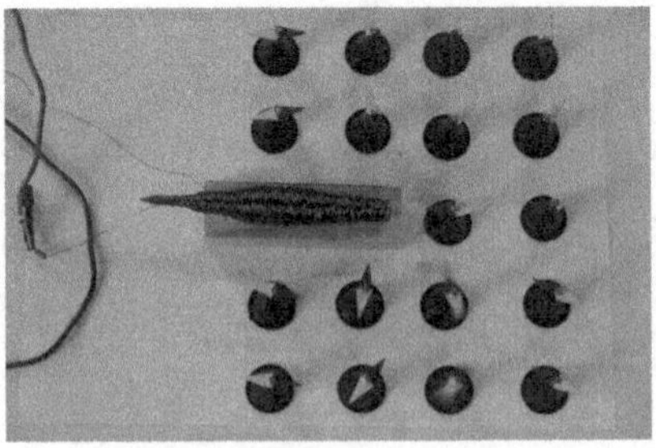

图 3-35

2. 复习类比

电场⟶试探电荷$\xrightarrow{\text{受力}}$检验电场的强弱⟶电场强度。

**(二) 新课学习**

检验磁场的强弱,选什么作为研究对象呢?

讨论选小磁针还是通电导线,因 N 极不能单独存在,不可能测量 N 极受力的大小,最终确认选用很短一段通电导线,但引入的通电导线不能影响原磁场的分布。

在物理学中,把很短一段通电导线中的电流 $I$ 与导线长度 $L$ 的乘积 $IL$ 叫做电流元(模型法)。

1. 实验探究

(先由学生分组实验得出定性结果,然后由老师演示得出半定量结果)

(1) 实验目的:探究影响通电导线受力的因素。

(2) 猜一猜:影响通电导线受力的因素可能是什么?

(磁场强弱、电流大小、导线长度及摆放角度)

(3) 知识准备:用控制变量法,只改变一个因素,研究其对导线受磁场力的影响。

蹄形磁铁两极之间较小范围内,可认为磁场强弱和方向处处相同,即匀强磁场。

当悬线摆角很小时,偏移距离 $d$ 可以表示磁场力 $F$ 的大小(转换法)。线圈平衡时,受力如图 3-36 所示:$F=mg\tan\theta$,当 $\theta$ 很小时,有

$$\tan\theta\approx\sin\theta=\frac{d}{l}\quad F=mg\,\frac{d}{l}\quad F\propto d$$

如图 3-37 所示,通过增加条形磁铁的块数改变通电导线在磁场中的长度;保持通电导线与磁场方向垂直,此时磁场力最大,若通电导线与磁场方向平行,则磁场力为零。

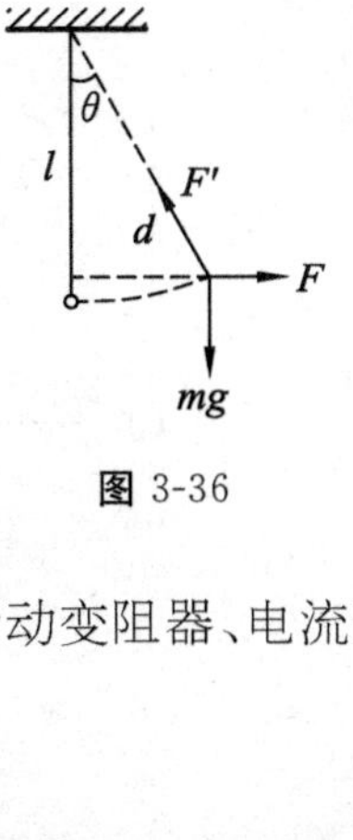


图 3-36

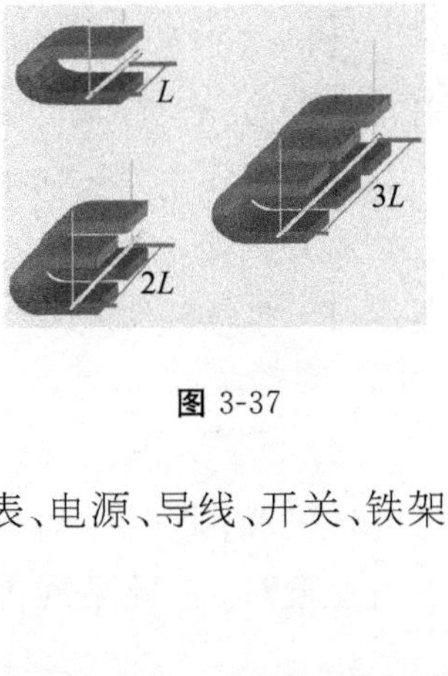


图 3-37

(4) 实验器材:蹄形磁铁(五块)、线圈(带轻质柔软导线)、滑动变阻器、电流表、电源、导线、开关、铁架台(底座上有带刻度尺的木槽)等。

(5) 实验步骤：

① 按图 3-38 所示连接实验装置。

② 保持磁场和直导线的长度不变，改变电流大小，逐个记录导线的偏移距离 $d$(通过木槽旁的刻度尺读取)，如表 3-12 所示。

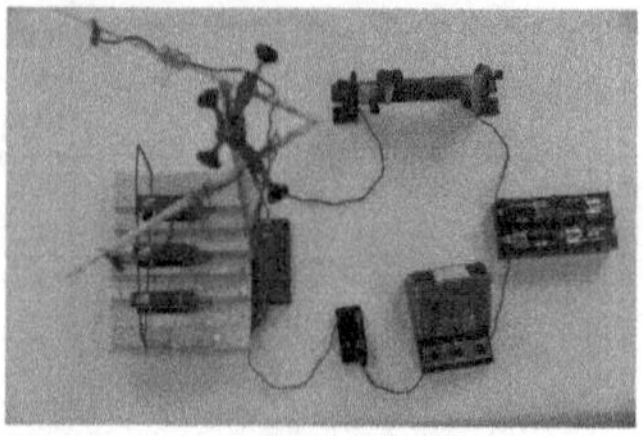

图 3-38

表 3-12

| $I$/ A | 0 | 0.04 | 0.08 | 0.12 | 0.16 | 0.20 |
|---|---|---|---|---|---|---|
| $d$/ cm | 0 | 0.45 | 0.80 | 1.20 | 1.55 | 1.95 |

借助常用的数表软件，作出 $d$-$I$ 图像，如图 3-39 所示。

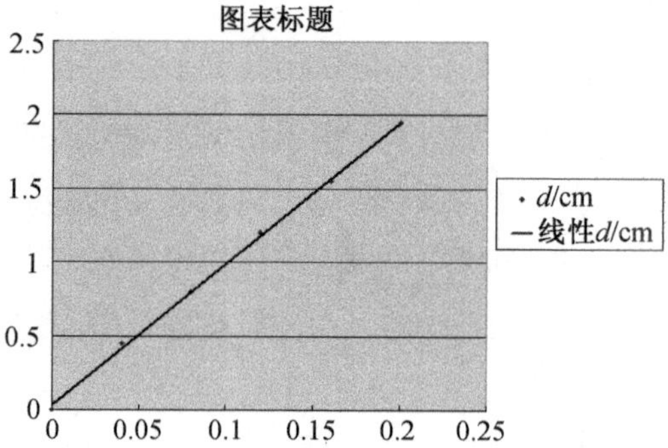


图 3-39

得到的结论是：通电导线与磁场方向垂直时，它受力的大小 $F$ 与导线中的电流 $I$ 成正比。

③ 保持磁场和导线中的电流不变($I$=0.04A)，改变磁场中的那一部分通电直导线的长度，逐个记录导线的偏移距离 $d$(通过木槽旁的刻度尺读取)，如表 3-13 所示。

表 3-13

| $L$ | 0 | 1 | 2 | 3 | 4 | 5 |
|---|---|---|---|---|---|---|
| $d$/cm | 0 | 0.40 | 0.75 | 1.15 | 1.50 | 1.85 |

借助常用的数表软件，作出 $d$-$L$ 图像，如图 3-40 所示。

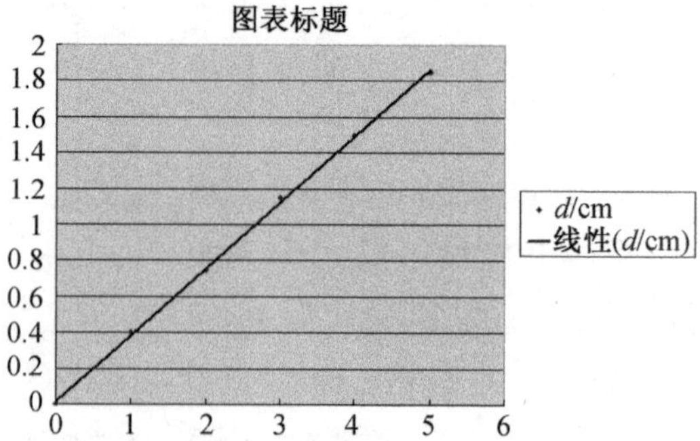


表 3-40

得到的结论是：通电导线与磁场方向垂直时，它受力的大小 $F$ 与导线的长度 $L$ 成正比。

(6) 实验结果：以上实验可粗略表明，通电导线与磁场方向垂直时，它受力的大小与

导线的长度 $L$、导线中的电流 $I$ 成正比，用公式表示为 $F=ILB$。

（由 $F=ILB$ 得出 $B=\frac{F}{IL}$，建立磁感应强度的概念）

2. 磁感应强度 $B$

(1) 物理意义：描述磁场的强弱和方向。

（类比电场强度的定义，要求学生说出磁感应强度的定义）

(2) 定义：电流元 $IL$ 受到的最大磁场力 $F$ 与电流元 $IL$ 的比值叫磁感应强度（比值定义法）。

(3) 定义式：$B=\frac{F}{IL}$（通电导线与磁场方向垂直）。

(4) 单位：在国际单位制中，磁感应强度的单位是特斯拉，简称特，符号是 T，即 1T=1N/(A·m)。

(5) 方向：磁感应强度既有大小，又有方向，是矢量，物理学中把小磁针静止时 N 极所指的方向规定为该点的磁感应强度的方向，简称为磁场的方向。

(6) 了解一些磁场的磁感应强度。

3. 应用

用原实验装置检验蹄形磁铁两极之间不同位置磁场的强弱，保持电流大小、导线长度一定，偏移距离 $d$ 越大，即磁场力越大，表明该处的磁场越强。

**（三）总结反思**

本节课，你有什么收获？

磁场——电场

电流元 $IL$—— 检验电荷 $q$

↓受力　　↓受力

磁感应强度 $B$—— 电场强度 $E$

$B=\frac{F}{IL}$（垂直）——$E=\frac{F}{q}$

**六、布置作业**

阅读科学漫步，查阅资料，了解地磁场对人类生活的影响。

## 七、板书设计

| | | |
|---|---|---|
| 电场<br>检验电荷<br>↓受力<br>电场强度 | 磁场：方向：小磁针静止时N极所指的方向；强弱<br>电流元 $IL$<br>通电导线受力：磁场强弱（一定）、电流大小、导线长度、摆放角度（垂直）<br>磁场强弱、导线长度一定：$F\propto I$；磁场强弱、电流大小一定：$F\propto L$ → $F\propto IL$<br>$\Rightarrow F=ILB\Rightarrow B=\frac{F}{IL}$<br>磁感应强度（$B$）：<br>方向：磁场方向<br>大小：定义：电流元 $IL$ 受的最大磁场力 $F$ 与电流元 $IL$ 的比值；定义式：$B=\frac{F}{IL}$（垂直）；单位：1T=1N/(A·m)<br>意义：描述磁场强弱和方向 | 思维方法：<br>类比法<br>模型法<br>控制变量法<br>转换法<br>比值定义法 |

## 八、教学反思

在本节课中，通过实验、类比和分析，寻找描述磁场强弱和方向的物理量，采用比值定义法建立磁感应强度的概念。现将得失分析如下：

### （一）体现了以学生为主体的教育理念

本节课以生动有趣的演示实验，采用类比引入新课，与本课题密切关连，激发了学生的好奇心和求知欲，调动了学生学习的自主性、能动性和创造性。引导学生去观察、分析和思考，使学生认识到磁场有强弱和方向，类比电场强度的建立过程，使学生明确找出描述磁场强弱和方向的物理量是本节课的主要任务，进一步激发学生去思考。

### （二）精心设计与安排实验

本节课的主要实验器材和方案为自主设计，如电磁铁、矩形线圈、带有刻度尺和木槽的底座(便于放置蹄形磁铁和读出线圈的偏移距离)，自制实验器材给学生一种亲近感和真实感。实验安排由揭示现象到深入探究影响通电导线受力的因素，由演示到分组，再到演示，由定性到半定量，并借助常用的数表软件，作出图像，直观得出 $F\propto IL$，由此学生能实际感受磁场对通电导线的作用力，理解磁场力 $F$ 与电流大小 $I$ 和导线长度 $L$ 的乘积 $IL$ 成正比，对磁感应强度概念的建立有充分的理论与实践依据。通过实验设计与操作，加深了对新知识的理解，培养了学生的科学思维能力和实践能力。

**（三）重视渗透科学方法教育**

在这节课中，结合教学运用了观察、实验、分析、推理、演绎、归纳等科学方法。如在探究影响通电导线受力因素的实验中，运用了科学猜想、控制变量法和转换法；又如分析实验结果建立磁感应强度概念时，运用了归纳法、类比法和比值定义法；总结时运用类比，强化了学生对电场强度和磁感应强度建立过程的理解。总之，通过本节课堂教学，提升了学生的科学思维方法。

**（四）关注到 $\theta$ 的影响并作显性处置**

在本节课中，通过半定量实验最终得出 $F\propto IL$，是建立磁感应强度概念的关键。分析线圈平衡时的受力，得出 $F=mg\tan\theta$。当 $\theta$ 很小时，$\tan\theta\approx\sin\theta=\frac{d}{l}$，所以 $F=mg\frac{d}{l}$，即 $F\propto d$，因此当悬线摆角很小时，偏移距离可以表示磁场力 $F$ 的大小。实验中，线圈的偏移距离 $d$ 由木槽旁的刻度尺读出，借助常用的数表软件，作出图像，如图 3-41 所示，直观得出 $F\propto IL$。

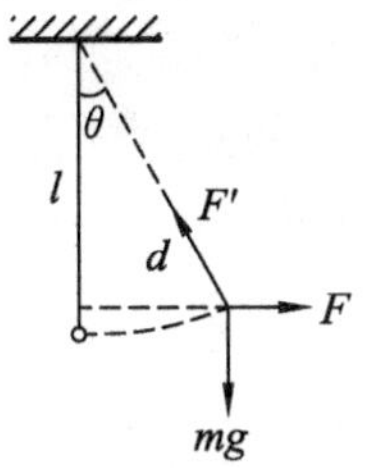

图 3-41

**（五）注重知识的应用**

在本节课中，得出 $B=\frac{F}{IL}$之后，说明该式是磁感应强度的定义式，不是决定式，是量度式，可以用来检验磁场的强弱。然后要求学生用原实验装置检验蹄形磁铁两极之间不同位置磁场的强弱：保持电流大小、导线长度一定，偏移距离 $d$ 越大，即磁场力越大，表明该处的磁场越强。体现学以致用，深化了学生对磁感应强度表示磁场强弱的理解。

**（六）不足之处**

（1）教师的语言表达尚须锤炼。

（2）总结时应归纳本节课用到的科学思维方法。

（3）学生实验时间应稍长一些。

（由朱傲雪老师提供）

## 第九节 法拉第电磁感应定律

### 一、学情分析

在本节课之前，学生已经了解了什么是电磁感应现象，感应电流的产生条件、感应电流的方向，这节课则分析感应电流的大小，是一个从定性到定量分析的过程。

在恒定电路中，学生已经知道电动势的概念，但电动势本身对学生而言较为抽象，而且学生较为熟悉的是电源的电动势。

学生已经学习了“磁生电”的关键在于磁通量的变化，所以学生会存在一个想法，即电动势与磁通量的变化有关。

### 二、设计思路及理念

《国家中长期教育改革和发展规划纲要》中明确要求“以学生为主体，以教师为主导，充分发挥学生的主动性，把促进学生成长成才作为学校一切工作的出发点和落脚点”。为了让学生更好地体会物理规律的得出过程，本节课的教学流程如下：复习回顾→对比中引出概念→学生猜想→实验验证→回顾历史，给出规律→分析理解应用规律。

在引出概念的过程中通过问题串，师生互动过程，使学生在潜移默化中得出感应电动势概念。学生经历探究活动，实验现象观察，实验的参与，小组学习与交流讨论，不仅较为容易地得出规律，也更为深刻地体会物理科学研究过程，同时培养了良好的物理思维习惯，实验素养。在规律的应用中，淡化机械训练，重在对规律的理解，使学生体会到抓住本质，物理问题的形散而神不散。学生在轻松的环境中学习知识，同时强化了团队合作精神，培养了能力，促进学生的成长。

### 三、教学目标

1. 知识与技能

(1) 知道什么是感应电动势。

(2) 知道磁通量的变化率是表示磁通量变化快慢的物理量，并能区别 $\Phi$、$\Delta\Phi$。

(3) 理解法拉第电磁感应定律的内容及数学表达式。

(4) 知道公式 $E=Blv\sin\theta$ 的推导过程。

2. 过程与方法

经历影响感应电动势大小因素的猜想,实验验证,体会物理规律的得出过程。

3. 情感态度与价值观

让学生在实验演示中培养实事求是、科学严谨的态度,增进学生学习物理的情感。通过学生之间的讨论、交流,培养学生之间的团队合作精神。

**四、教学重点、难点**

重点:法拉第电磁感应定律的建立过程以及对公式 $E=n\frac{\Delta\Phi}{\Delta t}$、$E=BLv$ 的理解。

难点:

(1) 对 $\Phi$、$\Delta\Phi$、$\frac{\Delta\Phi}{\Delta t}$物理意义的理解。

(2) 设计实验,得出影响感应电动势大小的因素。

**五、教学方法**

启发式教学法、实验演示法、课堂讨论法、对比教学法。

**六、教学准备**

准备实验仪器:灵敏电流计、蹄形磁铁、条形磁铁、螺线管、导线若干。

**七、教学过程**

**(一) 感应电动势**

温故而知新——复习回顾电路知识。

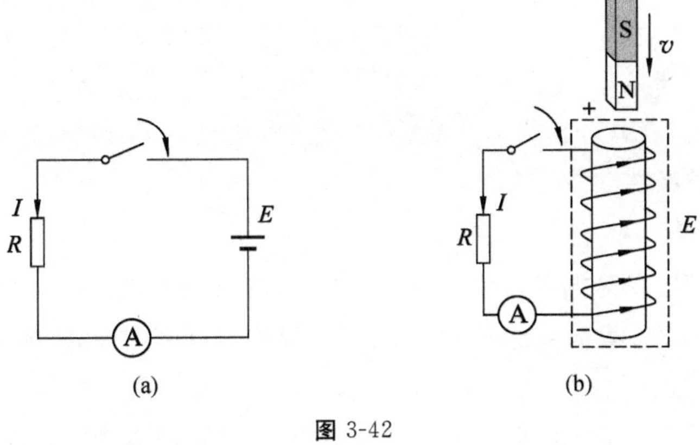


图 3-42

师:在如图 3-42(a)所示的电路中,若开关闭合,你会看到什么现象?

生:电流表指针偏转。

师：说明了什么？

生：电路中有电流。

师：电路中有持续电流的条件是什么？

学生回答，教师总结：电路闭合，存在电源。

师：电流的方向如何？

学生回答，教师总结：电源外部电流从正极到负极。

师：上节课我们学习，如图 3-42(b)所示，当条形磁铁插入螺线管中，你会看到什么现象？

生：电流表指针也发生偏转。

师：说明了什么？

生：回路中产生了电流。

师：感应电流的方向如何？

学生判断，回答：电阻上电流方向向下。

师(引导)：既然回路中有电流，应当有电源，哪部分相当于电源？电源的正负极如何？

生：条形磁铁与电线管，上为正极，下为负极。

师：我们用哪个物理量来描述电源非静电力做功的本领？

生：电动势。

小结：我们把在电磁感应现象中产生的电动势称为感应电动势。(板书设计：感应电动势)

师：若左边电路中开关断开，电流没了，电源电动势呢？

生：仍然存在。

师：类比，若右边回路中开关断开，感应电流没有了，则感应电动势呢？

生：仍然存在。

设计意图：

(1) 感应电动势的概念较为抽象，学生理解有一定难度，所以复习恒定电路中电动势概念，使学生通过对比、迁移，潜移默化地体会到感应电动势的概念。

(2) 通过非常简单的问题充分调动学生学习的积极性，也使学生可大胆地回答问题。

(3) 通过对比恒定电路中开关断开时电流没有，而电动势仍然存在，使学生较容易地体会到感应电动势存在是无需回路闭合的。

(4) 暂时不讨论感应电动势的产生条件，学生学完下一节《电磁感应现象的两类情况》才能够真正理解。

提出问题，引出教学环节：感应电动势的大小跟什么有关呢?

**(二) 影响感应电动势大小的因素**

1. 猜想

学生讨论：感应电动势的大小跟什么因素有关?(板书设计：猜想)

学生回答(多种结果，先不予分析对错)。

师：如何验证你们的猜想?

生：实验。(板书设计：实验验证)

师：如此多的影响因素，如何一一验证呢? 用什么方法?

生：控制变量法。

2. 实验验证

教师介绍实验仪器：

灵敏电流计与螺线管构成一闭合回路。

演示条形磁铁放在螺线管中。

师：此时螺线管中有无磁感应强度?

生：有。

师：有无磁通量?

生：有。

师：此处定为初位置，$\Phi_1$。(板书)

演示条形磁铁放在螺线管上方某一位置。

师：此时螺线管中有无磁感应强度?

生：有。

师：有无磁通量?

生：有。

师：此处定为末位置，$\Phi_2$。(板书)

师：从初位置到末位置，磁通量发生了变化，变化量为 $\Delta\Phi=\Phi_1-\Phi_2$。(板书)

师：若同一根条形磁铁，每次都是从同一位置抽出到另一固定位置(选一个物体作为参考标准)，则抽出的过程中磁通量变化量怎样?

生：相同。

师：若还是从同一位置抽出到另一固定位置，用两根条形磁铁呢？

生：两根条形磁铁时磁通量变化量更大。

实验1：控制两次抽出时间相同，初末位置相同，第一次一根条形磁铁，第二次两根条形磁铁。注意比较两种情况下指针偏转格数。

学生单独回答(观察到的现象以及得到的结论)：磁通量越大，感应电动势越大。(板书)

思考：真的是磁通量变化量越大，感应电动势越大吗？刚才是时间一定的情况下，若控制磁通量变化量一定，则改变抽出的时间呢？

学生讨论：如何实验？

学生回答，其他学生补充，等较完善后，让学生到讲台演示实验。

实验2：控制两次抽出初末位置相同，均用两根条形磁铁，保证磁通量变化量相同，第一次较快抽出，第二次较慢抽出。注意比较两种情况下指针偏转格数。

学生单独回答观察到的现象以及结论。

磁通量变化量一定时，抽出的时间越短，感应电动势越大。(板书)

学生思考讨论：感应电动势到底与什么有关？

生：磁通量变化快慢。

回顾生活，类比旧知识：

(1) 如何定义位置变化快慢？

$\Delta t$ 一定时，$\Delta x$ 越大，速度越大；

$\Delta x$ 一定时，$\Delta t$ 越大，速度越小。

用位置变化率(速度)反映位置变化快慢：$v=\frac{\Delta x}{\Delta t}$。

(2) 如何表示磁通量变化快慢？

用磁通量变化率反映磁通量变化快慢：$\frac{\Delta \Phi}{\Delta t}$。

小结：感应电动势与磁通量变化率有关。

设计意图：

(1) 通过学生猜想、实验验证，分析实验结果，使学生体会物理规律的获得过程。

(2) 在学生猜想环节，学生通过课前预习，已经了解感应电动势的大小与哪些因素有关，所以重点不是在于讨论的结果，而是通过互相讨论的过程初步理解磁通量、磁通量变化、磁通量变化快慢这几个量。

(3) 为了使学生能够区别磁感应强度、磁通量、磁通量变化量，在做实验前，先演示初末位置，介绍两状态的磁通量，体会 $\Phi_1$、$\Phi_2$、$\Delta\Phi$。这样的思考分析也有助于学生在用法拉第电磁感应定律解题时，养成良好的习惯，即先分析初末状态，找 $\Delta\Phi$。

(4) 实验中板书“…一定，改变…”强化学生的控制变量的思维方法。

(5) 考虑到学生容易形成一个错误的思想，即感应电动势与磁通量变化量有关，实验中先控制时间一定，改变磁通量变化量，得到“磁通量变化量越大，感应电动势越大”这样的错误结论。再通过第二组实验控制磁通量变化量一定，改变时间，发现结论的错误。正反比较，学生能够体会并理解是磁通量变化快慢影响感应电动势。

**(三) 历史回顾**

教师介绍：历史上已经有科学家对此进行了深入的研究。

纽曼(F. E. Neumann，1798－1895)、韦伯(W. E. Weber，1804—1891)在对理论和实验资料进行严格分析后，于 1845 年和 1846 年先后指出：闭合电路中感应电动势的大小，跟穿过这一电路的磁通量变化率成正比(法拉第电磁感应定律)。

设计意图：

(1) 由于课堂所做的验证实验不能证明感应电动势与磁通量变化率成正比，所以这里通过阐述科学家们的研究，既使法拉第电磁感应定律的呈现自然，又体现了科学的严谨性。

(2) 这里可以进一步挖掘历史，找出一些纽曼与韦伯的研究分析过程，使学生从中体会到自然规律的得出是需要多么大的付出与毅力。

**(四) 法拉第电磁感应定律**

1. 内容。(板书)

2. 表达式。(板书)

师(引导)：根据定律内容，可写成 $E\propto\dfrac{\Delta\Phi}{\Delta t}$，如何写成等式呢？

学生回答：$E=k\dfrac{\Delta\Phi}{\Delta t}$(板书)，加一比例系数。

师(引导)：物理是崇尚简单美的！大家希望 $k=$？

生：$k=1$。

师：如何实现呢？

师(引导)：类比 $F\propto kma$。

当时我们有力的单位为 N，但 1N 到底为多大并没有规定。若规定 1N 的力能够使 1kg 的物体产生 $1m/s^2$ 的加速度，即 $1N=1kg\cdot 1m/s^2$，则 $k=1$。

学生思考讨论：怎样可以使 $k=1$？

学生回答，教师总结：当单匝线圈磁通量从某个值在 1s 内减为零，所产生的电动势为 1V，这个磁通量值为 1Wb。

即若 $1V=\frac{1Wb}{1s}$，则 $E=\frac{\Delta\Phi}{\Delta t}$。(板书)

师：这里强调了“单匝线圈”，若每匝线圈的磁能量变化率相同，但匝数不同，则产生的感应电动势多大呢？与匝数有什么关系？

学生活动：猜想感应电动势与匝数的关系。

教师介绍：实验仪器，说明线圈上的示数的意义；控制初末位置相同，尽量保证抽出时快慢相同；在黑板上制作表格。

学生活动：一学生进行实验，另一学生记录数据(其他同学读取数据)。

结论：匝数越大，感应电动势越大(不一定能够得出感应电动势与匝数成正比的结论)。

误差分析：线圈存在电阻，匝数越多，阻值越大；每次抽出时快慢不同；等等。

理论分析：一匝线圈相当于一个电源，产生一电动势是多少，$n$ 匝线圈相当于 $n$ 个电源串联，所以 $n$ 匝线圈电动势是多少？表达式可以如何进一步完善？

生：$E=n\frac{\Delta\Phi}{\Delta t}$。(板书)

设计意图：

(1) 法拉第电磁感应定律的表达式中 $k=1$ 的得出，并没有一代而过，这里重在培养学生科学严谨的态度，使学生体会规律得出的每个步骤不可随意而为。另外所采用的教学方法是对比，培养学生类比与应用旧知识的能力。

(2) 对于感应电动势与匝数的关系，这里经过了猜想与实验验证，最后理论分析的过程。虽然实验并不容易得到成正比的数据，但经历这样的过程，学生从感应认识到理性分析，对感应电动势与匝数关系会有个较深入的理解。

**(五) 法拉第电磁感应定律的应用**

回顾导体棒切割磁感线：回路中当导体棒在磁场中向右运动时，电流表指针也会偏转，回路中也产生了感应电流，如图 3-43(a)所示。

师：此感应电流方向如何？

生：导体棒上电流向上。

师：既然回路中有电流，一定存在电源，类比图 3-43(b)所示的电路图，哪部分导体相当于电源？

生：导体棒。

师：电源的正负极如何？

生：导体棒上为正，下为负。

师：若开关断开，电流没有了，电源的电动势呢？

生：仍然存在。

思考：这个感应电动势多大呢？

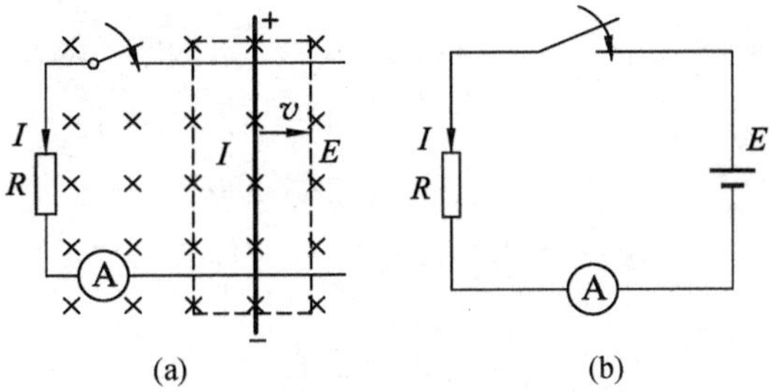


图 3-43

介绍：已知水平放置的光滑导体框架，宽度为 $L$。匀强磁场和框架平面垂直，磁感应强度为 $B$。导体棒以速度 $v$ 匀速向右运动。

学生讨论：求解感应电动势的方法。

学生谈谈解题思路。

师(引导)：假设一开始导体棒在某一位置，磁通量又如何求解？

学生回答，教师总结：初位置磁通量 $\Phi_1=BS_1$。(板书)

引导：假设经过一段时间导体棒在另一位置，磁通量又如何求解？

学生回答，教师总结：末位置磁通量 $\Phi_2=BS_2$。(板书)

引导：由初末位置磁通量，可以求出磁通量的变化量，可由法拉第电磁感应定律求出感应电动势。

学生练习：推导感应电动势。(学生上黑板展示推导书过程)

学生点评解答过程，纠正错误。

解析过程：$E=\dfrac{\Delta\Phi}{\Delta t}=\dfrac{\Phi_2-\Phi_1}{\Delta t}=\dfrac{BL\Delta S}{\Delta t}=BLv$。

思考：如何定性地实验验证呢？

演示实验：准备一蹄形磁铁，一方形线圈与灵敏电流计组成闭合回路。

演示一：控制线圈在磁场中初末位置相同，在两极间线圈宽度相同，运动的快慢不同，比较灵敏电流计指针的偏转。

演示二：控制线圈在磁场中初末位置相同，运动的快慢相同，改变在磁铁两极间的宽度（一次全部在磁铁中，一次一半在磁铁中），比较灵敏电流计指针的偏转。

演示三：控制线圈在磁场中运动的快慢相同，在磁铁两极间的宽度相同，一次在两极中间切割，一次在远离磁极的地方切割（说明两种情况下磁感应强度大小不同）。比较灵敏电流计指针的偏转。

实验现象可定性说明在其他物理量一定的情况下，$B$、$L$、$v$ 越大，导体棒切割磁场所产生的感应电动势越大。

对照平面俯视图与实物立体图以及正面图（图 3-44）：

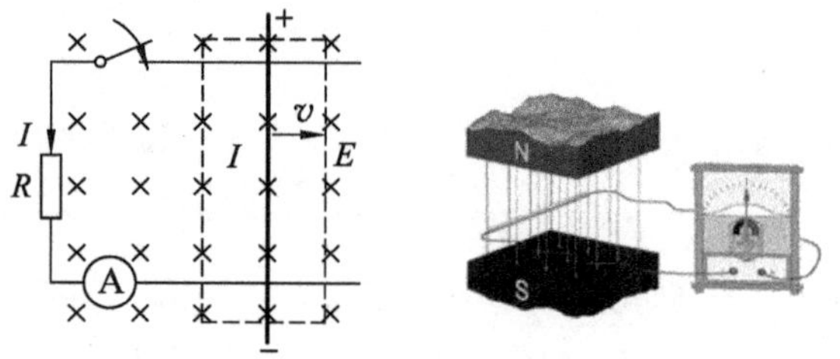


(a) (b)

图 3-44

师（引导）：刚才实验中我们将导体棒垂直切割磁感线，得出 $E=BLv$。（板书）

师：若是平行于磁感线运动呢？感应电动势为多大？

生：$E=0$。（板书）

师：若是既不平行于磁感线又不垂直于磁感线运动，而是有一定夹角，则感应电动势如何分析呢？

学生思考讨论后回答：分解速度。

师：具体如何分解？

学生黑板板画速度的分解，讲解感应电动势求解。（板书如图 3-45 所示）

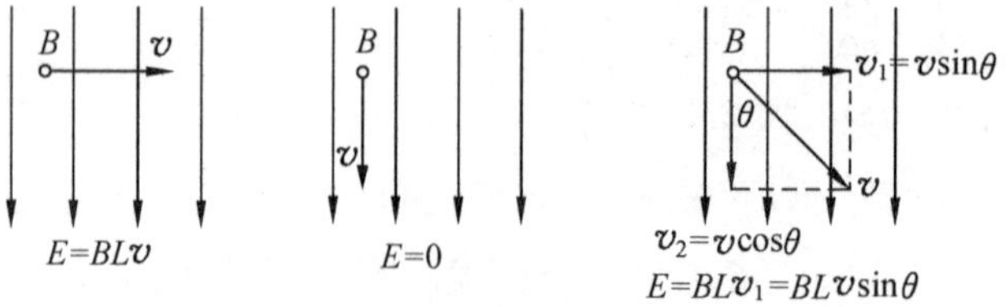


图 3-45

小结：在公式 $E=BLv$ 中，$v$ 指的是与磁场垂直方向的速度。

设计意图：从定律出发推导切割磁感线时感应电动势表达式，一方面巩固定律，另一方面养成良好的思维习惯，也深化了对初状态、末状态、变化量、变化率的理解。

## 八、课堂总结

对比今天所得到的两个公式：$E=n\dfrac{\Delta\Phi}{\Delta t}$，$E=BLv$。

对比两个公式的适用情境：对比两个公式适用与求解的电动势，引出平均感应电动势与瞬时感应电动势概念。

课后思考：是否可以用 $E=n\dfrac{\Delta\Phi}{\Delta t}$ 求解瞬时感应电动势？是否可以用 $E=BLv$ 求解平均感应电动势。

## 九、板书设计

4.4　法拉第电磁感应定律

1. 内容
2. 表达式：$E=n\dfrac{\Delta\Phi}{\Delta t}$
3. 单位：$1\text{V}=\dfrac{1\text{Wb}}{1\text{s}}$
4. 应用：切割类问题

1）推导：

$\Phi_1=B\cdot S_1$　$\Phi=B\cdot S_2$　$\Delta\Phi$

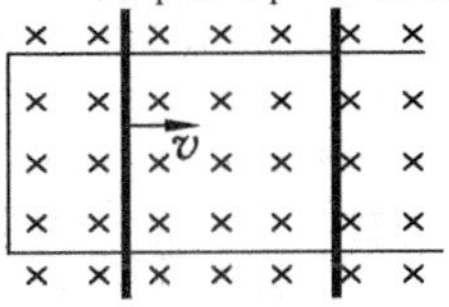


2）公式

$$E=BLv\begin{cases}v\perp B, E=BLv\\ v/\!/B, E=0\\ v\text{ 与 }B\text{ 夹角为 }\theta,\\ E=BLv\sin\theta\end{cases}$$

感应电动势
⇩
猜想　　变化　末　初　变化率　$\Delta\Phi=\Phi_2-\Phi_1$　$\dfrac{\Delta\Phi}{\Delta t}$
⇩
实验验证　$\begin{cases}\Delta t\text{一定}, \Delta\Phi\text{越大}, E\text{越大}\\ \Delta\Phi\text{一定}, \Delta t\text{越大}, E\text{越小}\end{cases}$
⇩
规律　$E\propto\dfrac{\Delta\Phi}{\Delta t}\to E=k\dfrac{\Delta\Phi}{\Delta t}\to E=\dfrac{\Delta\Phi}{\Delta t}$

## 十、教学设计评析

从课堂效果上看，教学目标基本达成。学生能够知道什么是感应电动势，知道法拉第电磁感应定律的内容，会应用定律分析简单实例，会推导公式 $E=Blv\sin\theta$。经历影响感应电动势大小因素的猜想，实验验证，学生进一步掌握控制变量的思维方法，培养了科学严谨的态度。课堂氛围较为活跃，学生积极参与思考、讨论，增进了学习物理的情感，培养了团队合作能力。

从课堂效率上看，设置了较多的问题，但回顾课堂教学过程，问题应该进一步推敲，使精简、深化。

从实验角度，实验中有些难以严格控制的因素，譬如：如何保证条形磁铁进入磁场时快慢程度相同。教参中涉及让条形磁铁自由落体运动，但实验操作时由于运动速度太快，指针偏转难以捕捉。这里我思考了一些方法，例如：可以类比伽利略的斜面实验，淡化重力的效果；将人为地抽出改变为小型装置，通过滑轮的带动，以控制多次抽出快慢一定。另外，实验中均是动生电动势的演示，能有效地穿插着感生电动势演示，使之更为系统。

（由吴静老师提供）

## 第十节　变压器教学设计

### 一、教学设计思路

#### （一）学情分析

学生通过对电磁感应的学习，已经掌握了自感、互感、涡流等变压器的基础知识，在课本交流电前两节的学习中，对交流电的特点也比较清楚，已经储备了学习变压器这一节内容的基础知识。在学习本节课内容时，学生在进行理论探究变压器电压与匝数比关系时，只要能对上述知识加以回顾和提升，便能顺利掌握本节课的知识要点。同时对于自感、互感、涡流等知识也能起到加深理解的功效。

#### （二）教材分析

变压器在生产和生活中有广泛的应用。原、副线圈没有导线连接仍可以传输电流的特点能帮助学生更好地理解互感现象，在讲解变压器原理时要引导学生从电磁感应的角度去理解。在处理时要将这部分内容情境化，将静态知识动态化，利于学生理解透彻。另外，对教材中“探究变压器线圈两端的电压与匝数关系”的实验，在教学条件允许的情况下使用实验探究，但要注意安全。在实验条件不充分时建议用理论探究，通过“穿过原、副线圈中磁通量相同”这一结论推导出所要的结果。

### 二、教学目标

（1）知道变压器的构造和几种常见的变压器，理解变压器的工作原理。

（2）通过实验，探究变压器的原、副线圈中电压与匝数的关系，电流与匝数的关系。了解理想化模型在物理学研究中的重要性。

### 三、教学重点、难点

重点：变压器工作原理及工作规律。

难点：探究变压器原、副线圈电压与匝数的关系。

## 四、教学准备

(1) 可拆式变压器、学生电源、开关、小灯泡、导线、多用电表(根据学习小组数目配置)。

(2) 多媒体课件。

## 五、教学流程图

新课引入、激发兴趣—观察设备、新知初探—提出问题、实验探究—构建模型、强调条件—理论验证、突出重点—新知拓展、思维提升—课堂小结、布置作业。

## 六、教学过程

新课引入：你知道电动车电瓶额定电压是多少伏吗？住校生在宿舍使用的台灯的工作电压是多少伏？部分用手机的同学，你关注过手机电池上的工作电压和充电电压是多少伏吗？而家用照明电路的电压是多少伏呢？

大家会发现，它们的电压都不是 220V，有的比 220V 要小得多，但是对它们充电时，都是在 220V 的电压下完成的，超出了额定电压，难道不会烧坏这些用电器吗？

本节课，我们一起来探究其中的原理和奥秘！

**活动一：知道变压器的构造并理解它的工作原理**

(1) 对照变压器实物，认识它的构造，完成图 3-46。

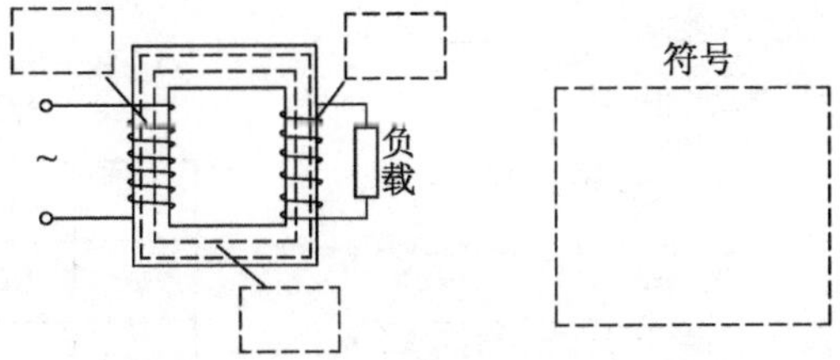


图 3-46

(2) 如图 3-47 所示，把变压器的一个线圈连到交流电源的两端，另一个线圈连到小灯泡上。小灯泡能发光吗？说出你的道理。

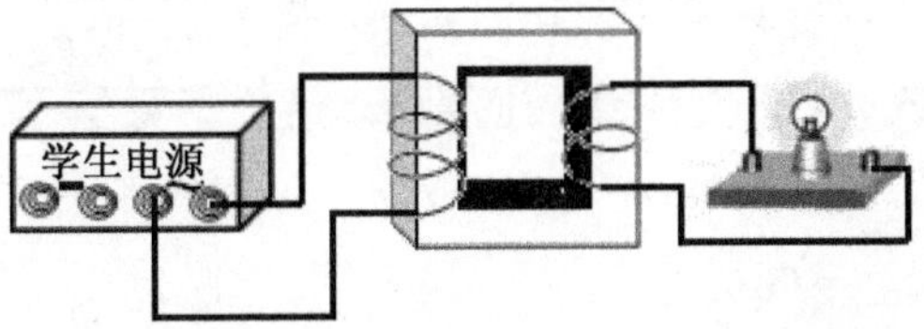


图 3-47

问题 1-1　在刚才的操作过程中，学生电源的电压和小灯泡的工作电压相等吗？

问题 1-2　如果接在直流电源上，小灯泡会发光吗？

问题 1-3　在接交流电源时小灯泡发光的原因是什么？

设计意图：

通过让学生观察变压器的构造和动手连接变压器的工作电路，既使学生的注意力很快集中到所学习的内容上，又使学生产生浓厚的学习兴趣和求知欲，引起学生积极的思维活动。

(3) 要求学生观察变压器，总结得出变压器的结构，在这个过程中教师适时补充与完善。

(4) 让学生连接电路时要注意安全，电源要处于关闭状态，不经老师允许不许通电。

(5) 在学生说出自己的猜想结果后再要求学生通电验证结论。

(6) 在小灯泡发光后立即追问："大家发现原、副线圈没有直接用导线相连，为何小灯泡会发光呢？"让学生回顾电磁感应知识。

过渡衔接：根据电磁感应的知识，我们明白了变压器的工作原理，接下来，我们来探究变压器原、副线圈上的电压关系。

**活动二：探究变压器原、副线圈两端的电压与匝数的关系**

猜想：原、副线圈的电压与什么因素有关？

实验仪器：学生电源(低压交流 12V)，可拆变压器、交流电压表(量程 10V)。

小组合作讨论，探究实验设计的方案。

步骤 1：保持原线圈电压 $U_1$ 和匝数 $n_1$ 不变，改变副线圈匝数 $n_2$，研究副线圈匝数 $n_2$ 对电压 $U_2$ 的影响。

| | 1 | 2 | 3 |
|---|---|---|---|
| $n_2$ | 200 | 600 | 800 |
| $U_2$/V | | | |

若取 $U_1=4V$，$n_1=400$。

分析数据、归纳结论：________________。

步骤 2：保持原线圈电压 $U_1$ 和匝数 $n_2$ 不变，改变原线圈匝数 $n_1$，研究原线圈匝数 $n_1$ 对电压 $U_2$ 的影响。

| | 1 | 2 | 3 |
|---|---|---|---|
| $n_1$ | 100 | 300 | 400 |
| $U_2$/V | | | |

若取 $U_1=4V$，$n_2=600$。

分析数据、归纳结论：________________________。

设计意图：让学生自己亲手做实验得出数据，展示本组的实验过程、数据分析的方法及结论，这样不仅提高了学生的科学探究意识和能力，培养了相互合作的团队精神，享受到了成功的喜悦，而且增强了学习物理的兴趣，活跃了课堂气氛。

过渡衔接：通过实验，我们得出了变压器原、副线圈两端的电压与匝数的关系式。当然，各组由数据得出的结果与结论并不是完全吻合，为什么会出现这样的情况呢？同学们可能会认为是误差的存在，那么，如果有误差，误差会出在何处呢？下面，我们来完成一个实验。

**活动三：建立理想变压器模型**

演示：如图 3-48 所示，使可拆变压器的铁芯由不闭合到闭合，接在副线圈两端的小灯泡亮度从较小到正常发光。

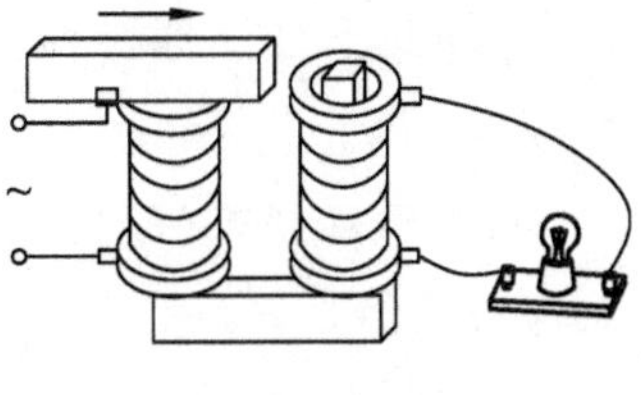

图 3-48

提出问题：小灯泡亮度为什么会逐渐变亮？

学生猜想：________________________

提出问题：用手触摸铁芯和线圈会发现温度升高，为什么？

学生猜想：____________________________________

提出问题：如果没有这样的能量损耗，我们得到的变压器工作效率是多少？这种变压器是否能存在？可以把这种变压器称为什么？

学生回答：________________________________________________

结论：理想变压器应具备的条件是________________________。

设计意图：在教学中，努力让学生明确，理想化是科学研究中一种常用的重要方法。比如：以前学习过的质点模型，匀变速直线运动模型等。现在引导学生弄清楚变压器工作时的各种因素，通过分清主次，并突出主要因素，建立了理想变压器模型，这对于提高学生科学研究的素养是非常重要的。

过渡衔接：建立了理想变压器模型后，我们能否通过理论推导来验证活动二中的实验结论呢？请同学们去寻找解决的方法。

**活动四：根据互感原理推导理想变压器原、副线圈的电压与匝数关系**

如图 3-49 所示为理想变压器的示意图，已知原、副线圈匝数分别为 $n_1$、$n_2$，端电压分别为

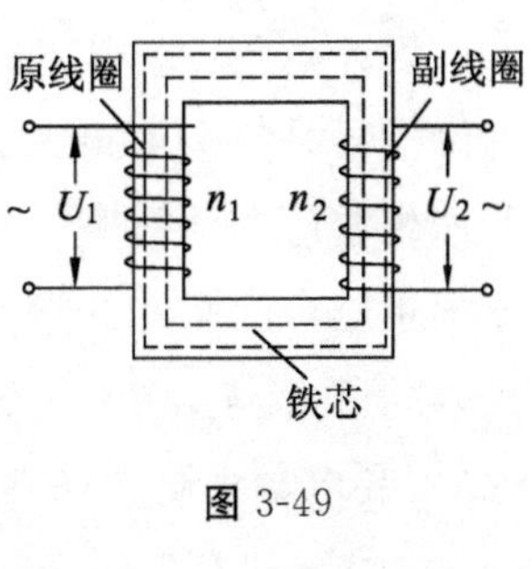


图 3-49

$U_1$、$U_2$。

则：(1) 任一时刻穿过原、副线圈的磁通量 $\varphi_1$ 与 $\varphi_2$ 间及磁通量变化量 $\Delta\varphi_1$ 与 $\Delta\varphi_2$ 间有何关系？

(2) 原、副线圈中的产生感应电动势 $E_1$ 与 $E_2$ 间有何关系？

(3) 原线圈两端电压 $U_1$ 与电动势 $E_1$ 及副线圈两端电压 $U_2$ 与电动势 $E_2$ 有何关系？

理论分析表明：

(1) 原、副线圈的电压之比等于________，即 $U_1:U_2=$________。

(2) 理想变压器原线圈的输入功率 $P_1$ 与副线圈的输出功率 $P_2$ 有什么关系？

(3) 若理想变压器只有一个副线圈，则原线圈中的电流 $I_1$ 与 $I_2$ 有什么关系？

若副线圈的电压高于原线圈的电压，这样的变压器叫升压变压器。反之叫降压变压器。在绕制升压器原、副线圈时，副线圈导线应比原线圈导线粗一些好还是细一些好？

**【例 1】** 一个正常工作的理想变压器的原、副线圈中，下列物理量不一定相等的是(　　)。

A. 交流的频率　　B. 电流的有效值

C. 电功率　　D. 磁通量变化率

**【例 2】** 一台理想变压器，其原线圈 2200 匝，副线圈 440 匝，并接一个 1000Ω 的负载电阻。

(1) 当原线圈接在 44V 直流电源上时，电压表示数为________ V，电流表示数为________ A。

(2) 当原线圈接在 220V 交流电源上时，电压表示数为________ V，电流表示数为_______ A。此时输入功率为_______ W，变压器效率为_______。

设计意图：在学生抓住穿过原、副线圈的磁通量始终相等的情况下，进行理论推导是完全可行的。为防止学生知识储备欠缺，这里需要做适当提示，即理想变压器原线圈两端的电压与原线圈产生的电动势是相等的，在此基础上学生结合已有的知识可以顺利地推出原、副线圈两端电压与线圈匝数的关系，达到理论与实践的统一，为实验结论的可信度增加了筹码。在推导出结论后，要求学生结合功率关系推导出原、副线圈上电流与线圈匝数的关系，然后通过练习对知识加以巩固。对基础较好的学生,应进一步推导多个副线圈情况下的功率关系、电压关系和电流关系。

过渡衔接:除了我们所见到的充电设施以及在街口可见的大变压器外,变压器还有哪些用途呢?

**活动五　变压器的应用与延伸——阅读课本43页“科学漫步”,动手设计点读机使用的充电器,工作电压为直流6V**

学生汇报。

设计意图:因为复读机的电压为直流电,这样会使许多学生在设计时无从下手或直接忽略“直流”这个要求。让学生接受挫折是必要的。可以使他们从中总结经验教训,不断改进实验,发挥创造性。这样设计为那些潜能生提供了必要的发展空间。

## 七、板书设计

### 变压器

一、理想变压器

1. 原、副线圈上没有电阻
2. 无磁通量漏失
3. 铁芯不发热

二、理想变压器原、副线圈中的比例关系

1. 功率关系:$P_1=P_2$　　$P_2$决定$P_1$
2. 电压与匝数的关系:$\frac{U_1}{U_2}=\frac{n_1}{n_2}$　$U_1$决定$U_2$
3. 电流与匝数的关系:$\frac{I_1}{I_2}=\frac{n_2}{n_1}$　$I_2$决定$I_1$

## 八、作业布置

(1) 收集身边的变压器,拆开后观察它的构造。

(2) 完成课本第44页的问题和练习。

## 九、教学设计评析

本教学设计以学生为中心,重视创新精神与实践能力的培养。按照学生的学来设计和组织教师的教。摈弃了灌输式的教学模式,实行自学互探教学模式,实验操作与理论分析密切联系,体现了在教学中学生的主体地位。教学结构清晰,重点突出,目标明确,教材分析和学情分析准确明了。教学环节设置合理，教师的教与学生的学都有恰当的安排。

教学策略选择适当，运用灵活。三种教学组织形式，集体授课、个别化学习和小组学习都得以充分地运用。教学顺序的安排符合从整体到部分、由一般到个别、从已知到未知的规律，同时充分注意了学习内容之间的横向联系，使学生学习的知识不再片面化，而能前后联系，融会贯通。

设计亮点：探究变压器原、副线圈两端电压和匝数关系时让学生分组实验，可以让动手能力不同的学生在一起协作交流，互相帮助。同时，让学生从实验中深刻体验变压器的工作原理，改变了平铺直叙的枯噪，说服力差，学生理解不透彻的弊病。当然在组织分组实验时，可以采用小组竞赛的形式进行，这样能增强竞争意识、集体意识，提高参与的积极性。对于设计应用于直流电的变压器的活动，应针对不同学生加以选择使用。

（由刘洵老师提供）

# 第四章　同课异构的教学设计

## 第一节　弹力

### 教学设计(1)

**一、教学设计思路**

本节课是一节概念课,学生有很多生活经验可以借鉴。在本节课的设计上,按照学生的思维发展过程开展,先借助器材和图片唤醒学生在初中阶段学习过的有关形变的概念,接着通过简单试验得出弹力的概念以及产生的条件,这时学生往往会碰到困难,在实际问题处理的过程中,并没有明显形变,适时引入微小形变的概念,进而用放大法分析弹力的方向,形成一个统一的整体。

**二、教学目标**

(1) 了解形变的概念及形变的分类。

(2) 通过具体实例,归纳弹力产生的条件,体会从现象中寻找联系并总结出规律的科学方法。

(3) 通过体验微小形变的存在,能用“放大”的实验方法观察微小形变的实验思想。

(4) 通过对弹力与形变量关系的探究,能够重视物理实验,了解用探究的方法研究物理问题。

**三、教学重点、难点**

重点:

(1) 弹力的产生条件。

(2) 弹力的方向及弹簧弹力大小与形变量的关系。

难点:弹力的方向、图像法处理实验数据。

**四、教学准备**

(1) 多媒体课件。

(2) 橡皮筋、橡皮泥、弹簧、弹簧片、海绵、玻璃瓶、激光笔、铁架台、刻度尺、砝码、手机。

五、教学流程图

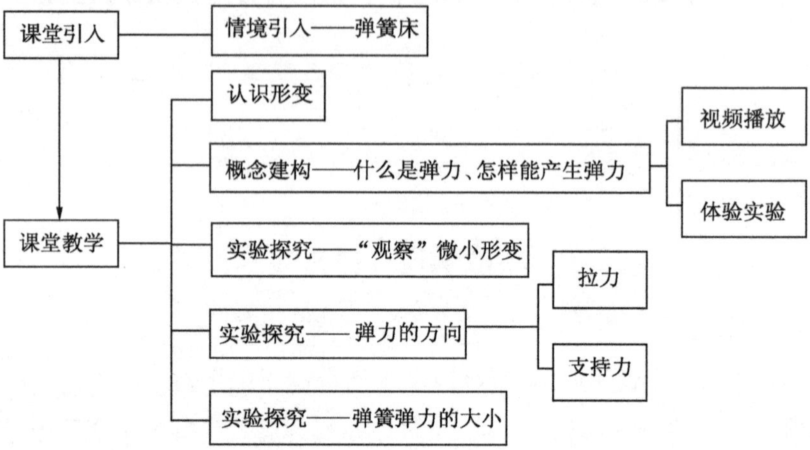


六、教学过程

**(一) 课堂引入**

*活动一：创设情境，引入新课*

情境创设：有些同学总是迟到，家长解释说："我家的起床特别困难，从5点叫到6点半还不起床，把他的被子都掀了他翻个身还接着睡。"但是，如果你家有了这张床，妈妈们就再也不用担心你不起床了。

观看视频——弹簧床。(添加二维码，扫描后上网观看)

衔接过渡：有的同学一定迫切需要这样一张床，不过我们学完今天的知识也许你也能做一张这样的弹簧床，就让我们一起研究生活中无处不在的弹力。

设计意图：创设情境，激发兴趣，引入课题。

**(二) 课堂教学**

*活动二：认识形变*

学生实验：用提供的弹簧、弹簧片、橡皮筋把橡皮泥弹起来。

播放视频：把箭射出去，要先拉弓；撑杆跳时杆要先弯曲。

问题：形变的物体都能产生弹力吗？演示把橡皮泥压缩不能把物体弹出去。

设计意图：通过对现象的归纳和总结，能体验探索自然规律的过程。知道什么是形变，以及根据实验指导形变的分类，知道要想产生弹力必须发生形变。

**活动三：建构概念——什么是弹力、怎样能产生弹力**

学生实验：拿出弹簧，压一压，感受弹力的作用。

问题 3-1：观察并思考，形变的弹簧为什么能产生弹力呢？

设计意图：通过对简单实验分析并在教师引导下得出弹力的定义。

问题 3-2：请根据定义总结弹力产生的条件。

设计意图：引导学生能从理论中提炼出关键词。

**活动四：实验探究——"观察"微小形变**

问题 4-1：根据弹力条件判断用手压桌面，桌面对手的支持力是弹力吗？

演示实验：激光笔发出的光通过反光球反射，利用光放大观察桌面的形变。

学生实验：学生分组实验，体验玻璃瓶的微小形变，挤压玻璃瓶的不同位置，液面既可以上升也可以下降，以使学生确信微小形变的存在。

设计意图：通过实验确信微小形变的存在，体验"放大"的实验方法及实验思想。

过渡衔接：再坚硬的物体在力的作用下也能发生形变，推、拉、挤、压都是弹力。

弹力是矢量，既有大小又有方向，我们从这两方面来研究它。

**活动五：实验探究——弹力的方向**

演示实验：

(1) 绳子对小球的拉力→橡皮筋对小球的拉力(图 4-1)。

| | |
|---|---|
| 橡皮筋形变方向(填"拉伸"或"收缩") | |
| 恢复形变趋势方向(填"拉伸"或"收缩") | |
| 对接触物的弹力方向(填"拉伸"或"收缩") | |

图 4-1

(2) 桌面对砝码的支持力→海绵对砝码的支持力(图 4-2)。

| | |
|---|---|
| 海绵形变方向 | |
| 恢复形变趋势方向 | |
| 对接触物的弹力方向 | |

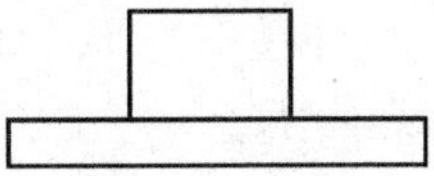

图 4-2

问题：根据表格分析弹力的方向有什么规律？

设计意图：通过实验观察形变方向，并根据表格总结弹力方向的规律，使学生易于接受，突破难点。

课堂评价设计 1：画出图 4-3 中木块 A 受到的弹力。

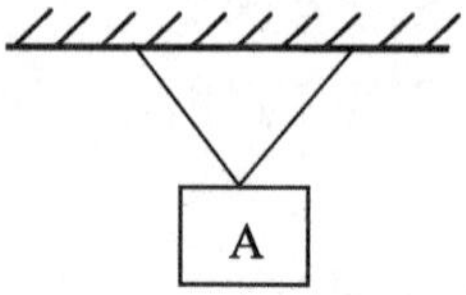

图 4-3

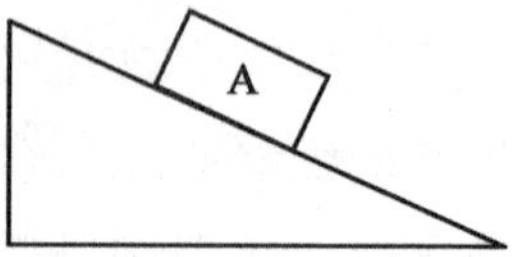

图 4-4

课堂评价设计 2：观察并思考绳的拉力方向有什么样的特点？图 4-4 中木块 A 所受的支持力、压力方向有什么特点？

设计意图：训练学生通过案例分析，掌握由个别到一般的归纳总结方法。

**活动六：实验探究——弹簧弹力的大小**

问题 6-1：提供一个拉力器，能否比较两个人的力气大小。

实验探究：弹力与形变量存在的定量关系。

设计意图：根据生活经验得出弹力大小与形变量的关系，培养他们将理论和实践相联系的理念。

问题 6-2：在开始实验之前，请大家根据以下问题讨论实验方案。

(1) 实验需要测量的物理量有哪些？

(2) 上述物理量分别如何测量？需要哪些器材？

(3) 你打算如何处理数据？

学生实验：

| | | | | | |
|---|---|---|---|---|---|
| 弹簧弹力 $F$/N | | | | | |
| 弹簧伸长量 $x$/cm | | | | | |

设计意图：通过弹力大小与形变量关系的实验探究，掌握探究实验的过程。体验用图像法处理数据，得出实验结论，培养学生尊重数据实事求是的严谨态度。

问题 6-3：计算图像中的斜率 $k$，比较各组计算结果是否相同，请推测不同的原因。

设计意图：通过分析问题知道弹簧劲度系数的影响因素。

课堂评价设计 3：下列说法正确的是(　　)。

A. 木块放到桌面上受向上的弹力，是由于木块发生微小形变产生的

B. 用一根竹竿拨动水中的木头，木头受到竹竿的弹力，是由于木头发生形变产生的

C. 绳对物体的拉力方向总是沿着绳而指向绳收缩的方向

D. 挂在电线下的电灯受到向上的拉力，是因为电线发生微小形变产生的

课堂评价设计 4：一根弹簧在弹性限度内，对其施加 30N 的拉力时，其长度为 20cm；对其施加 30N 的压力时，其长度为 14cm，求该弹簧的自然长度及劲度系数。若撤去外力，弹簧的劲度系数又为多少？

设计意图：通过巩固练习加深学生对于知识的理解与运用。

## 七、作业布置

(1) 观察或查阅弹簧的类型及其作用。

(2) 制作一个简易的弹簧测力计。

## 八、板书设计

一、形变

1. 弹性形变

2. 范性形变

二、弹力

1. 弹力的定义：

2. 弹力的产生条件：

(1) 接触；(2) 弹性形变。

3. 弹力的方向：总是与物体形变的方向相反，跟物体恢复形变趋势的方向一致。

4. 弹力的大小：

胡克定律：在弹性限度内，弹簧弹力与形变成正比。

表达式：$F=kx$　$k$——劲度系数 单位：N/m

## 九、教学反思

### (一) 三维目标达成

总体感觉这节课的三维目标能够基本达成，充分发挥了学生的主体地位，学生能够进行自主学习、对知识进行主动探究。遗憾的地方是：为了给学生留下充分的活动时间，未能针对胡克定律进行相应的巩固练习。

### （二）教学方法

教学有法，但无定法，教师事先预设的教法，只能作为备案，走进课堂，教师面对的是一个个鲜活的生命体，不能无视学生所呈现的生命信息去选择教法。在画弹力方向的示意图时，我预想有同学会把作用点画在重心上，所以当我问，有没有不同的画法时，一位同学举手，我心中窃喜一切按我的预设发展，可是他的示意图是没有注意题目要求“画出木块A所受的弹力”，而是同时画出了木块和斜面的弹力，让我意识到很多同学在画图时会出现搞不清受力物体的情况，于是将他出现的问题给予了强调。一位老教师曾告诉我，不要总想着设计好课堂的每一句话，课堂的一些意外情况的处理也许就是这节课的精彩之出。所以以后还要努力提高自己的课堂应变能力。

### （三）课堂的惊喜

在学生用玻璃瓶体验微小形变时，预想他们看到的都是液面上升，本想抛出问题“液面的上升是不是热胀冷缩的原因”，没想到一个学生举手说他观察到液面的下降了，并给大家演示了他的挤压方式，于是我准备的问题就没有问，但是这位同学的回答确实让我倍感惊喜。

（由申庭庭老师提供）

## 教学设计(2)

### 一、教学设计思路

本节课对应的教材中的文字叙述简洁、插图生动形象、内容直观感性，较易为学生接受，加上学生在初中时对弹力已有了一定的感性认识与理论基础，因此将弹力这节课设计成教师创设情景，提供平台让学生动手、动脑，并能提出问题、解决问题。在教师的引导下，通过全班同学的讨论、自评和互评来不断完善认知结构。教师在教学中通过具体的实例、实验，激发学生的求知欲，学生主动参与、探究，成为学习的主体。

本教学设计特别强调对实验的挖掘。通过“弯弓射箭”游戏引入新课，激发学生学习的兴趣。通过教学中若干个演示实验的设计，学生感悟科学的探究方法和树立创新的意识。尤其在研究弹力的方向总跟接触面垂直时，学生手掌轻推肥皂泡，观察肥皂泡离开手的较短距离内运动方向与手掌平面存在的关系，形成弹力方向的感性认识。在师生、生生互动和探究的过程中，形成合作精神，体验成功的喜悦，使原本平淡的课堂教学变得充实、饱满、有声有色。

二、教学目标

(1) 知道常见的形变,通过实验了解物体的弹性。

(2) 知道弹力产生的原因和条件。

(3) 知道压力、支持力和绳的拉力都是弹力,会分析弹力的方向,能正确画出弹力的示意图。

(4) 知道实验数据处理中常用的方法,尝试使用图像法进行数据处理。

(5) 通过实验探究弹力和弹簧形变量的关系,理解胡克定律,了解科学研究方法。

三、教学重点、难点

重点:弹力的概念、产生条件和弹力方向的判断。

难点:自主设计实验探索弹簧的弹力与伸长量的关系及实验操作。

四、教学流程图

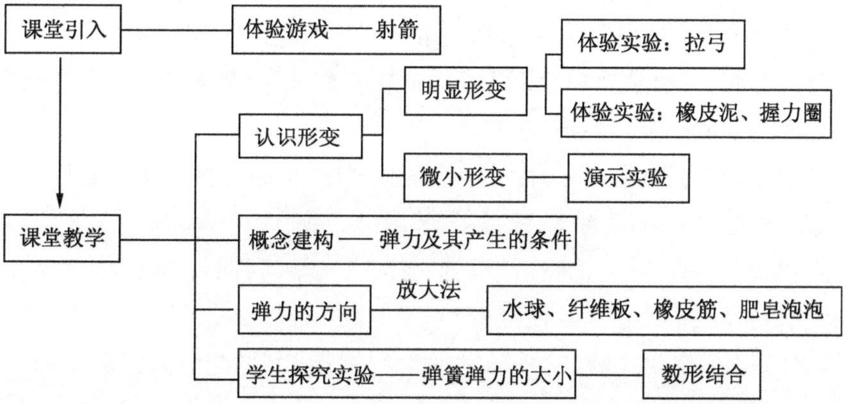


五、教学准备

(1) 多媒体课件。

(2) 实验器材:弓箭、橡皮泥、握力圈、弹簧、激光光源、平面镜(两套)及支架、薄板、水球、橡皮筋、肥皂泡、演示胡克定律用的刻度尺、弹簧、钩码等。

六、教学过程

**(一) 课堂引入**

活动一:体验游戏——射箭

问题:使箭飞出的力是什么力?它是怎样产生的?大小、方向又如何?

设计意图：利用游戏激发兴趣，引发思考。

### (二) 课堂教学

*活动二：学生实验——认识形变*

演示实验：拉伸“弓”的弹性绳，我们能明显地观察到弹性绳在拉力作用下发生了什么现象。

设计意图：引入形变，一起走进形变的世界。

体验实验：橡皮泥、握力圈。

设计意图：

(1) 学生亲身体验形变，知道什么是形变。

(2) 分析比较这两种形变的不同之处。

图片展示：结合日常生活中的一些形变实例，让学生辨别它们分别属于哪一类形变。

演示实验：用较小的力拉弹簧。

问题 2-1：弹簧的形变永远是弹性形变吗？

设计意图：根据自身生活经验及常识，说出弹簧在一定的力作用下也能成为范性形变，并由学生自己动手展示，从而引入弹性限度。强调任何发生弹性形变的物体都有弹性限度。

学生活动：手指压桌面，看见手指发生形变，肉眼无法观察桌面形变。

演示实验：平面镜、激光笔、桌子，如图 4-5 所示。

问题 2-2：由这套装置能否判断桌面形变？如何判断？判断依据是什么？可否判断是弹性形变还是范性形变？

设计意图：提供实验装置，激发学生的求知欲，先让他们积极动脑思考，再由某个同学亲自体验，验证所想。体会微小量放大的实验思想，感受学习物理的乐趣，增加积极性和信心，进一步体会自然科学的乐趣，领悟科学探究的真谛。

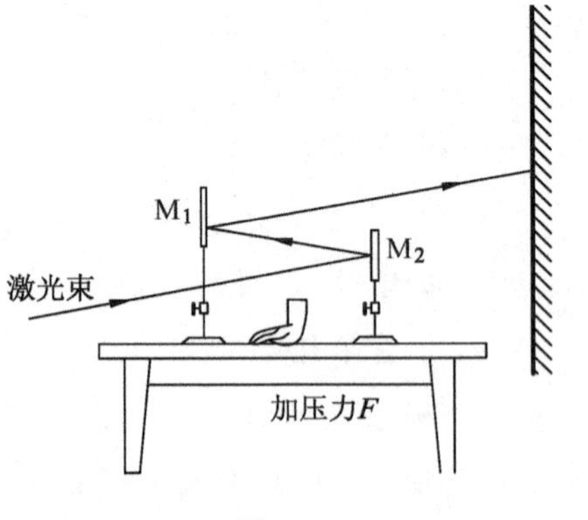


图 4-5

过渡衔接：生活中许多微小形变肉眼看不到，可以通过一些巧妙设计，通过放大的思想演示“微小形变”，这是物理学中常采用的方法。

**活动三：概念建构——弹力及其产生的条件**

学生活动：利用握力圈做做手部运动，体验握紧时握力圈对手的感觉。

问题：分析以下三种情况下手与握力圈之间有没有弹力。

(1) 手远离握力圈。

(2) 手恰与握力圈接触。

(3) 手握紧握力圈。

设计意图：引导学生分析握力圈对手的力是如何产生的。通过问题引导分析总结弹力产生的条件。

过渡衔接：研究一个力主要研究它的三要素，即大小、方向、作用点，弹力的方向如何？

**活动四：实验探究——弹力的方向**

演示实验：

(1) 书本与桌面间相互挤压(为放大形变，用水球与纤维板分别代替书本和桌面)。

(2) 悬挂的细绳拉钩码(为放大形变，用橡皮筋代替绳)。

学生活动：根据辅助实验，将实验结果填入下列表格。

| 内容 | 施力物体 | 施力物体发生形变的方向 | 施力物体恢复形变的方向 | 弹力方向 |
|---|---|---|---|---|
| 桌面对书本的支持力 | | | | |
| 书本对桌面的压力 | | | | |
| 绳对钩码的拉力 | | | | |

小组交流讨论：(1) 完善表格内容。(2) 由表格分析、归纳弹力的方向。

设计意图：让学生真切地感受到书、桌面、绳的形变情况，利用表格，小组讨论交流，自行分析总结，易于理解。

过渡衔接：绳只能被拉伸，不能被压缩，所以绳要恢复形变总是沿着绳的方向，在“弹力的方向总是与施力物体恢复形变的方向相同”的基础上，可以将绳拉力方向描述得更直观些，即绳的拉力方向沿着绳，指向绳收缩的方向。

压力和支持力方向也是与施力物体恢复形变的方向相同，但该结论用于解决实际问题时，比较困难，因为生活中大多形变是微小形变，肉眼难以观测。能否将压力和支持力方向也描述得更直观些？

演示实验：戴上手套，在空中向各方向弹出肥皂泡，观察肥皂泡离手的短距离内，运动方向是否垂直于手掌平面，如图 4-6 所示。

图 4-6

多媒体展示：视频慢拍，将泡泡离开手掌短距离内几幅图片定格，合成一张图，直观观察泡泡的运动方向垂直于手掌平面。

设计意图：压力支持力方向垂直于接触面的结论，较为抽象，现实实验难以操作，学生只能被动接受，通过弹泡泡游戏体验"垂直"含义，易于理解，增加趣味，激发求知欲，点燃思维火花。

课堂评价设计：应用所学知识，画出研习单上几种弹力的方向。

实物投影：展示学生成果，分析受力物体、作用点、弹力方向，强调规范画图(图 4-7)。

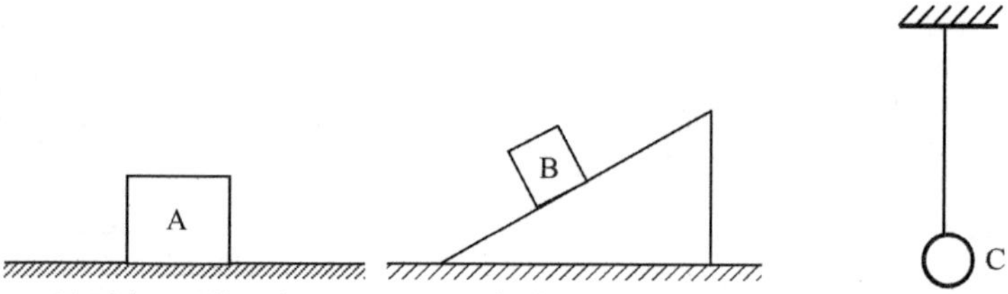

(a) 画桌面受的压力　(b) 画物体B受的支持力　(c) 画物体C受的拉力

图 4-7

*活动五：学生实验探究弹簧弹力大小——胡克定律*

问题 5-1：弹力是由形变引起的，弹力大小与形变有关吗？

学生实验：探究"弹簧的弹力与形变量的关系"。

实验装置：4 个均为 50g 的钩码、刻度尺。

学生活动：(1) 把所测得的数据填在下表中。

| 序号 | 1 | 2 | 3 | 4 | 5 |
|---|---|---|---|---|---|
| 钩码个数 | | | | | |
| 弹簧弹力 $F$/N | | | | | |
| 弹簧形变量 $x$/cm | | | | | |

(2) 以 $F$ 为纵轴，$x$ 为横轴建立坐标系，根据表中的数据，在图的坐标纸上描点，画出 $F$-$x$ 图像。

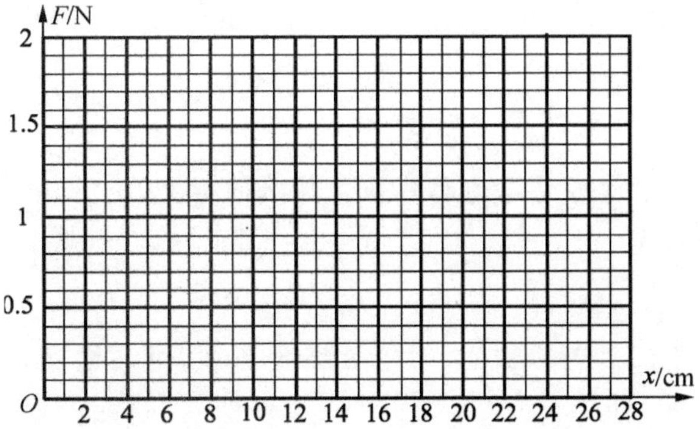


问题 5-2：通过实验得出弹簧的弹力与弹簧的形变量之间有怎样的关系？

设计意图：弹力知识学生在初中时已有一定的基础，本实验难度不大，易于操作，教时可适当放手，让学生自行思考探索，怎样测量弹力、形变量，数据记录后，如何利用图像处理，根据图像可以得到什么结论。让学生通过随堂实验和亲身经历的探究性实验，在经历体验中，提高合作学习的意识和能力。

数据分析：请几个实验小组派代表上讲台，实物投影展示实验结果，并对实验探究情况进行交流。

问题 5-3：如何获得弹簧弹力，根据什么知识？

问题 5-4：怎么测量弹簧的形变量？

问题 5-5：如何处理实验数据？

问题 5-6：由画出的图线是过原点的直线可得到什么结论？

问题 5-7：有些小组画的图线不过原点，原因何在？哪种图得出的 $F$-$x$ 关系更简洁？

问题 5-8：由得到的结论，函数关系式怎么表示？

问题 5-9：几个实验小组画出的图线斜率为何不一样？$k$ 值由什么决定？

设计意图：总结得出胡克定律，知道弹簧的劲度系数的影响因素。

**七、作业布置**

(1) 多媒体展示：订书机、自动伞、摩托车中的弹簧。

其实现实生活中与弹簧有关的物件很多，课后同学们可以观察、整理，也可以上网查询，结合本节课所学的知识，把弹簧具体应用的科学道理解释清楚，写一份调研报告。

(2) 调研报告：生活中的弹簧。

(3) 实验探究：橡皮筋的弹力和形变量的关系。

八、板书设计

弹　力

一、形变

1. 弹性形变：撤去作用力时能恢复原状的形变

2. 微小量放大

二、弹力

1. 概念：发生形变的物体，由于要恢复原状，对与它接触的物体会产生力的作用

2. 产生条件：接触且发生形变

3. 方向：与施力物体恢复形变方向相反

绳拉力的方向：沿绳收缩指向受力物体

压力和支持力方向：垂直于接触面，指向受力物体

三、胡克定律

弹性限度内，弹簧弹力的大小跟弹簧形变量成正比。

$$F=kx$$

$k$ 是劲度系数，国际制单位：N/m

九、教学设计评析

本节课除了让学生获得物理知识以外，更重要的是激发他们学习的兴趣，学会独立思考、自主学习，逐渐形成开放性、创造性思维。

课堂上笔者注重发挥教师的主导作用，以学生为主体，尽可能地创设情景，提供平台让学生动手、动脑，并能提出问题、解决问题。在笔者的引导下，通过全班同学的讨论，自评和互评来不断完善认知结构。在教学中通过具体的实例、实验激发学生的求知欲，让学生主动参与、探究。通过“弯弓射箭”的游戏引入新课；学生借助握力圈、橡皮泥亲自体验形变，了解形变的分类；在讲微小形变时，提供实验装置，他们积极动脑思考：由这装置如何判断板面的形变，再由某个同学亲自体验，验证所想。体会微小量放大的实验思想，感受学习物理的乐趣，增加积极性和信心。

弹力的方向是本节课的难点，尤其在研究支持力、压力的方向总跟接触面垂直时，该结论较为抽象，现实实验难以操作，常规教学中，学生只能被动接受。在这个问题的设计上通过弹泡泡游戏，学生手掌轻推肥皂泡，观察肥皂泡离开手的较短距离内运动方向与手掌平面存在的关系，形成弹力方向的感性认识，从而体验

“垂直”含义。这样易于理解，增加趣味，激发求知欲，点燃思维火花。

在探究弹簧弹力和形变量的定量关系时，设计了开放性实验。因为弹力知识学生在初中时已有一定基础，本实验难度不大，易于操作，让学生自行思考探索，怎样测量弹力、形变量，数据记录后，如何利用图像处理，根据图像可以得到什么结论。让学生通过随堂实验和亲身经历的探究性实验，在经历体验中，提高合作学习的意识和能力。整堂课在师生、生生互动和探究的过程中，培养学生的合作精神，丰富学生的成功体验，使原本平淡的课堂教学变得充实、饱满、有声有色。

（由钱爱清老师提供）

## 相关案例链接：“弹力”概念教学

第一步：从认识“形变”的事实开始（教师呈现一组在“形变”的事实）。

(1) 弹簧的形变——明显的拉伸与压缩形变（为进一步学习胡克定律做准备）。

(2) 卷钢尺的形变——明显的弯曲形变。

(3) 桌面的形变——微小的弯曲形变。

(4) 细软线的形变——微小的拉伸形变。

(5) 钢丝的形变——微小的扭转形变。

(6) 足球的形变——能完全恢复原状的形变。

(7) 橡皮泥的形变——不能恢复原状的形变。

第二步：给“形变”下定义，并将“形变”进行分类（小组讨论）。

大体从以下三个角度进行分类：

(1) 按发生形变的力的效果分。

拉伸形变、压缩形变、弯曲形变、扭转形变。

(2) 从形变的明显程度分。

明显形变、微小形变。

(3) 从发生形变后能否自动恢复原样分。

弹性形变、塑性形变。

第三步：引入子概念——给“弹性形变”下定义。

进一步介绍“弹性限度”。

第四步：利用“弹性限度”给“弹力”下定义。

发生弹性形变的物体，由于要恢复原状，对跟它接触的物体产生力的作用,这种力叫做弹力。

第五步:对弹力概念的理解。

(1) 在"力"和"弹力"这两个概念中,"力"是属概念(或上位概念),"弹力"是种概念(或下位概念)。

(2) 从定义中找出修饰词,归纳出弹力产生的两个条件:直接接触;发生弹性形变。

(3) 引导学生列举接触而无弹力的实例,强化对弹力产生条件的理解。

第六步:课题研究——显示微小形变的方法。

指导学生设计多种方案来显示微小形变。

## 第二节 摩擦力

### 教学设计(1)

#### 一、教学设计思路

建构主义认为,物理概念的学习是由学生根据已有认知主动建构自己知识经验的过程。根据教材分析和学情分析,笔者计划分两课时进行,第一课时以探究摩擦力特点为主,第二课时以摩擦力在生产生活中的应用为主。本节课是第一课时,按"一构建三探究"(即以"构建摩擦力的概念→探究摩擦力的产生条件、方向和大小"为主线)组织教学,利用学生在初中学习的基础上,从两种摩擦力的区别与联系出发,通过游戏激趣、猜想验证、分组实验、自主探究、合作交流、归纳提升等过程,从学生的认知规律出发,通过对各种情景和资源的设计支撑学生的建构活动,帮助学生理清摩擦力概念的知识脉络和内在联系,实现学生对摩擦力规律的深层理解和建构。鼓励学生在问题中思考,在活动中体会知识的发现过程,在概念规律的建立中掌握科学的方法,在合作中感受团队精神、体验科学探究与发现的成就感。

#### 二、教学目标

(1) 通过生活实例的观察,知道摩擦力的概念及产生的条件,会判断滑动摩擦力和静摩擦力的方向。

(2) 通过小组合作、组间交流,探究静摩擦力的大小规律,知道最大静摩擦力,并在探究过程中提高解决问题的能力。

(3) 通过实验探究滑动摩擦力的大小规律,知道滑动摩擦力大小计算公式，并在探究过程中体会控制变量法研究问题的方法。

(4) 通过学生参与实验探究、问题思考和游戏互动等主体活动，认真思考，积极动手，形成严谨细致的科学态度和科学精神。

### 三、教学重点、难点

重点：

(1) 认识摩擦力的产生条件及其方向，理解“阻碍”“相对静止”“相对运动(或相对运动趋势)”等词语的准确含义。

(2) 实验探究摩擦力大小遵循的规律，理解最大静摩擦力的概念，知道滑动摩擦力大小的计算公式。

难点：

(1) 摩擦力的产生条件中“接触面粗糙、挤压”的理解。

(2) 摩擦力的方向与运动方向、相对运动(或相对运动趋势)方向的关系。

(3) 静摩擦力随外力变化特点及最大静摩擦力的概念。

### 四、教学准备

(1) 多媒体课件。

(2) 自制摩擦力教具，小木块、长木板、砝码、弹簧测力计等。

### 五、教学流程图

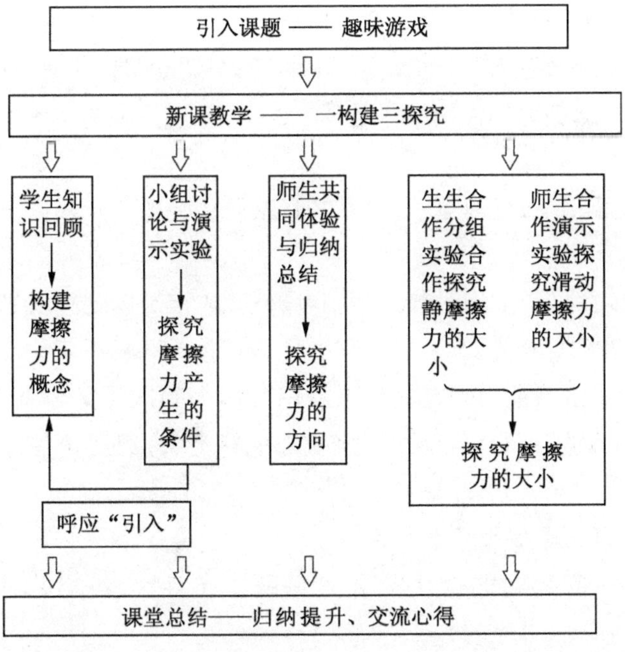

## 六、教学过程

### (一) 课堂引入

**活动一：引入新课——趣味游戏实验**

筷子夹球比赛：两位同学比赛用筷子竖直方向夹出玻璃球，如图 4-8 所示。

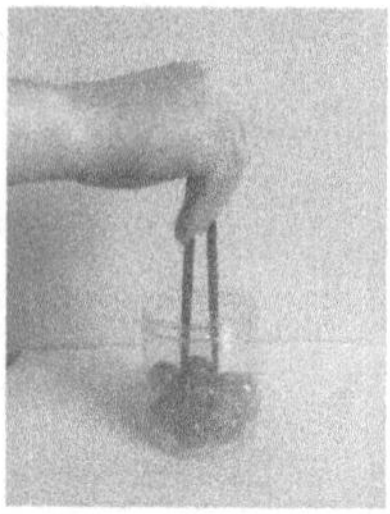

图 4-8

设计意图：筷子夹球实验取材容易，操作简单，现象明显。通过创设趣味学习情境，激发学生学习的兴趣和强烈的求知欲望，能积极主动投入本节内容的学习，体现从生活走向物理的教学观念。

### (二) 课堂教学

**活动二：构建摩擦力的概念**

问题 2-1：请大家回顾一下初中时对摩擦力的定义。

设计意图：由初中所学的摩擦力的概念构建静摩擦力和滑动摩擦力的概念。

问题 2-2：玻璃球被竖直夹起的过程中，受到的是哪种摩擦力？小球是静止的吗？受到静摩擦力的物体一定是静止的吗？

问题 2-3：擦黑板过程中，黑板受到的是哪种摩擦力？黑板是运动的吗？受到滑动摩擦力的物体一定是运动的吗？

问题 2-4：静摩擦力、滑动摩擦力中的“静”和“动”是“相对”什么而言的？

问题 2-5：摩擦力的作用效果是什么？

设计意图：

(1) 温故而知新，复习回顾初中知识，以便更好地在此基础上进行延伸和拓展。

(2) 通过对“阻碍”“相对静止”“相对运动(或相对运动趋势)”等词语的理解，学生能准确把握重点。

衔接过渡：由摩擦力的定义可以看出摩擦力的产生需要具备一些条件，请大家结合前面的分析和生活中对摩擦力的感受，分组讨论静摩擦力的产生条件。

**活动三：探究摩擦力的产生条件**

分组讨论：摩擦力的产生需要具备哪些条件？(小组代表发言，师生归纳)

学生活动：趣味游戏实验。

(1) 筷子夹球。(2) 单手握瓶。

设计意图：

(1) 关联已学知识，通过知识间的联系与区别，对比拓展，深化提升。

(2) 通过展示夹球的两双筷子接触面的差异，呼应引入。

图 4-9

(3) 摩擦力的产生条件中"有挤压(即要有弹力)"问题，比较抽象，学生接受相对困难。为突破此教学难点，笔者设计了"单手握瓶"趣味实验，它具有取材容易，操作简单，现象明显，贴近生活等特点，如图 4-9 所示。

***活动四：探究摩擦力的方向***

体验实验：左手不动，右手压紧左手向上"搓"而不动，如图 4-10 所示。

图 4-10

问题 4-1：此时右手受到哪种摩擦力？

问题 4-2：右手相对左手的运动趋势方向？

问题 4-3：右手所受摩擦力方向？

问题 4-4：摩擦力的作用效果？

问题 4-5：保持上述状态，整体左右移动，上述问题的结果有变化吗？

问题 4-6：左手不动，右手压紧左手向上"搓"而动，又如何？

设计意图：

(1) 让学生通过直观的生活体验，归纳总结得出摩擦力方向与相对运动(趋势)方向的关系。同时通过实例演示，加深学生对物体运动方向与相对运动(趋势)方向的理解。

(2) 关于摩擦力的方向教学，可采用多种方式突破难点。笔者以"人的双手实验"，让每位学生都能亲身体验摩擦力的方向规律，看似无器材，实则感受深。体现物理学科与生活联系紧密的特点，引导学生产生"生活中处处有物理，见物爱思理"的思维。当然下一节课的后续学习应以生活实例分析，完善学生的认知结构，才能完善圆满。

**活动五：探究摩擦力的大小**

分组实验：探究静摩擦力的大小(装置如图 4-11 所示)。

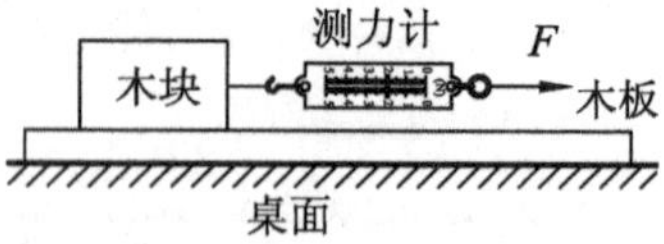


图 4-11

问题：木块未滑动前，静摩擦力的大小与弹簧测力计的示数有何关系？并在表 4-1 中填写好静摩擦力的大小。

学生活动一：观察在木块未滑动前，弹簧测力计示数的变化情况；在表 4-1中记录几组小木块未滑动前弹簧秤的示数。

学生活动二：观察木块相对木板即将发生滑动前后，弹簧测力计示数的变化情况，将弹簧测力计最大的示数记录到表 4-1 中。

**表 4-1**

| 木块相对木板 | 相对静止 | | | | 恰好滑动 | 匀速滑动 | |
|---|---|---|---|---|---|---|---|
| 实验组次 | 1 | 2 | 3 | 4 | 5 | 6 | 7 |
| 水平拉力 $F$/N | | | | | | | |
| 静摩擦力 $F_f$/N | | | | | | | |

学生活动三：如图 4-12 所示，保持木块在木板上匀速滑动，观察弹簧测力计示数的变化情况，并记录两组弹簧测力计的示数。

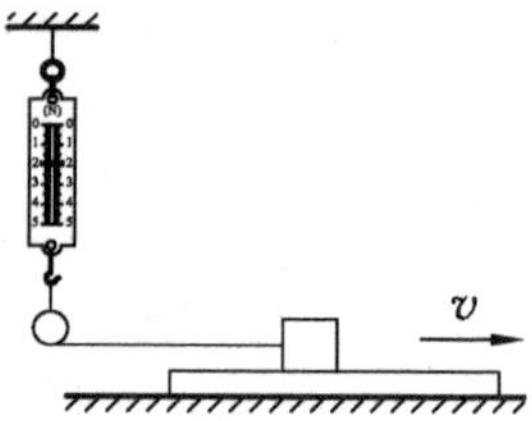


图 4-12

学生活动四：请你根据表 4-1 的数据，画出静摩擦力的大小 $F_f$ 随着水平拉力 $F$ 变化关系的图像。

猜想：影响滑动静摩擦力大小的因素。

实验验证——控制变量法。

(1) 自制教具简介。

(2) 师生合作验证猜想。

(3) 师生合作共同探究滑动静摩擦力大小与正压力的关系，完成学案中的探究任务。

学生活动五：拉动木板，观察弹簧测力计的示数，确定滑动摩擦力的大小，并将正压力和滑动摩擦力的大小记录在表 4-2 中。

学生活动六：通过在木块上增加砝码的个数，改变正压力，观察弹簧测力计的示数，并将正压力和滑动摩擦力的大小记录在表 4-2 中。重复上述步骤，得到多组数据。

**表 4-2**

| 实验组次 | 1 | 2 | 3 | 4 | 5 |
|---|---|---|---|---|---|
| 正压力 $F_N$/N | | | | | |
| 滑动摩擦力 $F_f$/N | | | | | |

设计意图：

(1) 通过学生分组实验，共同体验相对运动趋势程度的“慢化”实验过程，让学生直观感受到静摩擦力的大小在外力作用下的变化规律。突破学生在认识静摩擦力随外力变化特点、最大静摩擦力概念的理解上比较抽象的这一难点。利用实验结果给学生冲击，强调科学严谨，培养学生严谨细致的科学态度和科学精神。

(2) 通过自制教具将学生实验中较难做到匀速拉动木块，转化成拉木板，克服实验中弹簧测力计能否表示滑动摩擦力大小的问题。师生互助合作，共同探究，引导按照学生的认知规律，探索新知识的产生，让学生在体验知识的形成、发展过程中，主动获取知识，加深对新知识的认识。

*活动六：归纳总结*

总结 1：摩擦力的概念，如表 4-3 所示。

**表 4-3**

| | 静摩擦力 | 滑动摩擦力 |
|---|---|---|
| 定义 | 两个相互接触的物体，当它们发生相对运动（趋势）时，就会在接触面上产生阻碍相对运动（趋势）的力，这种力就叫做摩擦力 | |
| 条件 | 1. 直接接触；2. 有挤压；3. 有相对运动（趋势）；4. 接触面粗糙 | |
| 方向 | 沿接触面，与相对运动（趋势）方向相反 | |
| 大小 | 可以变化（$0<F\leqslant F_{max}$），$F_{max}$ 为最大静摩擦力 | $F=\mu F_N$，$\mu$ 是动摩擦因数，与接触面情况有关；$F_N$ 是正压力 |

总结 2：如图 4-13 所示，分组实验中摩擦力与水平拉力的关系。

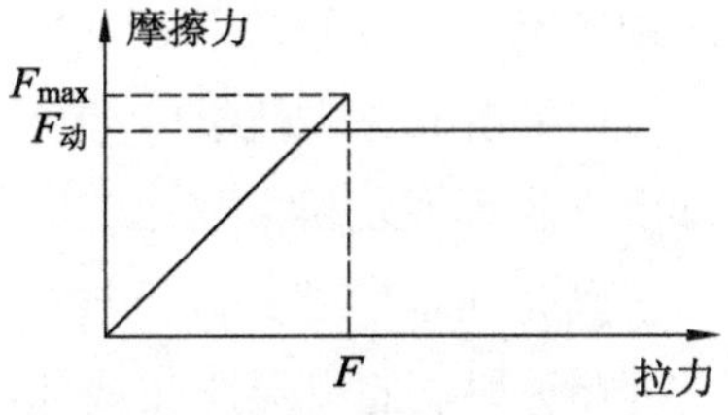

图 4-13

设计意图：通过对摩擦力的学习与归纳，有利于学生整体掌握本节所学内容，完善学生对摩擦力概念的认识，形成完整的认知结构。

## 七、板书设计

摩 擦 力

| | 静摩擦力 | 滑动摩擦力 |
| --- | --- | --- |
| 定义 | | |
| 产生条件 | | |
| 方向 | | |
| 大小 | | |

## 八、教学反思

本节课是摩擦力第一课时，按“一构建三探究”(即以“构建摩擦力的概念→探究摩擦力的产生条件、方向和大小”为主线)组织教学，在学生初中学习的基础上，从两种摩擦力的区别与联系出发，通过游戏激趣、猜想验证、分组实验、自主探究、合作交流、归纳提升等过程，从学生的认知规律出发，通过对各种情景和资源的设计支撑学生的建构活动，帮助学生理清摩擦力概念的知识脉络和内在联系，实现学生对摩擦力规律的深层理解和建构。鼓励学生在问题中思考、在活动中体会知识的发现过程，在概念规律的建立中掌握科学的方法，在合作中感受团队精神，体验科学探究与发现的成就感。

在本节课的教学过程中，基本完成了预定的教学目标：

(1) 本着“以学生发展为本”的教学、设计理念，结合课前对班级整体学习气氛较为沉默情况的了解，设计并很好地实施了两个趣味游戏，激发了学生的学习兴趣和强烈的求知欲望，达到了活跃课堂气氛的目的，学生们都能够积极主动投入本节内容的学习之中。

(2) 遵循物理教学“从生活中来，到生活中去”的思想，通过身边简单器材的选取，很好地启发了学生观察生活、发现生活的意识。

(3) 本节课充分凸显了学生的主体地位和教师的主导地位，凡是学生通过研究能完成的任务，老师绝不代劳，给学生充分的时间进行思考与实践，真正地提高了学生解决问题、分析问题的能力。

(4) 本节课的教学中，灵活运用了观察、实验、分析、归纳等科学方法，有利于学生形成正确的思维方式和科学方法。

同时在本节课的设计与教学过程中，还有一些遗憾值得深思：

(1) 科技的发展应该成为我们教学的新动力，在初始教学设计中 DIS 传感器系统在最终的教学中未能得到体现，一方面是因为与传统实验的重复，另一方面在学生平时学习中没有接触过，在有限的时间内未必能让学生充分领会。

(2) 由于学生探究的过程需要较多的时间进行实验的具体操作，因而滑动摩擦力大小的实验探究过程较少。

（由朱昭营老师提供）

## 教学设计(2)

### 一、教学设计思路

本节课打破以往的教学结构，将摩擦力作为一个整体来逐步研究，而不是分别研究静摩擦力和滑动摩擦力的产生条件、方向和大小，使得学生更全面地从本质上掌握摩擦力的特点。

本节课的教学有三大特点：

(1) 采用“学习即研究”的理念展开教学，让学生通过自己的观察和感受来提出所要研究的问题，并围绕提出的问题，设计实验方案来解决问题。让学习的过程转变为研究的过程，从而实现物理学习的本质。

(2) 采用体验式的学习方法，通过就地取材的物品来进行小实验，看似简单易操作，但却能带给学生最真实的体验，让学生有最直接的感受。

(3) 将知识教育和科学方法教育融于一体，通过实践找规律，让学生通过观察与类比、猜想与假设、实验与归纳、控制变量法、描点作图法等探究物理问题的基本方法，归纳出摩擦力的特点。

本节内容是学生已具有一定初中知识背景下，进一步来理解摩擦力的产生条件，摩擦力方向的判断以及影响摩擦力大小的因素。

### 二、教学目标

(1) 了解摩擦力的概念，知道摩擦力产生的条件。

(2) 能判断摩擦力的方向。

(3) 探究影响滑动摩擦力大小的规律，得到滑动摩擦力的公式。

(4) 比较滑动摩擦力与最大静摩擦力的关系。

### 三、教学重点、难点

重点：

(1) 摩擦力产生的条件及其方向的判断。

(2) 探究摩擦力的大小与哪些因素有关，并得出规律。

难点：

(1) 摩擦力方向的判断。

(2) 启发学生自主探究实验过程并得出结论。

### 四、教学准备

(1) 生活资源：将生活中常见的物理现象加入教学，让学生更易接受。

(2) 实验器材：

① 教师演示用：弹簧测力计、木板、木块、布、钩码一盒，滑动摩擦力演示仪及其附件一套、多媒体课件(图片、电子表格数据处理系统)等。

② 学生用(实验器材 2 人一组)：弹簧测力计、木板、木块、钩码一盒。

③ 学生实验任务单。

### 五、教学流程图

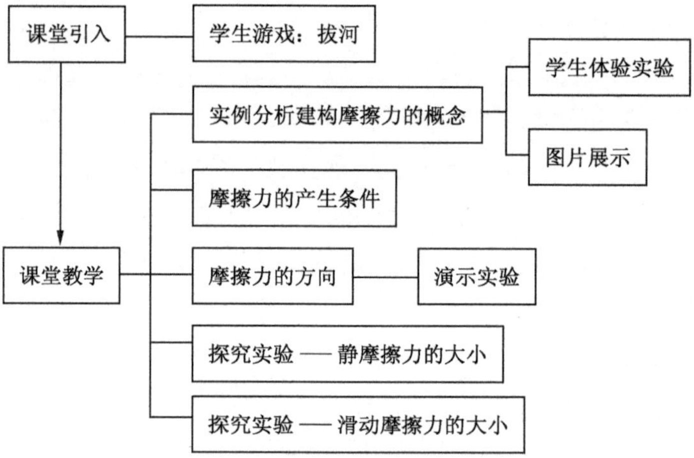


### 六、教学过程

#### (一) 课堂引入

*活动一：游戏引入、激发兴趣*

学生游戏：拔河。

学生实验：将两本物理书隔页叠加在一起，利用物理知识，把书拉开。

问题：刚刚能承受那么大的拉力，靠的是什么？

#### (二) 课堂教学

*活动二：实例分析建构摩擦力的概念*

学生体验实验：

(1) 把手掌放在桌上。(感觉有挤压)

(2) 往前推，使手有向前运动的趋势，但不要推动。(感觉有阻碍)

(3) 继续推，推动。(感觉有阻碍)

设计意图：从生活实例中感受摩擦力的存在，激发兴趣，用简单的实验，感受摩擦力的特点，进而总结摩擦力的定义。

图片展示：砂轮打磨工件(图 4-14)、超市无台阶自动扶梯(图 4-15)。

图 4-14

图 4-15

问题 2-1：请问在砂轮上打磨的工件所受的是什么摩擦力？为什么？

问题 2-2：乘超市无台阶的自动扶梯时人的脚受的是什么摩擦力？为什么？

设计意图：通过对图片的场景分析，体会“相对”二字的意义。

过渡衔接：学习就是研究。研究，关键是要提出问题。那么关于摩擦力，有哪些方面需要我们去研究呢？

**活动三：摩擦力的产生条件**

问题：刚刚我们用手体验了摩擦力。同学们根据体验思考一下，摩擦力的产生需要哪些条件？

设计意图：通过自己的体验很好地归纳出了摩擦力产生的三个条件，感受一种重要的物理研究方法——观察与体验的方法。

**活动四：摩擦力的方向**

问题 4-1：根据刚刚的体验(手推桌面)，能说出静摩擦力的方向吗？

演示实验：推动按压在桌面上的毛刷。

问题 4-2：毛刷的刷毛向哪？静摩擦力方向往哪边？毛刷的运动趋势向哪？

演示实验：毛刷静置于倾斜木板上，观察刷毛的方向。

设计意图：通过观察实验得出静摩擦力的方向与相对运动趋势的方向相反。

猜想：那么滑动摩擦力的方向呢？

验证实验 1：水平拉动毛刷。

验证实验 2：毛刷不动，向左水平拉出木板。

问题 4-3：刷毛朝哪？毛刷相对木板向哪？

视频播放：水平向右拉木板使木板上的毛刷也跟着向右运动，但明显能通过毛刷与木板间记号的对比，看出毛刷相对于木板向左移动了。

问题 4-4：刷毛的方向朝哪？摩擦力朝哪？毛刷向哪运动？相对于木板运动方向呢？

问题 4-5：这次滑动摩擦力与运动方向是相同的，滑动摩擦力方向仍与相对运动方向相反？

设计意图：通过实验用归纳法总结出无论研究对象相对地面静止还是运动，受到的滑动摩擦力的方向都与接触面相对运动的方向相反。

**活动五：探究实验——静摩擦力的大小**

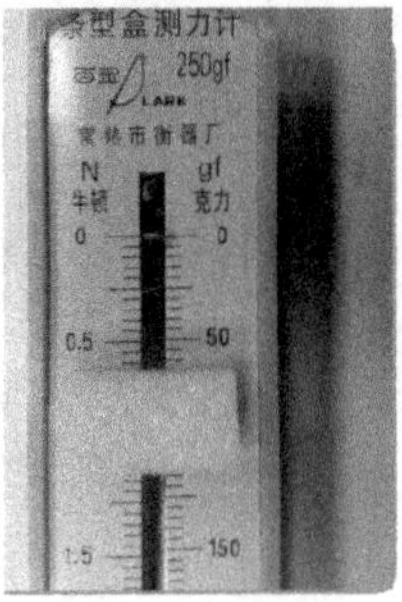


图 4-16

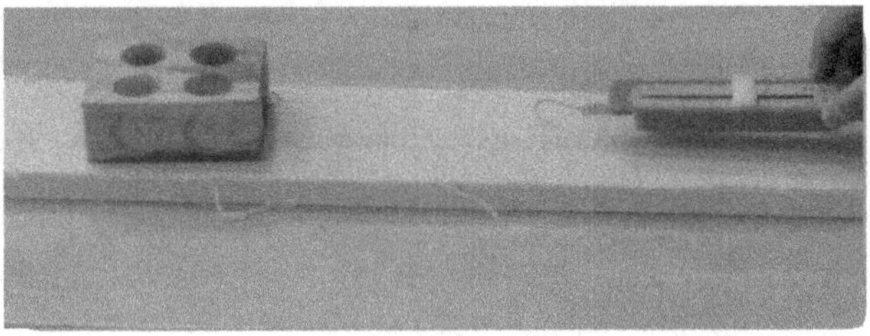

图 4-17

学生分组实验：探究静摩擦力的大小——带有小泡沫块弹簧测力计(图 4-16)、物块、长木板(图 4-17)。

问题 5-1：木块滑动前受到的是什么摩擦？

问题 5-2：泡沫所在位置的示数表示什么？

设计意图：通过实验分析得出静摩擦力的大小范围和利用二力平衡求解静摩擦力大小的方法。

问题 5-3：拉动后，指针示数和泡沫位置示数相比有什么不同？

问题 5-4：那么滑动摩擦力的大小决定

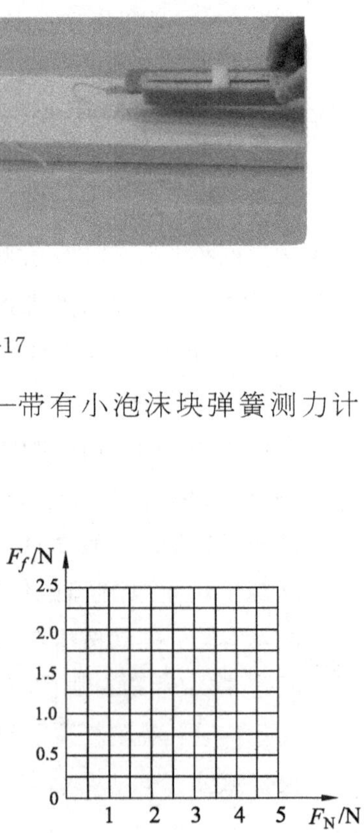


图 4-18

于什么呢？

学生实验：探究滑动摩擦力的大小。

猜想：滑动摩擦力大小的影响因素。

问题5-5：怎样研究滑动摩擦力大小与面积无关？

怎样研究滑动摩擦力大小与速度无关？

如何改变接触面的粗糙程度呢？

如何测弹力？

学生将实验结果填入表4-4并在图4-18中绘制图线。

**表 4-4**

| | 1 | 2 | 3 | 4 | 5 |
|---|---|---|---|---|---|
| 压力 $F_N$/N | | | | | |
| 摩擦力 $F_f$/N（木块与木板） | | | | | |
| 摩擦力 $F_f$/N（木块与布面板） | | | | | |

问题5-6：大家看一下，它们是什么关系？

分析数据：对比不同组的图像。

问题5-7：为什么斜率不同？说明什么问题？

设计意图：通过实验，结合数形结合的方法分析实验数据，知道动摩擦因数的影响因素。

课堂小结。

问题5-8：学习就是一种研究，通过研究我们得到了什么呢？我们总结一下。

问题5-9：研究离不开科学的方法，这节课的学习过程中，采用了哪些研究方法呢？

**七、板书设计**

**摩 擦 力**

一、摩擦力

1. 概念

2. 产生条件

二、方向

三、大小

1. 静摩擦力大小

2. 滑动摩擦力大小

八、教学反思

《摩擦力》这节课有两个背景，一是初中已经有过教学，学生具备了一定的知识，二是前一节内容是弹力，研究的思路基本相同。

**（一）深挖教材，明确教学目标，达到良好的教学效果**

在备课时，对于摩擦力的定义和产生条件这两部分内容，充分考虑到了学生初中已经初步具备一定的了解。对于定义采取了直接给出，然后理论联系实际，通过生活中的两幅图片强化了摩擦力的定义，强调了“相对”二字。对于摩擦力的产生条件，让学生通过自己随手的体验，联系已学过的知识弹力的研究思路，自己得出。简化了一般的教学流程，让后面的学生自己动手实验探究留有足够的时间。

**（二）明确教学重点，通过多次的实验，使学生清晰地知道摩擦力的方向**

关于摩擦力的方向，学生基本能够脱口而出，但是未必真正理解。通过毛刷刷毛的方向反映出摩擦力的方向这一特点，采用了5次演示实验，让学生明白地看到摩擦力的方向，得出静摩擦力和滑动摩擦力方向上的特点。特别是对于毛刷放在木板上并抽动木板的实验，用了视频回放和慢放，让学生看出毛刷所受的摩擦力方向，毛刷的运动方向和相对运动方向，顺利地总结出相关结论，又突破了该处的难点。

**（三）明确教学难点，通过分组实验，记录数据，描点作图，学生通过体验和努力得到物理规律**

静摩擦力的大小学生平时难以观察，本节课没有采用DIS实验，因为学生没有参与体验。而是采用了改装弹簧秤，用记忆弹簧秤来拖动静止的木块，观察整个过程读数的变化。让学生发现静摩擦力的大小是一个范围，最大静摩擦力比滑动摩擦力略大。

滑动摩擦力的大小关系，学生只知道定性的关系，对于定量的关系并没有实际的体会。放手让学生去实验，通过两种接触面的对比，通过改变压力的大小，再通过描点作图完全由学生自己得出结论，并知道了$\mu$的含义。

**（四）强化物理研究方法的教学，让学生掌握学习的本质**

本节课在传授知识的同时，注重了物理研究方法的教育，简单的知识通过观察与体验即可，较难的知识通过实验与归纳，重要的难点通过猜想与探究，遵循了物理教学的一般规律，由易到难。并且告知学生研究物理的重要方法，激发学生可持续发展的能力。

上完了这节课，感觉还有几点遗憾：

(1) 学生对于摩擦力概念中相对的判断没有想象中熟悉，对于已有知识体系遗忘较多。学生对于一些简单的问题，还存在一些错误的观点。

(2) 对于摩擦力大小的研究，几乎完全放手让学生实验。学生实验的操作能力较弱，实验过程中老师的指导较多，有时顾不过来。

(3) 描点作图对于学生来说难度很大，学生刚刚进入高中，还没有形成描点作图的能力，实验数据出来后，能迅速作出正确图像的学生不是很多。

（由张鹤老师提供）

### 相关案例链接：探究摩擦酒杯发出声音的音调与水量的关系

敲击酒杯会发出声音，加水后音调会发生变化。不少习题和试题中，要求学生回答声调是变高了还是变低了。学生回答不出来，于是问家长、老师或同学，他们从各种参考书中寻找答案，但答案不同，有的说声调变高了，有的说声调变低了，他们唯独没有去试一试。其实可以取一高脚酒杯，用手指蘸水摩擦杯口的方法使酒杯发声，增加杯中水量，发出声音的音调变低，实验使学生感到很惊讶，印象深刻。

## 第三节　力的合成

### 教学设计(1)

#### 一、教学设计思路

本节课选择了用 5E 教学法进行课堂结构的组织，包含：引入(Engagement)、探究(Exploration)、解释(Explanation)、精致(Elaboration)、评价(Evaluation)。学生已对矢量有所认识，但是缺乏二维运算意识和能力，因此提高学生实验探究的前后连贯性成为本节课设计的一个难点，为此，对原先的演示实验进行了改进，这样经历了学生自主设计、自主探究、自主发现的结果能在学生的大脑内刻上深深的痕迹，内化为自己的能力，才能深刻地理解规律。

二、教学目标

(1) 理解合力和分力的概念是建立在作用效果相等基础上的。

(2) 通过自主探究得到平行四边形定则,提升动手操作能力和归纳总结能力。

(3) 自主发现并总结两分力大小不变,夹角变大合力变小的规律,并总结合力的范围。

(4) 感知生活与物理的联系,激发观察生活和物理探究的兴趣。

三、教学重、难点

重点:学生自主实验探究。

难点:能说会道总结“平行四边形定则”。

四、教学准备

(1) 多媒体课件。

(2) 实验器材:重物、弹簧测力计。

五、教学流程图

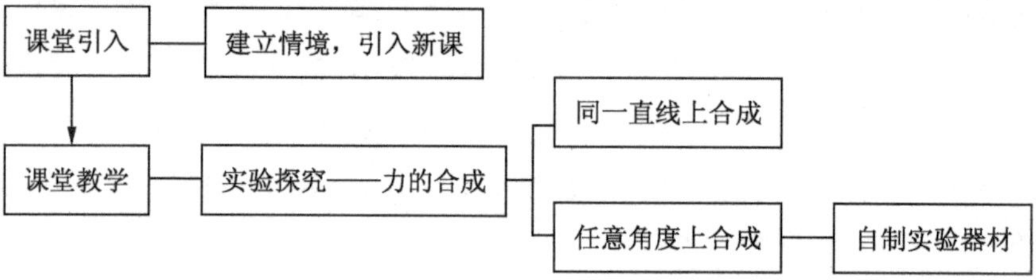


六、教学过程

(一) 课堂引入

活动一:建立情境,引入新课

图片展示:两个女同学一起向上提重物、一个男同学向上提相同的重物,如图 4-19所示。

问题:两幅图片说明什么问题?

设计意图:通过图片分析得到一个力的作用效果与几个力共同作用效果相同。当一个力单独作用产生的效果与几个力共

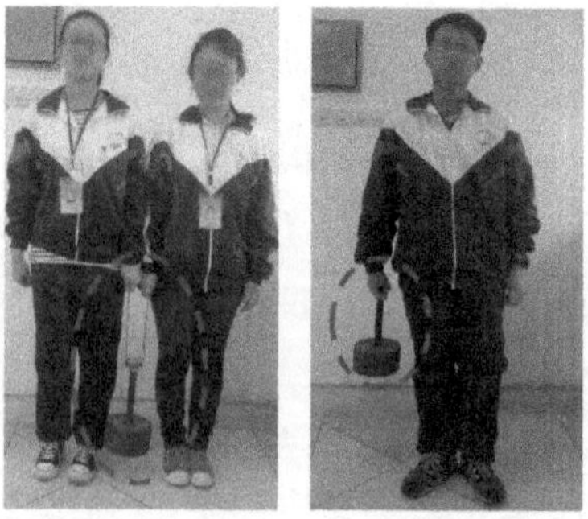

图 4-19

同作用产生的效果相同时，我们就把这个力叫做那几个力的合力；那几个力叫做分力。那么这个重要的思想方法就是“等效替代法”。

**（二）课堂教学**

*活动二：实验探究——力的合成*

探究实验1：利用2把弹簧秤、1个重锤探究同一方向上二力合成，合力与分力大小关系。

设计意图：学生在自主探究中发现同向力的合成大小：$F=F_1+F_2$。

创设情境：两根绳子成角度吊起一串钩码(4个)。

问题2-1：能否找到一个力作用效果与两根绳子的作用效果相同？

探究实验2：互成角度的二力合成，合力与分力大小关系。

设计意图：通过实验自主发现合力与分力的关系$F\neq F_1+F_2$。

问题2-2：合力除了与分力大小有关外，还与哪些因素有关？

设计意图：将思维集中到“力是矢量”，不仅仅与大小有关，还应与方向和作用点有关，生成精细化探究和实验的需要，并再次进入自主探究环节。

探究实验3：(联系情境)自主探究“合成法则”。

实验目标1：在同一张白纸上作出合力、分力的图示。

环节1：学生自主实验设计(实验器材：带两个定滑轮的竖直支架板、钩码20个、绳套)。

环节2：学生汇报实验方案。

问题2-3：(1) 各力的作用点在哪？

(2) 如何记录各力的大小？

(3) 如何记录各力的方向？

环节3：学生自主实验，教师巡视发现问题并要求学生记录异常，引导学生进行正确的实验操作。

环节4：成果展示(图4-20)。

实验目标2：作辅助线得到“平行四边形”，如图4-21所示。

问题2-4：观察合力、分力的位置，合力夹在两分力之间，像“四边形的对角线”，那么可以怎么处理它们之间的关系呢？

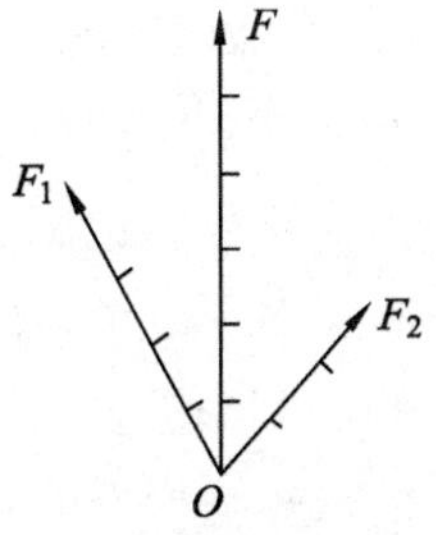

图4-20

环节5：成果再展示，从巡视中找到几种不同的情形，引导学生再解释和讨论。

设计意图：不同组的学生的实验结果都能得到“平行四边形”这一实验结果，说明“平行四边形”关系经得起实践的检验，具有普适性，进而得出平行四边形定则。

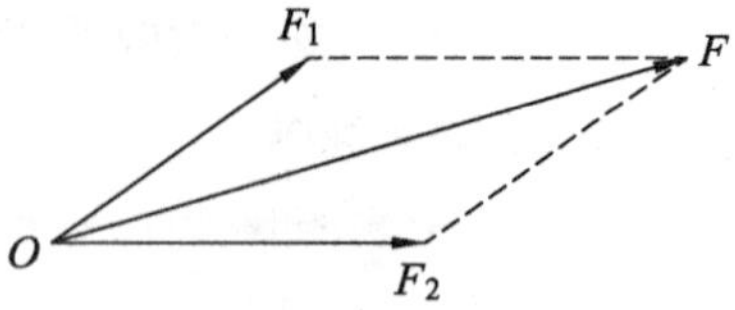

图 4-21

探究实验 4：观察式探究。

动画演示。

设计意图：引导学生归纳出：$|F_1-F_2|\leqslant F\leqslant F_1+F_2$。

七、板书设计

**力的合成**

一、合力和分力

二、力的合成

1. 同一条直线上：

2. 任意夹角：

八、教学反思

**（一）在磨课过程中成长**

新课程指出学生是教学的主体，倡导以“科学探究”的方式组织教学，在新课程改革的这几年里，我们教师都在积极探索、反思自身的教学，也引进了不少先进的教学模式和教学策略，目的只有一个——为了更好地促进学生的发展。

我在课前设计时，选择了用5E教学法进行课堂结构的组织，包含：引入(Engagement)、探究(Exploration)、解释(Explanation)、精致(Elaboration)、评价(Evaluation)。

《力的合成》这节课，学生对矢量有所认识，但是缺乏二维运算意识和能力，合成法则的得到是教学的重点、难点。赛前，我一直思考的问题是如何提高分组实验的精确程度，让“平行四边形”规律的得到更自然一些，思考如何提高学生实验探究的前后连贯性。

对于这节课的概念，分力、合力和力的合成等概念都是为了探究矢量合成法则的需要而提出的，学生也容易理解，本节内容的学科地位是不容忽视的，针对这个环节，我最开始的设想是演示“3、4、5”的特殊角度——直角，让学生自己作出矩形，进行猜想分力和合力之间的几何关系为平行四边形，接着再借助于分组实验进行验证。从设想上来看，这样的处理能够很好地调动学生的学习积极性，不过这里面有一个问题就是开放度不够，对学生的思维训练强度偏弱。为此，我对原先的演示实验进行了改进，自制了带滑轮的竖直板，改演示“3、4、5”实验为学生自主探究，无论学生挂什么钩码组合，让学生在自主探究的过程中体验发现规律的快乐。教学过程中发现，学生的实验设计是超预期的，有些学生用了弹簧秤与钩码的组合，从学生的回答：“竖直向下拉弹簧秤，考虑到弹簧秤有自重，所以方案可行，就是需要进行校正处理。”可以看出，该组同学的思维是跟进上来的，并不是墨守成规的，经历了学生自主设计、自主探究、自主发现的结果才能在学生的大脑内刻上深深的痕迹，内化为自己的能力。在上课前，我还有所担心学生的实验方案设计能不能顺利地进行，实践后发现放手让学生去尝试是完全有可能的，我们的教学不要禁锢了学生的思维，当然必要的引导也是不可或缺的，要心中有学生，要考虑学生能不能完成，实验探究的目的在于让学生自主发现规律，学生不能完成实验设计和实验探究过程的实验设计是不完美的。

**（二）本节课的收获**

反思自己的教学设计和教学过程能够发现很多问题，感受到自己理论水平的匮乏，急需学习教育教学理论来丰实自己的业务素养，同时也意识到自己的教学设计有多处还需要进一步完善。

“为什么要合成？为什么要分解?”这是我在备课时没有思考的，而这恰恰是科学发展和规律形成的起点，因为“简化的需要”，所以科学家研究并得到了合成法则。

联系《力的合成》这节课，拓宽到整个中学物理教学，我深刻地感受到我们的教学要确保每一课都有效，就需要分析学生、解读教材、研究教法，从学生的学情和学科特点出发紧扣教材中的重点内容，不回避难点，重点内容让学生自主探究，对于难点问题，应科学设置台阶，帮助学生一起突破。

（由刘桂枝老师提供）

## 教学设计(2)

**一、教学设计思路**

为了让学生更好地体验科学探究的方法和过程，发展自主学习能力，形成良好的思维品质，教师应适时、适度地参与学生的探究活动。淡化教师的

"教",注重学生对知识的自主学习与自我构建,强化小组学习与小组交流,淡化机械训练,摒弃灌输式教学;在师生互动、互助的氛围中达到学习的目的。

## 二、教学目标

(1) 从力的效果的"等效"角度理解合力的意义。

(2) 通过学习合力与分力的概念,了解物理学常用的方法——等效替代法。

(3) 知道力的合成遵循平行四边形定则。

(4) 初步了解科学探究方法并体验科学探究过程。

## 三、教学重点、难点

重点:实验探究力的合成的规律。

难点:设计实验,利用实验得到合力与分力的大小和方向,猜想它们之间所遵循的运算规律。

## 四、教学准备

(1) 多媒体教学系统、PPT课件。

(2) 实验器材:橡皮筋、细绳套、图钉、重锤、小车、弹簧测力计、水桶、自制教具、白纸、橡皮擦、三角板、直尺等。

## 五、教学流程图

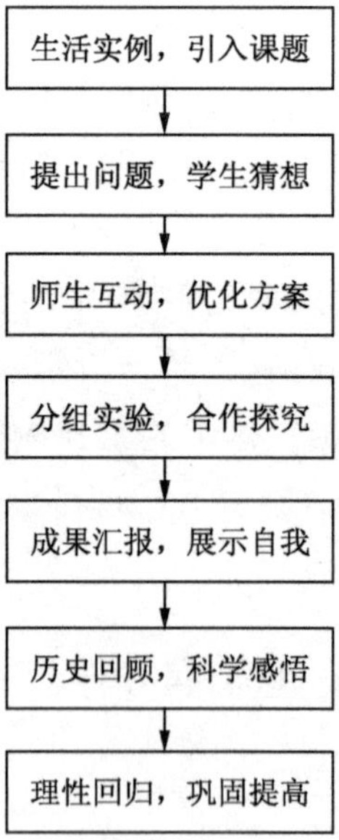

## 六、教学过程

### (一) 课堂引入

**活动一：创设情境，引入课题**

创设情境1：学生甲单人单手竖直提起水桶，使之静止悬于空中；学生甲和乙合作共同提水桶，使之静止悬于空中。

设计意图：能够分析得出两种情况下产生了相同的作用效果。提出合力和分力的概念，了解物理学常用的方法——等效替代法。

创设情境2：让两位同学增大拉力的夹角，初步感受力的变化。

问题：两个人提水一定省力吗？

学生活动：仿情境1和情境2，利用重锤(含细绳套)和弹簧测力计进行初步感受。

设计意图：

(1) 创设情境，从生活中发现物理问题。

(2) 通过学生亲自参与体验，初步感受合力与分力的关系。

(3) 激发兴趣，引导思考。“兴趣是最好的老师”，学生有了兴趣就有了主动探究的重要基础，所以激发探究的兴趣是教学成功的前提。

### (二) 课堂教学

**活动二：猜想合力和分力的关系，确定实验方案**

问题：合力($F$的大小、方向)与两分力($F_1$、$F_2$的大小、方向)的关系究竟是怎样的呢？

学生活动：猜想、思考、讨论、设计方案。

设计意图：突出学生主体，教师是“辅导员”，是分享学生成果的“粉丝”——构建新型师生关系。

成果展示：通过投影展示数码相机抓拍的相片，展示学生的方案、创意。

学生评价：全体学生进行有效评价。

设计意图：互动探究，学生充分发挥积极主动性，感受物理知识构建过程。在师生民主讨论的过程中，学生的思维能力、动手能力得以提高。

**活动三：分组实验——探究合力和分力的关系**

问题3-1：如何实现合力与分力的作用效果等效？

问题3-2：这几个力的作用点在哪？

问题3-3：如何记录力的方向？

问题 3-4：如何记录力的大小？

教师引导：在学生的实验过程中观察学生实验情况，巡视解惑，鼓励学生探究的热情。对于实验中出现的不当操作也要及时采集，适时、适度地引导，从而提高学生的实验能力。

对于基础较好的同学群：在得出三个力的图示后，可实行开放课堂，让它们猜想合力与分力之间所遵循的规律。

对于基础薄弱的同学群：在得出三个力的图示后，可以给予适当建议。如：用虚线把合力的箭头端分别与两个分力的箭头端连接，你能得到什么启示？

实验验证：利用黑板上的重锤（含细绳套）和弹簧秤进行实验验证，并进行误差分析。

设计意图：尊重差异，分类指导。强调学生的探究过程和探究方法与体验，把教师作为学生探究活动的参与者，随时与学生进行交流，为学生提供必要的帮助，释疑解惑。

***活动四：成果汇报，展示自我***

成果展示：部分学生代表展示本组探究实验成果。学生通过自己的探究实验得出：合力和分力之间可能遵循平行四边形定则的关系。

设计意图：体现学生的主体地位，让学生体验成功的喜悦。

***活动五：历史回顾，科学感悟***

列表展示：力的“平行四边形定则”的理论发展过程如表 4-5 所示。

**表 4-5**

| 时　间 | 人　物 | 内　容 |
|---|---|---|
| 前 384—前 322 | 亚里士多德（古希腊） | 领悟到在矩形这种特殊情况下力的平行四边形定则 |
| 1586 年 | 斯蒂文（荷兰） | 在两力成直角的情况下引入了力的三角形定则 |
| 1687 年 | 牛顿（英国） | 推断（未证明）：一个物体，同时受到两个力的作用，就将沿平行四边形的对角线运动 |
| 几乎同时 | 瓦里翁（法国） | 诸力合成的平行四边形定则报告（表述得十分复杂） |
| 1725 年 | 瓦里翁（法国） | 平行四边形定则推广到“速度” |
| 1777—1859 | 潘索（法国） | 平行四边形定则进行了数学证明 |

设计意图：通过2000多年的物理科学史，学生懂得科学定则建立的长期性及曲折性，提高人文素养。

**活动六：理性回归，巩固提高**

反馈引入问题：解释两个人提水桶未必比一个人提水桶更省力的问题。

自制教具展示：得出分力的大小与合力的大小关系。

设计意图：首尾呼应，既达到运用知识解决生活问题的目的，又加深了学生对新知识的理解。

## 七、板书设计

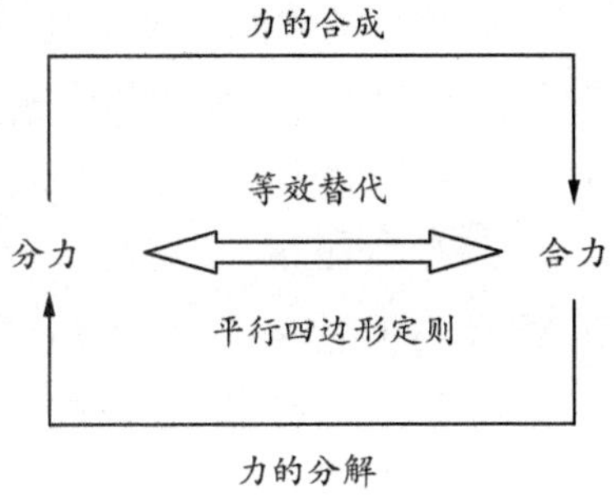


## 八、教学反思

结合自身实际情况和各位教师提出的宝贵意见，现对这节课作如下反思。

### （一）教学设计思路及改进过程

这节课在教学总体设计上以学生为探索者，教师做引路人。按照“教师为主导，学生为主体，实验作手段，问题为线索”的构想，采用引导探索式教法来进行教学。淡化教师的“教”，注重学生对知识的自主学习与自我构建，强化小组学习与小组交流，淡化机械训练，摒弃了灌输式教学；在师生互动、互助的氛围中达到学习的目的。

为了更好地实现教学理念，设计的过程中，各个环节不断地为学生创设问题情境，设置悬念，适时点拨。教师在教学过程的课堂上让学生通过实验去描述物理现象并归纳出物理规律。

例如，在引入新课时用一个大量程的弹簧测力计提杠铃片，然后用两个测力计互成角度地提杠铃片，让学生观察现象。这样的设计中有两个缺点，一是学生只是在观察，没有参与进来；二是大量程的测力计示数在实验中变化太小，效果不明显。后来改为：让一名学生到讲台前，提起系上绳套的水桶，然后让两名同学互成角度地提水桶，并增大角度，亲身体验实验，感受合力与分力的关系,生动形象。由此提出问题,激发他们探求新知识的兴趣。并由图片的对比让学生明白合力与分力是等效替代的关系,认识等效替代的思想。在解决重点上运用探究实验,避免由老师直接给出定则,让学生死记硬背。让学生在学习知识与技能的同时找到了乐趣。接着用平行四边形定则演示工具让学生观察,清楚地看到实验结果,解决合力与分力的关系,使复杂的问题简单化。

又例如,设计学生实验时,开始准备只用书本上橡皮筋的实验,这样做大大地限制了学生的思维,不利于知识的构建。后来又增加了重锤和小车等,让学生自己设计方案,并展示自己的方案,但是在这个过程中往往课堂的节奏不容易把握,学生探究的方向容易产生偏差,不能达到教学目标。最后采用学生设计方案,教师适时地用相机捕捉,然后展示的方案,请学生讲解,并且集体进行评价,优化实验方案。新的方案针对学生实验中的不足,增加了学生对实验探究的讨论和展示,包括实验方案的设计、数据的采集、学生面对方案的可操作性的互助讨论和质疑,让学生通过深入讨论、评价,切实提高在探究过程中解决问题的能力。

**(二)本节课的优点**

1. 生活气息浓

从生活走进物理,本节课,利用生活实例——提水桶引入新课,并让学生自己去体验感受实验的过程,特别是在两人提水桶时不是简单地提起,而是增大绳索的角度,提水桶的学生明显感到吃力。这样的例子能激发学生探究力的合成关系的兴趣,调动学生的积极性。

2. 思维密度大

在实验方案的设计上,首先由学生发言提出方案,其他学生补充,然后教师点评,师生互动,共同完善方案,在此过程中向学生点明操作中的一些注意点。在探究过程中,对于部分学生新出现的问题,再拿出来共同分析讨论,改进后鼓励他们再次进行实验,最后得出结论。这样的一个过程对学生来讲也许会有更深刻的体验。

3. 人文气息重

在学生利用实验探究得到力合成的平行四边形定则之后,讲解物理科学史相关的内容,通过 2000 多年的物理科学史,让学生懂得科学定则建立的长期性及曲折性,培养学生的人文素养。

4. 实验趣味强

自制教具的演示，增加了实验的趣味性。在理性回归讲解课堂开始的提水桶实验时，利用自制教具展示力的合成的动态过程，使得学生直观、形象地观察到实验现象，利于学生对问题的理解。

**（三）本节课的不足**

（1）力的合成概念讲解用时较短，学生对概念的理解显得单薄，应结合共点力的概念进行深入探讨，概念讲解才更加丰满。

（2）实验细节处理能力还要进一步加强，特别在难点处应多给学生铺设台阶；另外，应引导学生在数据处理时加强数学方法和误差的意识。

（由张东风老师提供）

## 第四节　力的分解

### 教学设计(1)

**一、教学设计思路**

力的分解是力的合成的逆运算，本节课从知识内容和学生学情来看有两大突出特点，即：知识不难，难在应用；学生困惑，惑在实际。所以，本节课的教学设计采用了教师引领→学生暴露思维难点→创设情境→分层探究→突破难点的设计思路，提供了多处让学生参与的活动，通过亲身感受力的作用效果，理解到效果的客观存在性，认识到效果的唯一确定性，得到按效果分解的科学方法。课堂教学中力求给学生提供较多生活情境和参与的平台，形成深刻的感受，达成新课程理念中的三维目标的立体整合。

**二、教学目标**

（1）理解“力的分解”概念，知道力的分解遵守平行四边形定则。

（2）初步掌握“实际问题中，一般要根据力的作用效果确定分力的方向”的方法。

（3）知道一定条件下，分力可以比合力大，而且可以大很多。

（4）体验运用规范作图和直角三角形的知识求解分力的方法。

**三、教学重点、难点**

重点：实际问题中，力的分解方法，会用作图法和直角三角形的知识求解分力。

难点：实际问题中，确定力的作用效果的方法。

## 四、教学准备

(1) 多媒体课件。

(2) 相关的实验器材(绳子、实心球、电子秤、钩码、直尺、系绳的笔、自制的塔吊模型等)。

## 五、教学流程图

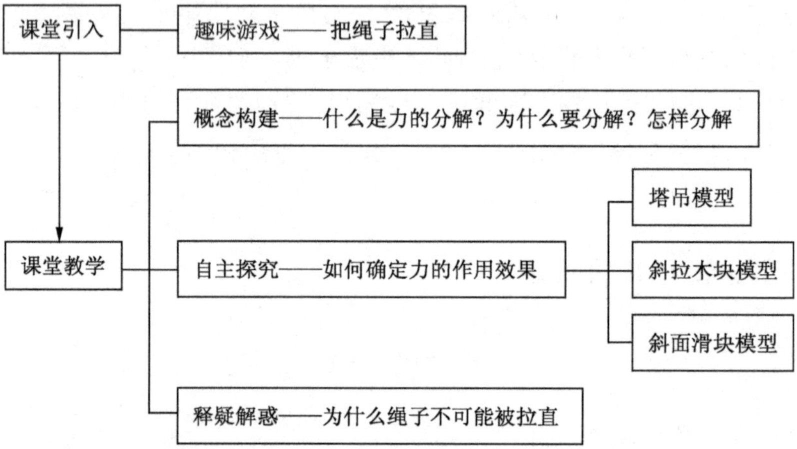


## 六、教学过程

### (一) 课堂引入

*活动一：趣味游戏——把绳子拉直*

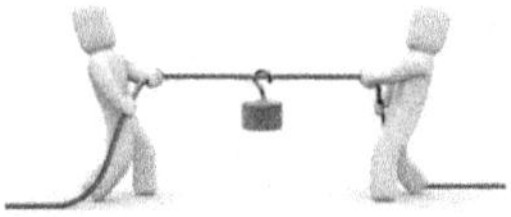

图 4-22

游戏内容：在绳子上挂上质量为 2kg 的实心球后，两位同学“拼命拉”也无法把绳子拉直，如图 4-22 所示。

联系生活：生活中与之类似的实例有观光索道、悬索大桥、斧头劈柴等。

设计意图：创设冲突，点明主题。

衔接过渡：通过本节课的学习，我们可以找到分析这一类问题的基本思路和方法，也就能够知道其中的奥秘所在。

### (二) 课堂教学

*活动二：概念构建——什么是力的分解？为什么要分解？怎样分解*

演示实验：先用一个力 $F$ 将橡皮绳拉至 $O$ 点，再用两个力 $F_1$、$F_2$ 将橡皮绳拉至 $O$ 点，如图 4-23 所示。

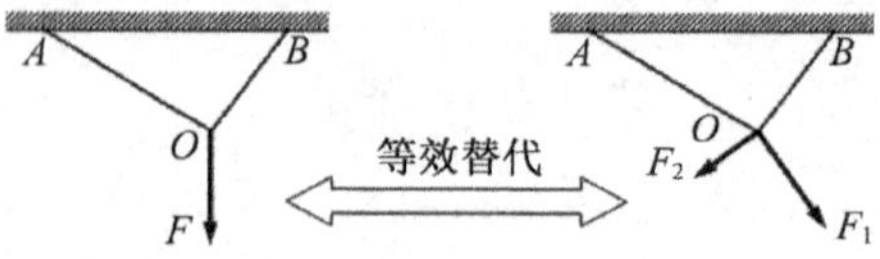


图 4-23

设计目的：学生体会 $F$ 与 $F_1$ 和

$F_2$ 可以等效替代，进而建立合力、分力、力的合成以及力的分解等概念。

问题 2-1：合力 $F$ 还可以怎样分解？

学生活动：演示合力 $F$ 的不同分解方法，进而发现：在没有限制条件的情况下，一个力可以有无数种分解方法。

问题 2-2：在具体的实际问题中，我们可以任意分解一个力吗？如果我们要求解橡皮绳 $AO$ 段、$BO$ 段的弹力，应该怎样分解合力 $F$？

设计意图：学生体会在具体的实际问题中，为了解决问题的方便，通常按照力的作用效果分解合力。

问题 2-3：分力的方向已经确定，分力的大小应该怎样确定呢？

设计意图：学生知道力的分解遵循平行四边形定则，并知道画出力的分解图示的方法。

衔接过渡：接下来，我们学习的重点就应该是“如何确定力的作用效果”。

**活动三：自主探究——如何确定力的作用效果（塔吊模型）**

分组实验：学生利用系绳的笔、系绳钩码（50g）构建方框内的塔吊模型，如图 4-24 所示。

**图** 4-24

设计意图：因为没有明显的形变，所以我们很难直接看到塔吊吊上重物后所产生的实际作用效果，这也是其他问题中寻找力的作用效果时常遇到的问题，为此我们用放大的思想，构建物理模型，用演示实验和亲身感受明确力的作用效果，这无疑是解决问题非常好的一个办法。

衔接过渡：接下来，我们就利用这种思想方法来研究生活中常见的几个实例。

**活动四：自主探究——如何确定力的作用效果（斜拉木块模型）**

教学过程：生活实例→建构模型→猜想效果→实验探究→得出结论→规范作图→写出分力表达式。

设计意图：结合塔吊模型，学生总结出按力的作用效果分解力的一般步骤。

**活动五：自主探究——如何确定力的作用效果（斜面滑块模型）**

问题 5-1：利用直尺、钩码（200g）、课本等器材，设计实验，观察钩码的重力的作用效果。

问题 5-2：画出重力的分解图示。

问题 5-3：写出分力的表达式。

设计意图：利用分析塔吊模型和斜拉木块模型的思路和方法，自主探究重力的作用效果。从表达式中可以看出，两个分力的大小是与斜面的倾角有关的，即改变斜面的倾角，两个效果将同时发生变化。为了通过理论推理的结果得到体验，教师设计了两个生活中的应用实例，引桥和盘山路。

*活动六：释疑解惑——为什么绳子不可能被拉直*

过程简述：理性分析(引导学生从“规范作图”和“理论推导”两个角度加以分析)→得出规律(合力一定且两分力大小相等，两分力夹角越大，分力越大)→实验体验(利用橡皮筋和钩码体验规律)→变换条件(把橡皮筋换成一根头发)→猜想结果→实验验证→提出问题(若已知钩码的质量，能否求出头发所能承受的最大拉力)→给出计算结果→类比悬索桥→解释生活实例(斧头劈木桩)。

设计意图：呼应课堂引入，创造一个充满活力的课堂，同时将看似复杂的日常现象提炼为简单的物理模型，从而利用物理知识解决问题，并实现新的创新。通过对实际问题的解答，领略问题意识、条件意识、分析问题与解决问题的能力，逐步养成发现问题，主动解决问题的习惯。感受物理的科学性和实用性，培植将物理知识应用于生活和生产实际的意识。

**七、作业布置**

(1) 问题与练习 1、2。

(2) 课外拓展：查阅相关资料，解决以下两个问题：

① 石拱桥为什么能够“屹立不倒”？

查阅网址：http：//cpfd. cnki. com. cn/Article/CPFDTOTAL-ZJCY200900005291. htm

文章标题：《了解力学原理 自制拱桥模型》

② 帆船为什么能够“逆风航行”？

教师演示：电吹风、玩具汽车(安装一面用纸板制作的“帆”)

设计意图：课后请同学们运用这节课所学知识，寻找到其中的答案，由此为学生的学习留有一定的出口，延伸学生的学习兴趣。

## 八、板书设计

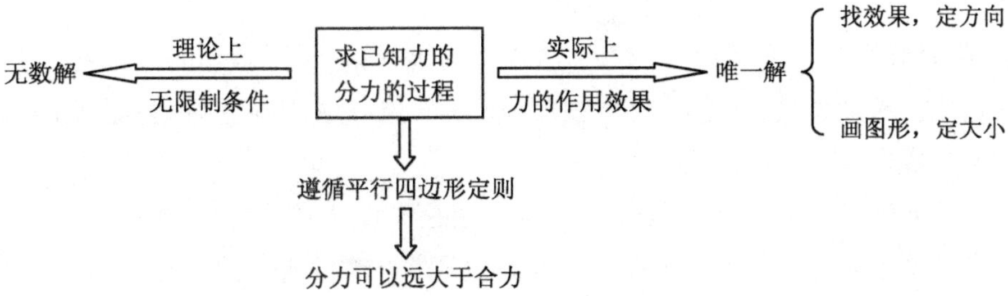


## 九、教学反思

经历了备课、试讲、其他教师帮着听课、评课和自己反复修改、再修改，直到讲课的过程，我更深刻地体会到，讲好一节课真不是一件容易的事，一节课中渗透着讲课教师的教学思想、教学智慧、教学艺术，体现了讲课教师的教学基本功和多方面的综合素质，说教学是一种创造性的艺术活动一点都不为过。现把体会最深刻的几点总结如下：

### （一）正确确定本课的教学目标

我的讲课课题是："力的分解"。从物理课的教学思想来看，物理课应该教会学生"对生活有用的物理，对学生终生发展有用的物理"，所以在教学目标设定时，还要考虑紧密结合学生的生活体验展开教学，这样也能最大限度地引发学生的学习兴趣和探究愿望，从而活跃课堂气氛。我想这些都应该是这节课的亮点所在。

在讲一节课之前，首先要明确这节课的教学目标是什么，在知识、方法、过程和情感态度上应教会学生什么。目标定好了，一节课的大体框架就出来了，重点和难点基本上也就确定了，就不会偏离大的方向。当然要成为一节成功的课，每个环节和细节的处理也是非常重要的。

### （二）充分体现学生的主体地位

这是教学思想的问题，素质教育提倡把课堂还给学生，把课堂变成学堂。在设计这节课时，学生活动方面我是这样考虑的，能让学生说的，一定让学生说；能让学生做的，一定让学生做；能让学生归纳总结的，一定要让学生自己说出来或写出来。学生说不出来时，可以让学生相互讨论交流，或教师进一步提醒学生，让学生进一步思考。对于难度较大的问题，可以在教师的提醒下通过小组讨论合作的方式解决。一堂课只有学生动起来，全身心投入到学习过程中，体验到探究发现的乐趣，才能算是一堂高效的课。

在这些方面，笔者在试讲时做的还是很不够的。在试讲的过程中，有些环节处理得太急，教师提出的问题，学生回答不出来，缺乏进一步的深入引导，有时着急就把答案说了出来。在学生不能顺利回答教师的问题时，更应该是体现教师智慧的时候，更应该耐下心来，想办法启发诱导，旁敲侧击，让学生一步步自己解决问题。

要体现学生的主体地位，还要时刻关注学生的学习状态，如果这一问题大多数学生都会了，就可以缩短学生讨论和探究的时间，如果还有很多学生不能完成学习任务，就要适当延长时间。这就需要讲课教师具有敏锐的观察力和调控能力，讲课时多走到学生中间，从而及时掌握学生的学习情况。这也是笔者以后应该多注意的地方。

通过试讲，我还认识到：问题的设计要有逻辑性、层次性，要紧扣教学目标，要按照学生的思维方式设计问题，也就是说要想学生所想。

**（三）充分发挥教师的主导作用**

教师是课堂教学的组织者、引导者、调控者、解惑者和提升者。教师的作用应该是创设问题情景，引导学生去探究，去思考，让学生通过各种活动来解决问题，当学生在解决问题的过程中遇到问题时，思路出现偏差时，教师及时去点拨，及时去引导，把学生引向正确的思维之路。除了这些以外，在课堂教学中有一点是非常重要的，一堂课要看有没有深度，有没有提升和升华，还要看教师在点拨和归纳时有没有抓住问题的本质，会不会用简洁精练的语言概括出一节课的主干知识和主要方法，这当然也需要教师对教材有深入而又准确的把握，对教学目标有清晰而又深刻的理解。

笔者在准备这节课时，自我感觉对教材和教学目标已有深刻的理解，对重要规律也都引导学生回答出来了，学生回答出来好像就完成任务了，根本就没考虑重要规律的呈现方式，忽视了教师归纳和提升的环节。同组教师在试听了笔者的课后，给笔者指出了这一点，笔者才恍然大悟，归纳和提升应该是教师在一堂课中起到的最为关键的作用，根据他们的建议笔者调整了自己的教学设计，重要规律在板书中体现出来，最后通过板书再进行深入的分析和归纳，笔者感觉能一下抓住问题的实质，对课堂起到了升华的作用。笔者感觉本节课的板书设计应该是这节课的成功之处。

**（四）真切感受自己需要再学习**

笔者在准备课的过程中，有很多同事给出了很好的建议，有同学科的教师，也有其他学科的教师。在听了笔者的课后，对笔者头脑风暴式的评课，笔者终生难忘，也受益匪浅，让笔者真切地认识到了自己的缺点和优点。他们给笔者提出了很好的建议，根据他们的建议笔者对自己的课进行了修改和再修改，笔者自己认为如果这节课的设计还比较成功的话，那也应该是集体智慧的结晶。这些更坚定了笔者多向他人学习的决心。

（由王俊老师提供）

## 教学设计(2)

**一、教学设计思路**

在第四节力的合成中，学生已经知道力用平行四边形定则处理矢量问题，在解决分解时自然也能想到办法。所以，在这节课的设计中采用了"验证"实验，用改装以后的压力传感器验证由平行四边形定则算出的结果是否符合实验数据。本节课以课堂引入——建立模型——巩固应用为主线，采用先理论推导、再实验验证为方法研究力的分解的方法。

**二、教学目标**

(1) 通过具体问题建立物理模型，知道为什么要进行力的分解。

(2) 知道什么是力的分解，力的分解和力的合成互为逆运算。会用"力的分解"分析研究具体问题，并通过实验进行验证。

(3) 在解决具体问题时会根据力的作用效果或实际需要找到两个分力的方向，并能用平行四边形定则画出力的分解图，解释生活中的现象。

(4) 会用平行四边形和直角三角形的知识求出分力的大小。

**三、教学重点、难点**

重点：能理解力的分解和力的合成互为逆运算，所以能用平行四边形定则作图求出分力的大小。

难点：在解决具体问题时，能够依据力的实际效果确定分力的方向，求出分力的大小。

**四、教学准备**

(1) 多媒体课件。

(2) 压力传感器(2 个，由拉力传感器改装)、重 1N 的圆环、饮料瓶 2 个、非弹性绳、钩码、一次性筷子、皮筋。

五、教学流程图

| | |
|---|---|
| 新课引入(为什么分解) | 用学生熟悉的骑自行车下坡的感觉引入，明确一个力同时可以产生几个作用效果——知道力分解的意义 |
| 抽象模型分析（怎样分解） | 1．师生讨论，由生活现象抽象出物理模型，明确重力的分力方向<br>2．学生由已有的知识（力的合成）自主作图求出分力的大小<br>3．教师演示实验验证力的分解满足平行四边形定则 |
| 模型变式分析(进一步明确分力方向) | 将斜面上的垂直挡板改成竖直挡板，分析重物对斜面的压力是否改变，变成多大。师生共同讨论，且通过实验验证完成。——分解力时，根据力的效果明确分力的方向 |
| 例题分析(规范“分解”作图) | 1．用“衣架”模型分析，师生共同讨论力 $F$ 的效果<br>2．学生实验感受力的实际效果，自主完成“分解图”并求出分力大小 |
| 实例分析（“力的分解”应用） | 1．一个人如何利用固定物和绳子把陷入泥潭的汽车拉出来（模拟实验）<br>2．大桥都有长长的引桥、盘山公路，能否利用“力的分解”来解释 |

六、教学过程

## (一) 课堂引入

活动一：创设情境——为什么要分解

情境创设：骑车，是我们平时常用的出行方式，有时上坡、有时下坡、有时平路。

问题 1-1：下坡时有什么感觉？

设计意图：体验实际生活中一个力也可以同时产生几个效果。

问题 1-2：产生这样效果的原因是什么？

设计意图：通过分析得到重力产生了沿斜坡向下使车加速的效果与车压斜坡的效果。

问题 1-3：如何研究重力的这两个效果？

设计意图：学生可以通过前面学过的“力的合成”构建“力的分解”的概念。

### (二) 课堂教学

**活动二：建立模型——得出力的分解概念**

模型建立：如图 4-25 所示，将自行车用一个圆柱体表示，为了研究车的重力沿斜坡向下的分力，加一个垂直于斜坡的挡板。

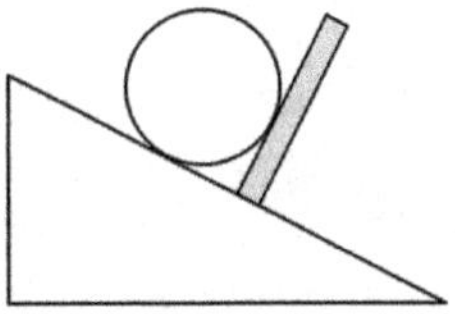

图 4-25

问题 2-1：重力有两个分力，能否求出这两个分力的大小？

设计意图：

(1) 交流学生解决问题的方法，并进行相互评价。

(2) 建立力的分解是力合成的逆运算，即同样遵循力的平行四边形定则。

演示实验：压力传感器测量 $F_1$ 和 $F_2$，验证平行四边形定则。

问题 2-2：若给出一个力，如何分解？可以分解成多少对分力？

设计意图：因无确定的效果方向，学生分析得出一个力可以分解成无数对分力。

问题 2-3：既然一个力的分解可以有无数多个解，那上面的模型中按什么将斜坡上自行车受到的重力进行分解的？

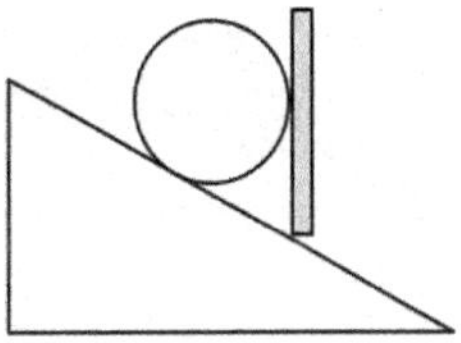

图 4-26

设计意图：知道力的分解可以按力所产生的作用效果进行分解。

问题 2-4：如果将上述问题中的挡板改为垂直于水平面(图 4-26)，这时圆柱体对斜面的压力又是多少？

设计意图：可能有学生会出现和上述相同的分解图，组织学生讨论，明确在解决实际问题过程中，一定要明确此合力的每个效果，根据实际效果方向作出力的分解图。

**活动三：课堂评价设计——力的分解的应用**

应用 1：如图 4-27 所示，这是一个阳台外面的衣服架子，若挂上一件衣服，那么对端点有一个向下的力 $F$，力 $F$ 产生几个效果？绳子和杆子承受的力是多大？

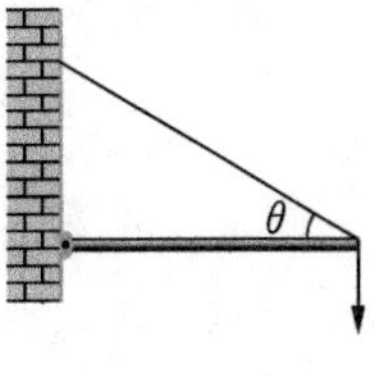


图 4-27

设计意图：巩固按作用效果分解一个力的方法并总结此类方法解决的一般步骤。

应用 2：汽车不小心陷入泥潭，若凭一个人的力量将汽车拉出泥潭,则能有什么方法?

模拟实验:用一个饮料瓶(1.5L)放在水平面上模拟汽车,如图 4-28 所示,若想拖动这个瓶子需要克服摩擦力,我们试试看用多少个钩码才能拖得动。(10 个钩码的重力拖不动)有什么办法可以用 2 个钩码拖得动呢?(图 4-29)

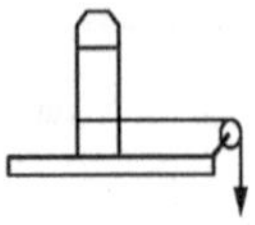

图 4-28

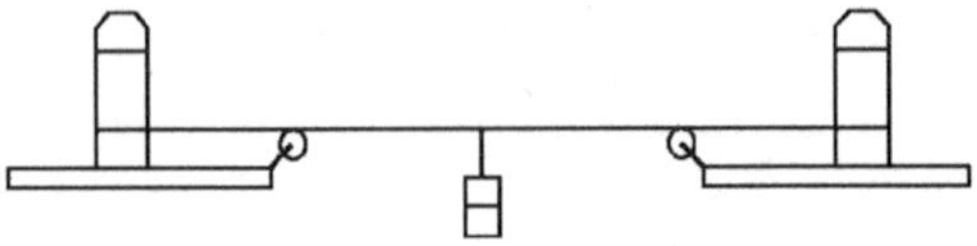

图 4-29

设计意图:课本提供的题型学生并没有生活经验,因此设计一个模拟实验,为了帮助学生建立情境。

讨论解决方法(图 4-30):

图 4-30

应用 3:讨论力分解在建桥与修建山路等实际生活中的应用。

如图 4-31 所示,桥都会有长长的引桥,就是利用斜面减小倾角,以减小重力沿斜面向下的分力。

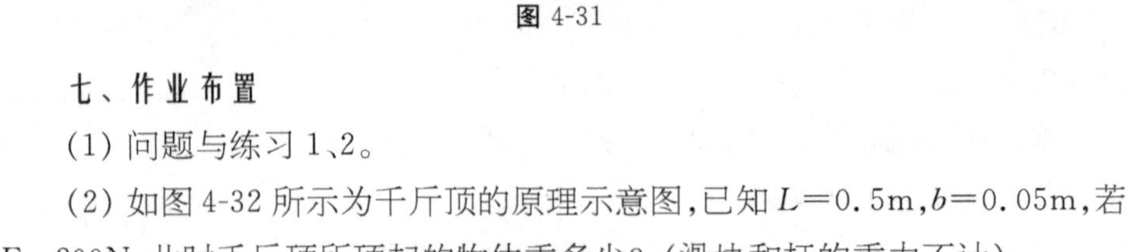

图 4-31

**七、作业布置**

(1) 问题与练习 1、2。

(2) 如图 4-32 所示为千斤顶的原理示意图,已知 $L=0.5\text{m}$,$b=0.05\text{m}$,若 $F=200\text{N}$,此时千斤顶所顶起的物体重多少?(滑块和杆的重力不计)

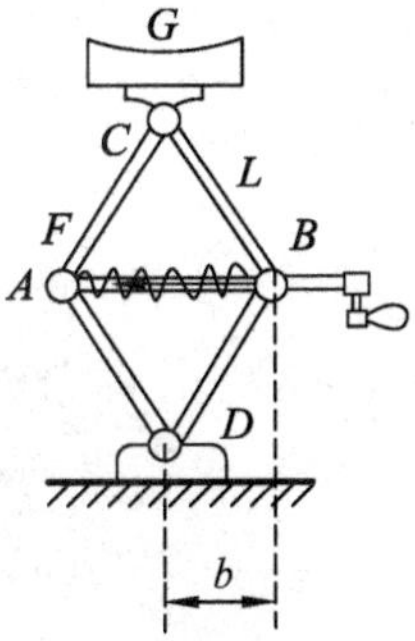


图 4-32

八、板书设计

力的分解

1. 力的分解(力的合成的逆过程)遵循平行四边形定则。

2. 一个力可以分解成无数对分力。

3. 在实际分解过程中,根据力的效果确定分力的方向。

九、教学反思

(一) 课堂引入方面

在这节课中笔者用的是"下坡"感受引入,因为下坡时觉得"轻松""速度越来越快"这样一种效果是由于重力的分力,如果要定量研究这个分力,就要用"力的分解"。这样一种引入方式和大部分教师的"实验引入"不同,优势在于这个生活体验人人都有,而且有铺垫式地分析,学生自然就从上节课所学习的"分力""合力"中想到这节课要学习的解决问题的方法是力的分解,为这节课的学习搭了一个很容易跨上去的台阶。之后就由这个现象直接提炼出物理模型进行定量分析。但相对于实验引入是对学生的吸引力不大,可能不足以引起所有学生的兴趣。

在准备这节课时,也想过用实验引入,例如"一指断钢丝""小力气可以提起大物体",但是最终放弃,原因是实验的效果很轰动,但是学生很难把"效果非常好"的实验和这节课学习的主题联系在一起,只能由上课老师说出"要解释这个实验,一起学习今天的课题"开场。

(二)"探究"实验方面

之所以在探究两个字上面加上引号,是因为笔者觉得这节课不需要"探究",在前面第四节力的合成中学生已经知道了平行四边形定则,在解决分解时自然也能想到办法。所以在这节课的设计中笔者采用了“验证”实验，用改装以后的压力传感器验证由平行四边形定则算出的结果是否符合实验数据。这种处理方法是高中物理学习中一个非常典型的认知方式——先理论推导、再实验验证。

压力传感器在本节课中的第二次“验证”作用是一个变式分析，如图 4-33 所示，斜面上的挡板由垂直于斜面变成竖直方向，如果想求斜面受到的压力大小，那么和前一个模型的分解一样吗？斜面之所以受到压力是因为重力沿垂直于斜面方向分力的作用效果，所以压力大小等于重力分力大小，而分解只要符合平行四边形定则就可以分解，那么这时压力变了吗？学生会有不同想法。不同分解方式得到的结果一定不同，最好的验证方式就是实验。由理论推导到实验验证是为了告诉学生：分解时一定根据“两个”方向的实际效果确定分力方向。

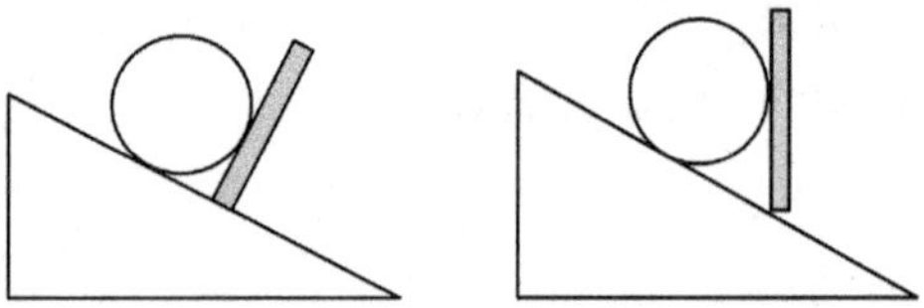

图 4-33

在这节课中，我还安排了一个分组实验，利用筷子、皮筋、钩码，学生体验向下的力 $F$ 产生的作用效果，强调“拉”和“压”就是分力的方向，这两个分力的“大小”等于杆子和绳子上承受力的大小。

**（三）教材把握方面**

现用的教材和过去相比最大的改变就是将“效果”改成了“需要”，我是这样理解的：这种改动的直接目的是弱化效果，因为“分解”是一种方法，在后面用此方法时，大部分情况是用“正交分解”。如果过于强调效果，那么带来负面影响就是学生会认为重力垂直于斜面的分力就是重物对斜面的压力（重物放在斜面上的模型），在以后“受力分析”的过程中也会“多画力”。

但是笔者在课堂设计中，仍旧在第一个问题解决中用了“效果”。原因有：(1) “需要”包含了“效果”，因为合力的效果，所以才有“效果力”大小等于某一个需要求解的力的大小。那么在分解的初期，从效果出发能更贴近学生的已有知识储备和解决问题的能力。(2) 后面的“正交分解”中，两个方向的确定通常是加速度方向和垂直于加速度方向。到第三章学生对此毫无接触。

所以在本节课的设计中就弱化了“正交分解”，将“需要”定位于“效果”。

对于教材的处理去掉了“矢量相加法则”，原因是：课堂上短时间说不清楚的问题不如不说。

**(四) 师生互动方面**

笔者个人比较喜欢“对话式”的师生互动，不倾向于在课堂上一直说“请大家思考”“请大家回答这个问题”，这样做的好处是形成一个轻松的课堂氛围，学生在和老师的对话中渐渐走进课堂，在对话中渐渐爬上知识的高地。这种互动方式并不是要求学生“齐声回答”，而是“插嘴式”地说。但是若想让这种互动方式能够凸显整节课的重点、难点，那么对于“重要的物理问题”和“关键的物理问题”的设计就显得尤为关键。

我认为这节课中对以下两个问题是要放慢教学节奏并强调的：

(1) 斜面上的重力有两个分力，那么重力有多少分给了沿斜面向下？有多少分给了垂直于斜面？是否有办法解决？(这是理论推导的开端，属于关键问题)

(2) 如果将上述问题中的挡板改为垂直于水平面，这时圆柱体对斜面的压力又是多少？(对这个问题的分析是为了让学生知道一定要明确此合力的每个效果，根据实际效果方向作出力的分解图，属于重要问题，出现在幻灯片上)……这些问题就不适合用对话的方式解决，需要学生说出自己的见解，并且让学生相互评价。

(由倪凤老师提供)

## 第五节　物体是由大量的分子组成的

### 教学设计(1)

**一、教学设计思路**

本节课作为本章的第一节内容，是学生在学完有关宏观物体的知识后，对微观世界的知识进一步探究学习，为后面研究有关知识做好铺垫。但由于分子的大小无法直接观察、测量，此外用油膜法估测分子的大小的实验原理和方法也是一个从抽象到具体的思维过程，这是本节课教学的一大障碍。对微观世界的探索让学生有一种好奇心，可充分调动他的学习兴趣。

二、教学目标

(1) 知道物体是由大量的分子组成的。

(2) 估测油酸分子的大小,体会建立模型和估测方法在研究物理问题中的应用。

(3) 知道分子的球形模型,知道分子直径的数量级。

(4) 知道阿伏加德罗常数的物理意义,会用这个常数进行有关的计算或球形模型估算。

三、教学重点、难点

重点:

(1) 知道分子直径的数量级。

(2) 理解和学会用单分子油膜法估测分子大小的方法。

(3) 会用阿伏加德罗常数进行有关的计算或估算。

难点:理解单分子油膜法估测分子大小的原理。

四、教学准备

(1) 多媒体课件。

(2) 实验器材:普通纱布和纳米材料的纱布,油酸酒精溶液(1∶800),滴管,约 20cm×30cm 的矩形浅水盘,烧杯,痱子粉,画有方格线的透明塑料板。

五、教学流程图

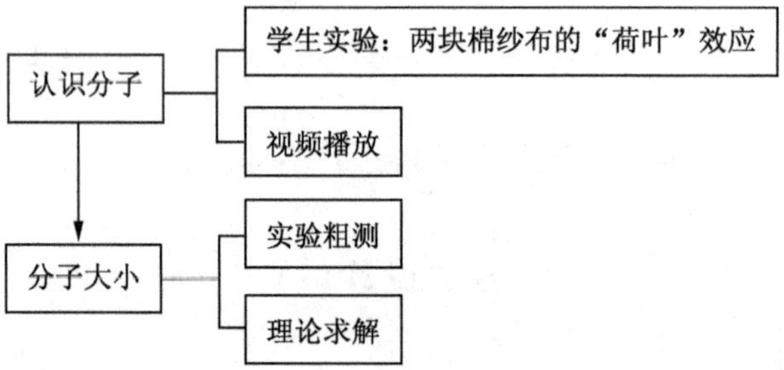


六、教学过程

(一) 课堂引入

活动一:创设情境,引入新课

学生实验:出示相同棉布两块,其中有一块表面喷有纳米材料,请几位同学绷起棉布使布面处于水平面,向棉布上倒入一小杯水。

播放视频:物体是由大量分子组成的。

设计意图：创设具体情景，激发学生兴趣，知道物体是由大量的分子组成的，并引入分子球形模型。

图片展示：扫描隧道显微镜拍摄的石墨表面原子结构照片。

设计意图：通过观察图片知道分子是很小的，并能将分子模型建立为球形模型，知道在物理学中将分子、原子、离子统称为分子。

过渡衔接：从初中的学习以及化学的学习中，我们知道"物体是由大量分子组成的"，这节课我们就来进一步深入定量研究分子的大小。

**(二) 课堂教学**

***活动二：实验估测单个油酸分子的大小——单分子油膜法***

第一阶段：探究原理。

问题 2-1：为什么选取油酸分子研究？

问题 2-2：油酸滴在水面上，会怎样？

问题 2-3：油膜散开足够大，油膜有多厚？

问题 2-4：怎样才能使油膜尽可能散开，形成单分子油膜？

视频演示：播放纯油酸散开的视频。

设计意图：观察视频发现分子个数太多，若要形成单分子油膜，则需要稀释。

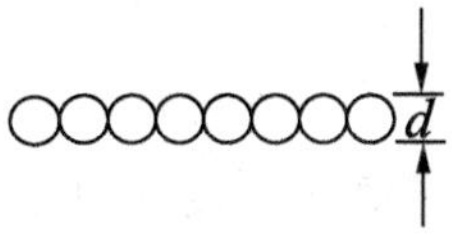


图 4-34

问题 2-5：如何稀释？

问题 2-6：油酸酒精溶液滴在水面上，是怎样形成油膜的？

问题 2-7：怎么知道单分子油膜的边界？

问题 2-8：如何测量其直径 $d$(图 4-34)？

问题 2-9：如何测量一滴油酸的体积 $V$？（测多算少）

问题 2-10：如何计算油膜的面积？

设计意图：使用问题串逐渐引导学生分析找到通过实验的方法粗测分子直径的方法。

第二阶段：实验探究。

问题 2-11：

(1) 某小组盘中滴了几滴油？

(2) 痱子粉撒得过多？

(3) 计算油膜面积的方法。

第三阶段：汇报实验结果。

学生结果汇报：一滴溶液中油酸的体积、油膜的面积、分子的直径。

图片展示：分子放大至网球这么大，相当于将网球放大至地球大小。

设计意图：通过具体的数据和类比再次感受分子很小。

*活动三：用理论方法计算分子大小——阿伏加德罗常数*

情境建立：将 1g 食盐(NaCl)均匀溶解在容量为 100 亿($10^{10}$)$m^3$ 的太湖水中，1mL 的水中有 $1.03\times10^6$ 个食盐分子。请根据上述数据估算阿伏加德罗常数 $N_A$。(已知 NaCl 的摩尔质量为 58.5g/mol)

设计意图：体会用物理方法得到的值与化学中的阿伏加德罗常数值相同。

问题 3-1：如果用 $M$ 表示摩尔质量，$m_0$ 表示分子质量，$\rho$ 表示物质的密度，$V$ 表示摩尔体积，$v_0$ 表示分子体积，$N_A$ 表示阿伏加德罗常数，写出这些量之间的关系。

设计意图：从上述关系看出，阿伏加德罗常数是联系微观世界和宏观世界的桥梁。它把摩尔质量、摩尔体积等这些宏观量与分子质量、分子体积(直径)等这些微观量联系起来。

阿伏加德罗常数是自然科学的一个重要常数。物理常数是物理世界客观规律的反映，物理学家想出各种办法来测量它，现在测定它的精确值是 $N_A=6.02\times10^{23}$ mol。

问题 3-2：如果把水换成标准状况下的水蒸气，这些关系式还成立吗？

设计意图：归纳气体分子的两种模型。

## 七、板书设计

**物体是由大量分子组成的**

一、实验探究

单分子油膜　利用宏观量的测定求出微观量大小

分子直径的数量级是 $10^{-10}$ m

二、阿伏加德罗常数

$N_A=6.02\times10^{23}$ mol

联系宏观和微观物理量的桥梁

## 八、教学反思

本节课的课前教案设计，经过比较充分的准备，在教学实践中基本达到了预设的教学效果。下面将本节课比较成功的地方、教学亮点，以及需要继续提高、改进之处做一个小结，以促进本人的教学水平不断提高。

**（一）优点**

(1) 通过演示外观相同的两块棉纱布的“荷叶”效应小实验，迅速引起学生的好奇心、注意力，使学生对学习新课程充满了期待，得以顺利进入新课程的学习。并且，在本节课结束前能够首尾呼应、点题，那一块不透水的棉纱布表面喷涂有一薄层眼睛看不见的纳米材料。由此，检验了良好的教学效果。

(2) 在探究单分子油膜法的原理时，从油酸分子亲水→形成油膜→油膜有多厚→形成单分子油膜→使用油酸酒精溶液滴→测量一滴溶液中油酸的体积→怎么知道单分子油膜的边界→如何计算油膜的面积→如何测量油膜厚度即分子直径→$d=\frac{V}{S}$，一步一步由学生探究，有条不紊，上下紧密联系，整个过程具有严密性和逻辑性，不仅使学生掌握了所给原理，还了解了实验中必要的操作步骤。

(3) 笔者估计在实验探究过程中，撒痱子粉可能会过量，向水面滴入油酸酒精溶液可能会超过 1 滴。所以，就预先准备了数码相机及时把问题拍摄下来，迅速通过视频曝光，集体纠错，使实验探究得以顺利进行。

(4) 为了说明物体是由大量分子组成的，且正确理解这个“大量”，就必须使学生感受到“分子非常小，数量非常大”。通过如下比较：将分子小球放大至网球那么大，相当于将网球放大至地球那么大。同时播放幻灯片，使比较大小形象化，收到了较好的效果。

笔者还通过将 1g 食盐均匀溶解在总量约为 100 亿立方米太湖水中的事例，估算阿伏加德罗常数，来理解分子“小”、数量“大”，并且很自然地复习了阿伏加德罗常数的数值和物理意义，体现了课程设计的科学性、前瞻性。

(5) 课程设计的另一巧妙之处是利用分子球形模型，把液体和固体的分子看成是一个挨一个紧密排列的，进行分子微观量的估算，再顺利过渡到估算气体分子间的距离，认为气体分子在空间均匀分布，每一个分子占有空间体积为一球体，并利用示意图帮助学生理解。从图中可以看出这种模型的缺陷是分子间有明显的空隙，产生一定的误差，而应采用立方体模型估算分子间距误差明显较小。这样就顺利突破了怎样估算气体分子间的距离这一难点。

(6) 一节课不能虎头蛇尾，既要让学生学到新知识，学会新方法，还要激发学生学习、探索物理科学的热情，鼓励、鞭策学生学好物理的信心。笔者还及时抓住诺贝尔物理学奖授予两位研究微观粒子物理学家，鼓励学生为将来攀登科学高峰而努力学习。

**(二) 缺点**

(1) 现在的学生动手实验能力较差是众所周知的，尽管事先就知道学生拍痱子粉会过量，课前为此曾反复考虑是手把手地教他们拍痱子粉，还是让他们自己在实验中学会，于是设计了拍照纠错环节。其实“拍粉”这一环节，只须提着粉袋轻轻抖动几次即可获得满意的结果。在教学中笔者放手让学生自己去做，结果有 10 组左右的实验小组在老师纠错后换清水重新实验，对实验进程产生了一定的干扰。

(2) 笔者使用的苹果计算机跟多媒体设备不兼容，临时借用了同事的计算机。由于对新使用的计算机性能了解不够深入，该计算机容易发热，而温度高了工作性能就不够稳定。以致教学过程中两次出现播放幻灯片与教学内容不同步，再手动纠正，对教学产生了一定的影响。

(3) 教学中怎样处理好探究与引导的关系，学情分析符合实际是至关重要的。在探究实验原理以及讨论摩尔质量、摩尔体积、密度、分子质量、分子体积和阿伏加德罗常数之间的关系时，学生在分析、回答某些问题时出现失误或者答不上，反映了高一学习的内容遗忘率较高，如果事先布置学生适当复习，那么教学设计的问题会更加符合学生的实际，教学效果将更上一层楼。

（由徐海菊老师提供）

## 教学设计(2)

### 一、教学设计思路

本节内容初中物理已经学习过，但只是通过简单的现象和数据让学生认识分子的“微小”和数量的“巨大”。高中物理则细化了这部分内容，讲分子数量的“巨大”时引入阿伏加德罗常数来估算，讲分子的“微小”时通过油膜法来估测分子的大小。注重探究过程，对学生观察、操作、分析能力有很高的要求。

基于上述原因，本节课的教学设计重在学生的自主学习与探究，教师在课堂中只是一个引导者的角色。通过自主探究不仅能使学生对“物体是由大量分子组成的”有更深刻的理解，而且可以有意识地让学生在探究过程中发展观察、操作、分析能力。

## 二、教学目标

(1) 知道物体是由大量分子组成的。

(2) 理解阿伏加德罗常数的含义、数值和单位。

(3) 理解油膜法测分子大小的原理,并能利用其估测分子的大小。

(4) 领略放大法、转化法、建立理想模型等物理方法在本课中的应用。

## 三、教学重点、难点

重点:

(1) 利用阿伏加德罗常数估测分子数量。

(2) 油膜法估测分子大小。

难点:油膜法估测分子大小。

## 四、教学流程图

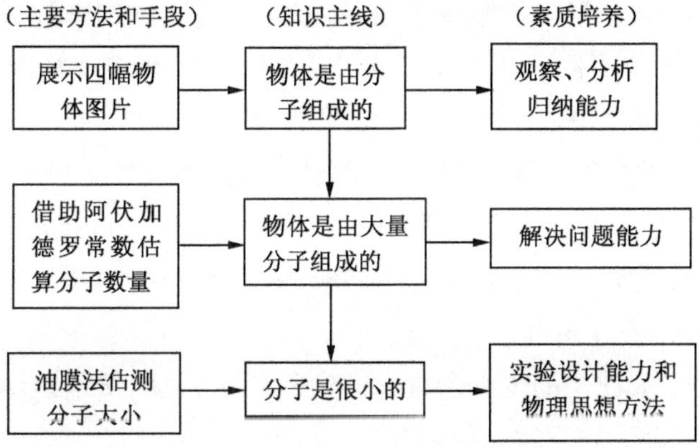


## 五、教学准备

(1) 多媒体课件。

(2) 实验器材:量筒、烧杯、小钢珠、油膜法估测分子大小实验装置等。

## 六、教学过程

### (一) 课堂引入

**活动一:物质是由分子组成的**

图片展示:PPT 展示食盐、石英石、金块、水珠四幅图片。

问题:请同学们想想看从化学角度,这些物体是由什么组成的?

设计意图:组成物体的微粒可以是离子、原子和分子。但物理中只研究它们的运动规律,不考虑化学变化中所起的作用,所以本模块把它们统称为分子。

**(二) 课堂教学**

*活动二：物质是由大量的分子组成的——估测分子数量*

情景设置：将事先倒在瓶盖中的纯净水一饮而尽。

问题 2-1：若仅提供量筒，能否估算出刚才一口喝掉了多少水分子？

预设回答：可以先测出体积 $V$，然后根据 $N=\frac{\rho V}{M}N_A$ 计算。

问题 2-2：式中的 $N_A$ 指什么？它的含义是什么？

预设回答：$N_A$ 是阿伏加德罗常数，它指的是 1mol 任何物质都含有相同的粒子数。

设计意图：用生活中简单的事例分析分子数量的求解方法，引出阿伏加德罗常数，为接下来分析从宏观量到微观量建立桥梁。

过渡衔接：有了阿伏加德罗常数后，我们还需要测出水的体积。刚才我已将杯中的水位做了标记，现在倒入相同量的水用量筒测出其体积。

现在就请同学们来估测一下水分子的数量。

问题 2-3：假如全世界 70 亿人不分男女老少都来数这些分子(估算的结果)，每人每秒数 1 个，需要多长的时间才能数完？(已知一年是 $3.2\times10^7$ s)

设计意图：通过对分子数量进行估测，体会到这是个"庞大"的数字，可见物体是由大量分子组成的。

过渡衔接：如此小的体积含有如此多的分子，也间接地说明分子是极其微小的。那能否测量分子的大小呢？

*活动三：分子是很小的——油膜法估测分子的大小*

模型建立：研究分子时为了减小问题的难度，时常把它简化成球体。所以分子的质量、体积、直径等都能反映分子的大小。但由于时间关系，本节课我们只探究分子直径的大小。

情景建立：首先请同学们来研究一个简单的问题，在每组同学的桌面上放有数量不等的小钢珠，你们能否利用手中的工具测出小钢珠的直径？

设计意图：学生会针对情景提供多种可行方案，但是针对本节课，只是分子体积较小，可引导学生借助钢珠模型分析简单可行的方案。

问题 3-1：将很多小钢珠放在量筒中，再将小钢珠倒入较大面积的容器中形成单层。

一层钢珠的厚度表示什么？该如何测量？

问题 3-2：能否用上述原理估测分子的大小呢？

过渡衔接：我们这节课就利用该方案来估测油酸分子的大小。

问题 3-3：为什么选择测量油酸分子的大小呢？

图 4-35

问题 3-4：只有水面足够大时，油酸才能形成单分子油膜，如图 4-35 所示，但在实验室中水槽的面积是有限的，如何解决这个问题？

问题 3-5：如何测量一滴油酸的体积？

问题 3-6：如何测量油膜的面积？

问题 3-7：假如得到如图 4-36 所示的油膜，如何测量其面积呢？

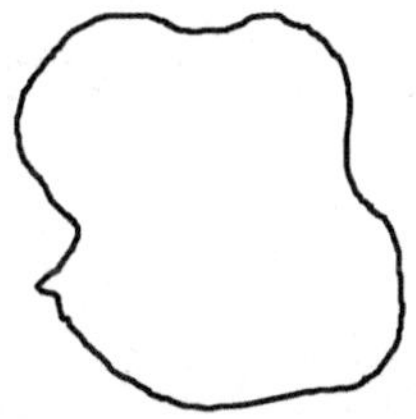

图 4-36

分组讨论：该实验应如何操作？

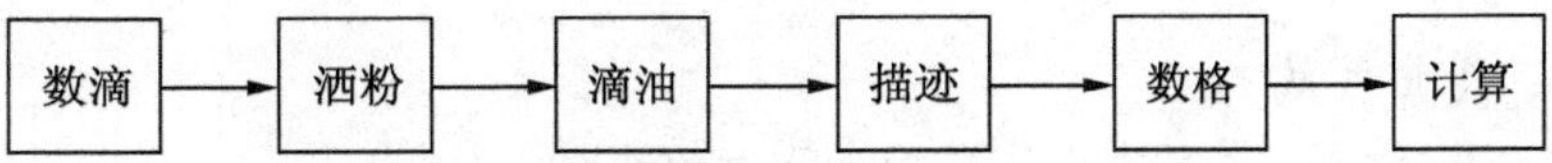


学生总结：实验中的注意事项。

(1) 石膏粉的厚度要适中。

(2) 滴油酸溶液时注射器距水面在 1cm 以内。

(3) 描油层轮廓时视线要垂直。

数据处理。(留给学生回答)

教师总结：除了有些有机物质的大分子外，一般分子直径的数量级为 $10^{-10}$ m。

问题 3-8：上述实验中我们认为分子是如何排布的？

分子真的是球形吗？它们之间真是紧密无隙的吗？

情境展示(图 4-37)：

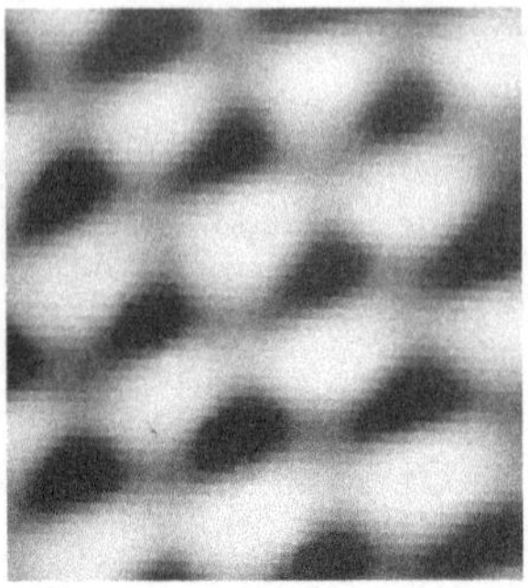

图 4-37 石墨表面原子的照片

说明：图中的亮斑为碳原子，黑点为分子间隙。

可见：分子之间有间隙。将分子看成紧密排布的小球，只是一种简化了的模型。

教师提问：在这个实验中我们用到了哪些物理方法？

七、板书设计

**物体是由大量分子组成的**

1. 估算分子数量——阿伏加德罗常数

2. 估测分子的大小——油膜法

(1)原理：$d=\frac{V}{S}$

(2)分子直径的数量级为 $10^{-10}$ m

八、作业布置

(1) 试分析油膜法估测分子大小的误差来源。

(2) 总结本节课涉及的物理方法在高中物理中有哪些应用。

(3) 能否通过阿伏加德罗常数估算分子的直径？

(4) 能否将气体分子看成紧挨排列的球体？

九、教学反思

《物体是由大量分子组成的》是学生步入微观领域的第一课。由于分子极小，无法通过肉眼识别，所以学生会感觉很抽象。总体而言，本节内容给人的感觉是教师难教、学生难懂。为使学生更好地理解所学内容，把握好课堂节奏，需要对本课内容进行合理的统筹安排。基于上述两个原因，课堂中我对教材做了如下处理：

1. 注重物理和生活的联系

例如，让学生估算一口水的分子数，借助小钢珠建立分子模型等。由于贴近生活，学生有兴趣又易理解。就拿估算一口水的分子数为例，通过估算的结果，让学生自己去体会分子数量的“巨大”和微小，很有说服力。

2. 问题设计要有明确的指向性和启发性

新课程重视学生的自主探究学习，但绝不是放羊式。教师在课堂中扮演的是主持人的角色，学生的活动就是一个个节目。教师的作用是在有限的时间内将每个节目连贯地串起来，按照教师预设的方向走。记得在设计学生估算分子数目时，笔者很纠结要不要限定仅使用量筒，经过慎重考虑，还是加上去了。如果不加，学生可能会有很多种回答，在这个问题上势必会纠结更多的时间。

3. 合理调整书本的知识结构

课本的知识结构先是让学生通过实验探究分子的大小，然后是借助阿伏加德罗常数估算分子数目。这样的安排是专家们的慎重考虑，也比较合理。但正如南师大刘炳升教授所说，教材给人的感觉有点头重脚轻。本课笔者将阿伏加德罗常数提前，这样做有两个方面的好处：过渡自然和时间可控。阿伏加德罗常数在高一化学中已经学过，不必纠结太多，但又不能不讲。把它提前既保证课堂的完整性又可以作为本课的引子过渡到油膜法估测分子大小。本节的重点和难点是油膜法估测分子大小实验，课堂中需学生自己动手探究，这一活动时间较长，但也是可控的，把它放在后面可以避免出现时间严重不够或时间剩余太多的两个极端情况，进而更好地把握课堂节奏。

4. 学生养成自主探究的能力

物理作为一门自然学科，对于学生自主探究能力的养成有积极的作用。本节课教师引导学生分析完实验原理后，就可以让学生自己去尝试。这时候教师就是一名协助者，对学生探究过程中出现的问题做适当的指导，无论最终的结果如何，其过程总归是好的。当然教师自身对这个实验也要有足够的了解，对可能导致实验失败的地方能了如指掌，做个合格的“助手”。

（由胡浩老师提供）

# 第六节　分子的热运动

## 教学设计(1)

### 一、教学设计思路

本节内容是通过扩散现象和布朗运动来研究分子的热运动，在已学过的扩散运动的基础上进一步学习分子热运动相关的知识，学习本节知识可以让学生更好地理解分子热运动的特点。本节课的教学重点是让学生理解产生布朗运动的原因和分析出布朗运动的明显程度影响因素，由于学生已有的科学研究方法不成熟，对于微观领域的研究没有基础，所以要引导学生通过实验探究和理论分析相结合的方法来突破教学的重点、难点。

### 二、教学目标

(1) 了解扩散现象是由于分子的热运动产生的。

(2) 知道什么是布朗运动，理解布朗运动产生的原因和影响其明显程度的因素。

(3) 知道什么是热运动及决定热运动剧烈程度的因素。

### 三、教学重点、难点

布朗运动产生的原因和影响其明显程度的因素。

### 四、教学流程图

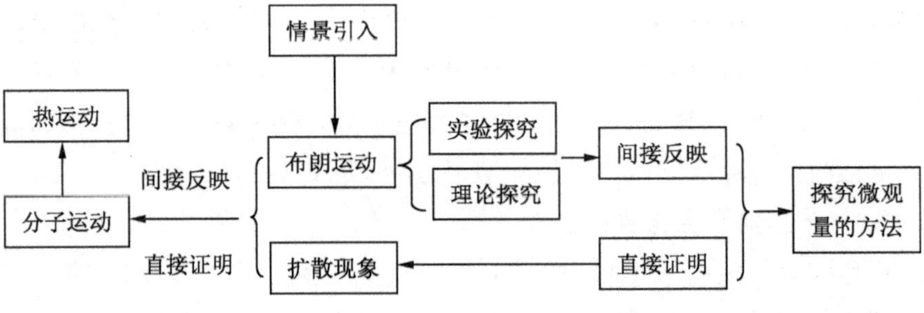


### 五、教学准备

(1) 多媒体课件、视频资源。

(2) 实验器材：烧杯、红墨水、热水、冷水。

## 六、教学过程

### (一) 课堂引入

学生阅读“布朗轰动世界的发现”,激发学生的探究欲。

### (二) 课堂教学

*活动一：什么是布朗运动*

播放视频：布朗运动。

问题 1-1：观察到“谁”的运动?

问题 1-2：它们的运动是否有规律可循?

问题 1-3：大颗粒与小颗粒的运动有什么区别?

问题 1-4：是什么原因导致布朗颗粒的无规则运动?

(实验探究布朗运动的成因)

猜想：布朗运动的成因。

设计意图：引导学生排除其他原因,得出只能是水分子的撞击力所致,进而得出结论——布朗颗粒不断地运动是由于液体分子的撞击力不平衡造成的,布朗颗粒无规则性运动是不同瞬间、不同方向的撞击作用的强弱不同所致。

问题 1-5：怎样能让布朗运动更明显呢?

合作探究：

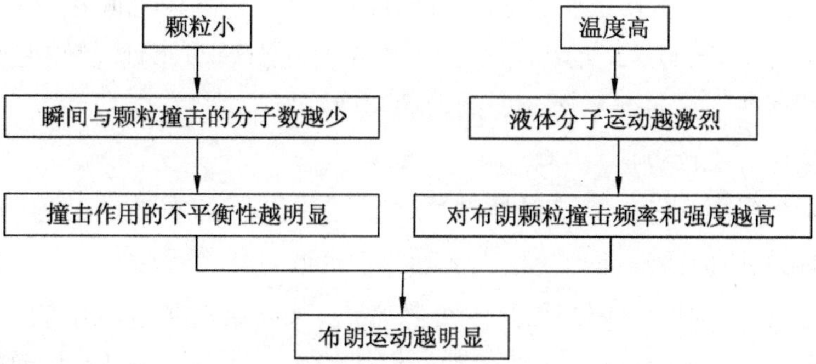


播放动画：验证探究结论。

课堂评价设计：

某学习兴趣小组在学习完布朗运动后,对分子的运动有了很多新的认识，他们在交流学习过程中产生了不少新的观点，你对他们的部分观点有着怎样的理解？

观点1：布朗运动是布朗微粒内部分子的无规则运动。

观点2：布朗运动是液体分子的无规则运动。

观点3：布朗运动反映了布朗微粒内部分子的无规则运动。

观点4：布朗运动反映了液体分子的无规则运动。

设计意图：知道布朗运动是颗粒运动，不是分子运动，但布朗微粒无规则性运动间接反映了(液体)分子无规则的运动。

过渡衔接：布朗运动间接地反映了分子的无规则运动，我们初中有没有学习过什么实验能直接证明分子的无规则运动？

*活动二：扩散现象*

实验演示：$NO_2$ 和空气的扩散视频。

问题2-1：观察“谁”在运动。

问题2-2：是不是只有气体间能发生扩散？其他物态间能扩散吗？

学生实验：演示液体扩散(将红墨水分别滴入热水和冷水中，观察液体的扩散)

问题2-3：两杯水中的扩散有什么异同？

设计意图：通过实验分析得出温度对扩散现象的影响——温度高，扩散明显；温度低，扩散不明显。

*活动三：热运动*

师：扩散现象直接证明了分子的无规则运动；布朗运动间接反映了分子的无规则运动，这两种运动都反映了分子的无规则运动，而且都与温度有关，我们把这种分子永不停息地无规则运动叫做热运动。

课堂评价设计：

某同学学完分子的热运动这节内容后，认为“因为布朗运动的明显程度与温度有关，所以布朗运动就是热运动”，你对此有什么看法？

思考题：当阳光从窗户里直射进教室内，某同学看到空气中的尘埃在不停地运动，他认为尘埃在做布朗运动。你认为他的认识正确吗？如何辨析？

设计意图：能够更深刻地认识热运动的特征，能抓住关键词。

**七、作业布置**

(1) 实验探究：利用如下物品你能设计出几种扩散实验证明分子的无规

则运动?

参考物品：香水、冷水、热水、煤、糖、鸡蛋、青菜、盐、蜂蜜、酱油、墙壁。

(2) 布朗运动是不是只能在液体中才能看到? 请查阅相关知识判断在气体或固体中能否观察到布朗运动。

(3) 课本 P7 问题与练习的 1、2、3 题。

## 八、板书设计

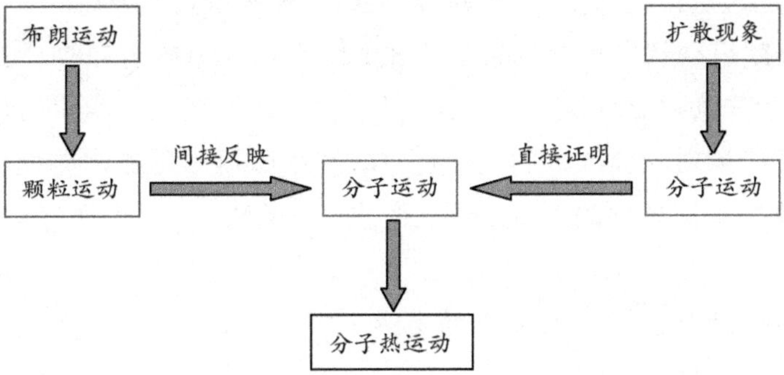


## 九、教学反思

### (一) 成功之处

1. 教材处理

课本的安排是先后通过讲解扩散实验、布朗运动来证明分子的无规则运动,后讲解分子的热运动。考虑到学生初中对扩散现象有了比较深的理解,所以在备课时,笔者设计为先讲解布朗运动,弱化扩散现象,最后讲解分子的热运动,这样的处理很好地突出了教学重点。

2. 难点突破

本节课的难点在处理布朗运动的成因和布朗运动的明显程度的影响程度,笔者采用了如下的处理方式:

(1) 布朗运动的成因：通过现象→猜想→探究→验证的流程来突破难点,播放视频让学生观察总结出观察到的现象——“布朗颗粒在做无规则运动,颗粒越小,布朗运动越明显”。然后学生猜想得出可能的原因,利用所学知识做出正确的判断得出只能是液体分子撞击力所致。学生通过生本对话后,小组合作探究得出布朗运动不规则性的原因,最后通过一个模拟实验来验证。

模拟实验设置如下:

(a) 对比一个学生击打悬挂的排球与两个学生同时击打悬挂的球的现象

得出：物体受力不平衡，其运动状态改变。

(b) 让六个学生围成一圈，让学生随机击打排球模拟布朗颗粒受到液体分子撞击力的作用下的运动情况，让学生思考"如果这些学生具有隐身本领，我们只能看到排球的无规则运动，是什么力导致排球的无规则运动？这时学生很容易想到是周围学生的撞击力所致，这些撞击力的特点是，不同时刻排球获得了不同方向的合力，导致了排球的无规则运动(与布朗颗粒的受力非常相似)"，通过这样的教学设计很好地突破了第一个教学难点。

(2) 布朗运动明显程度的影响因素：由于这部分内容较难，所以在教学设计时，学生先通过阅读课本后小组合作，通过生本对话后生生对话，最后师生对话。学生通过阅读课本后，小组合作，基本能得出影响明显程度的因素。教师通过模拟验证学生的探究成果，通过这样的设计，学生很好地掌握了这一难点。

本节课的课堂设计以及两个难点突破方法，个人觉得处理还是很恰当的，也取得了不错的教学效果。

3. 创设愉悦的课堂氛围

教师以组织者、引导者和合作者的角色参与到课堂中去，整节课是以学生为中心，学生通过生本对话、生生对话、师生对话，发现问题、探究问题、解决问题；努力在过程中让学生体会和感悟知识得来的过程和成功的乐趣，很好地体现了新课程的理念。

4. 多媒体辅助与教学过程连接紧密

达到了辅助教学的目的，而不是为了用多媒体而用之。本节课通过本人处理的视频，很清晰地展示了布朗运动的实验过程和很好地观察到了布朗运动实验现象。通过动画模拟能很好地把微观的难以想象的事实模拟出来；本节课本人制作了布朗颗粒位置连线的动画和一个影响不亮颗粒明显程度的影响因素的动画，对教学有了很好的辅助作用。

5. 处理突发事件的能力得到了提高

在教学过程中处理突发事件的能力得到了提高，从而锻炼了自己良好的心理素质。

**(二) 不足之处**

(1) 由于笔者所在的学校条件限制，没有 CCD 显微镜。未能在课堂上做布朗运动的实验，而是通过笔者剪切处理的一个较清晰的实验展示布朗运动。

(2) 由于和学生之间不熟悉，所以没能和学生达成很好的共融，在课堂上有一部分学生思维活跃，积极踊跃，而有一部分学生却把自己当成观众，未能积极参与师生互动、生生互动，所以在这节课中笔者未能全面关注所有学生。

(3) 课堂教学实施过程中，在突破重点、难点的过程中由于想充分发挥学生的主体性，尽量让学生自己探究两个难点，在时间处理上不是很好。布朗运动教学用时 32 分钟，扩散现象和热运动用时 13 分钟，使得扩散现象处理稍显仓促。

(4) 由于时间有限，课堂上学生展示的时间不够，例如学生分析布朗运动的成因时，在经过了小组讨论后，各小组都有了自己的结论，但笔者只能让其中一组代表上讲台做阐述，其余各组的观点未能全部展示。

总之，课程改革中学生要变，教师更要变，新的课程标准要求教师要有全新的教育理念，需要教师加强各方面的修养，除了本专业扎实的知识外，还要具有多方面的才能，不但要有渊博的学识，还要拥有敏捷的思维，较强的应变能力和善于捕捉学生的闪光点，所以要求我们要反思我们的教学，如何在教学中提高学生的这种探究意识和增强学习兴趣，提高综合能力。在以后的教学过程中笔者要不断地提高自己的教学水平，不断地丰富自己的教学经验，让自己的教学多一些成功，少一些遗憾。

（由石超老师提供）

## 教学设计(2)

### 一、教学设计思路

本节课是学生在学完宏观物体的有关知识后，对微观世界的知识进一步探究学习，为后面研究物体内能及其有关知识做好铺垫。但由于分子的运动无法直接观察，所以本节课主要采用实验演示扩散现象，学生借助显微镜动手观察布朗运动，用电子目镜展示显微镜中的景象，以计算机模拟的方法为辅组织教学。

为加深学生对扩散这个常见现象的探究兴趣，设计了学生熟悉的香水扩散、二氧化氮气体和空气的扩散、红墨水在水中扩散以及比较红墨水在冷、热水中扩散快慢的演示实验。同时为实现物理源于生活，服务于生活，了解与分子热运动有关的现代科技，让学生列举扩散现象在生活中的有关实例，进一步体会分子的运动。

本节需要考察的知识与技能内容比较抽象，在学习过程中，主要充分调动学生的学习积极性，以学生分析、讨论为主，在教师引导的基础上，以“提出问题-实验探究-分析归纳-得出结论”为主线的思维过程进行教学，培养学生逻辑思维能力和归纳总结的能力。

本节课为了使学生在学习过程中，对于布朗运动及扩散现象有更具体、清晰的了解，在相关部分设计了一些视频展示，帮助学生理解。

## 二、教学目标

(1) 观察扩散现象，理解推断扩散现象是由于分子运动造成的。

(2) 观察布朗运动，能够叙述布朗运动的特点。

(3) 能够用分子运动理论解释布朗运动成因，推测宏观表现的微观成因，体会大量分子不断撞击微粒的情景，能够解释布朗运动；能够区分布朗运动与分子运动。

(4) 认识到科学观察要细致，推断要有充分依据。体会分子运动的“无规则性”。

## 三、教学重点、难点

重点：布朗运动。

难点：布朗运动产生的原因，布朗运动与分子无规则运动的关系。

## 四、教学准备

(1) 气体和液体的扩散演示实验：装有香水的香水瓶，分别装有二氧化氮气体和空气的玻璃广口瓶、毛玻璃片，烧杯内盛有净水、红墨水和胶头滴管。

(2) 比较红墨水在冷、热水中扩散速度的演示实验：分别装有冷、热水的烧杯、红墨水和胶头滴管。

(3) 观察布朗运动的分组实验：显微镜、制备好的水粉颜料悬浊液、带凹坑的载玻片、显微镜的电子目镜。

## 五、教学流程图

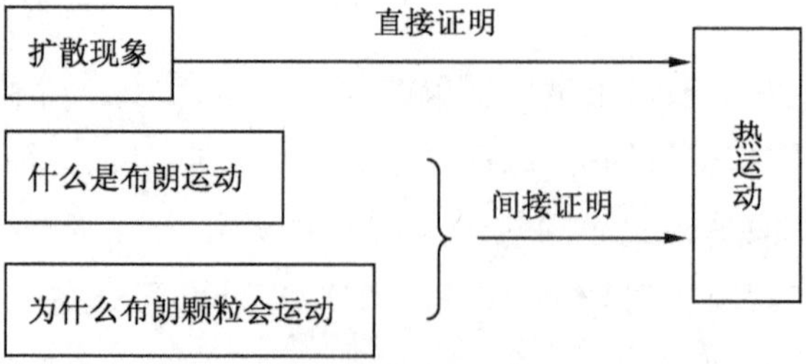

## 六、教学过程

### (一) 课堂引入

*活动一：名人名言，引入新课*

名人名言：彭实戈说："我的人生就像'布朗运动'，充满了偶然"。

问题：布朗运动是什么运动呢？

设计意图：激发兴趣，引入新课。

过渡衔接：这就是我们这节课所要研究的主要内容之一，本节课我们一起来学习课本的第二节分子的热运动。(打开香水瓶)

### (二) 课堂教学

*活动二：实验研究——扩散现象*

问题 2-1：前排的学生有没有闻到什么特殊的气味？

演示实验：红棕色二氧化氮气体和空气的扩散。

问题 2-2：大家看到什么现象？两种气体谁的密度大？是由于重力的作用而发生的吗？

设计意图：通过实验总结扩散的概念。

问题 2-3：气体与气体之间可以发生扩散现象，液体和液体之间呢？

演示实验：向装有水的烧杯中滴入几滴红墨水，观察水的颜色变化。

设计意图：实验证明气体之间可以发生扩散现象。

问题 2-4：固体间能发生扩散现象吗？

播放视频：学校锅炉房堆放煤炭的地方，去除煤炭后，把墙壁表层铲去后，墙的内部仍然是黑色的。

问题 2-5：这说明了什么？

设计意图：实验证明固体之间可以发生扩散现象，从而说明扩散现象在气体、液体、固体中都能发生，只不过固体间扩散发生慢，气体、液体相对扩散发生快。

问题 2-6：扩散的快慢除了和物体的状态有关外，还和什么因素有关呢？(温度)

演示实验：分别向相同质量的冷水和热水中同时滴入几滴红墨水。(注意比较扩散的快慢)

设计意图：说明温度越高，扩散现象越明显。

图片展示：酒好不怕巷子深、腌制食品、炒菜等。

设计意图：介绍扩散现象在生活、科学研究和生产技术中的应用。

过渡衔接：气体和液体的扩散现象，说明扩散总的趋势是浓度趋于一致，但浓度一致后此时分子仍在运动。

问题 2-7：分子的永不停息运动是建立在实验事实的基础上的，但我们能直接看到分子在运动吗？

设计意图：知道扩散现象是物质分子永不停息地做无规则运动的证明。

过渡衔接：我们肉眼只能区分 $10^{-4}$ m 的物体，大家想不想看到小于 $10^{-4}$ m物体的运动呢？怎么办呢？接下来我们就一起来研究一种我们仅凭肉眼看不到的也与分子运动有关的现象，也是刚开始所介绍的——布朗运动。

*活动三：什么是布朗运动*

知识介绍：悬浮微粒所做的无规则运动叫布朗运动。

问题 3-1：怎样来观察布朗运动呢？

分组实验：用显微镜观察布朗运动。

问题 3-2：你观察到什么现象？

预设实验结果分析：什么都看不到——这个实验对显微镜的调节要求高，观察要仔细；看见微粒但不动或运动不明显——显微镜中要仔细观察，我们所看到的布朗运动一般不可能是大幅度的运动。

问题 3-3：怎样才能更明显地看到颜料微粒的布朗运动呢？

实验视频播放：电子目镜观察布朗运动。

问题 3-4：请问你看到这些小微粒在干什么？

问题 3-5：你猜猜看会不会停下来？小颗粒的运动有规则吗？

问题 3-6：再仔细观察一下，这些悬浮在水中的颜料小微粒大小一样吗？

问题 3-7：它们同样明显吗？

问题 3-8：刚刚在扩散现象中大家知道温度越高，扩散越快，你猜猜看布朗运动呢？

演示实验：给颜料溶液加热后，观察到布朗运动也越明显。

设计意图：能够通过实验分析得出布朗运动的特点：永不停息、无规则，微粒越小、温度越高，布朗运动越明显。

图片展示：每隔 30s 观察三个微粒的折线图。

问题 3-9：这些折线是不是微粒运动的轨迹？

类比：今天在常州，明天到泰州，后天去南京了，把这几个地方连成折线，是否是运动轨迹？

设计意图：实验得出的每隔一定时间微粒所处位置的连线，不是微粒的运动轨迹。

**活动四：为什么布朗颗粒会运动**

学生阅读：课本第 6 页的第 1 段到第 3 段。

播放视频：布朗运动产生的模拟视频。

设计意图：知道产生布朗运动的根本原因就是液体分子永不停息地做无规则运动造成的。

分组讨论：为什么悬浮微粒越小，布朗运动越明显？

颗粒越小
- 同时受到液体分子撞击的数目少 → 受力极易不平衡
- 质量小，惯性小 → 运动状态易改变

颗粒越大
- 同时跟它撞击的分子数多 → 受力的平均效果互相平衡
- 质量大，惯性大 → 运动状态难改变

思考讨论：布朗运动是分子的运动吗？

设计意图：进一步理解布朗运动的实质。

**活动五：热运动**

扩散现象和布朗运动都表明分子在永不停息地做无规则的运动，而且温度越高，分子的无规则运动就越剧烈。这说明物体的温度高低是与内部分子无规则运动的剧烈程度直接相关的。

物体内部大量分子的永不停息的无规则运动与温度有关，被称为分子的热运动。

布朗运动不是热运动，但是热运动的反映。

课堂小结：

(1) 扩散现象是物质分子永不停息地做无规则运动的证明。

(2) 布朗运动反映了液体或气体内部分子做永不停息、无规则的热运动。

(3) 布朗运动是悬浮小微粒的运动，不是分子的运动。小微粒越小、温度越高，布朗运动越明显。

(4) 物体内部大量分子的永不停息的无规则运动与温度有关，被称为分子的热运动。

## 七、布置作业

完成课本第 7 页的问题与练习。

## 八、板书设计

一、扩散现象

1. 定义：不同物质相互接触时彼此进入对方的现象叫做扩散。

2. 扩散现象在气体、液体、固体中都能发生。

3. 特点：温度越高，扩散现象越明显。

4. 扩散现象是物质分子永不停息地做无规则运动的证明。

二、布朗运动

1. 悬浮微粒所做的无规则运动叫布朗运动。

2. 布朗运动的特点：

永不停息、无规则。

微粒越小、温度越高，布朗运动越明显。

三、布朗运动的解释

1. 布朗运动产生的原因：

2. 布朗运动是悬浮小微粒的运动，不是分子的运动。小微粒越小、温度越高，布朗运动越明显。

四、热运动

与温度有关。

## 九、教学反思

本节课的内容在近几年的高考考试说明中一直出现，属于一级要求，虽然在近几年高考中一直很少出现，但在近几年的模拟试卷中都有所体现，如2012 年盐城二调、2012 年苏锡常镇一调中出现的我国开展的 PM2.5 浓度的监测，在考查知识点的同时，又加强了学生的环保意识。因而在教学中要注意把握好度，在讲解到位的前提下控制难度。

分子的热运动这一节，首先要求学生知道：物质是由大量分子构成的，即便是一个很小的物体也包含了很大数目的分子。分子无法识别，我们无法直接观察到分子的存在，因而我们无法研究每一个分子的运动，这样在给学生无限好奇心的同时，我们自然地引入了扩散现象、布朗运动的观察和研究。

课本设计的“做一做”“实验”“说一说”等气体之间的扩散、气体向液体的扩散以及固体的扩散，这些都能给学生较为真实的体验。本节课我们还原了部分演示实验，同时通过电子目镜放大了布朗运动，给学生直接的感受，并考虑到学生的分组实验，让学生充分体验学习的过程，感受学习的乐趣，同时让学生建立表象并确认：没有任何外加的动力，没有生命力的布朗微粒也能“不知疲倦”地、杂乱无章、永不停息地运动。

当然本节课的重点是布朗运动对于人们深入认识热运动本质和分子动理论、最终取得胜利都有很重要的意义，同时布朗运动不仅用来作为许多自然现象的模型，而且还可以作为许多社会现象的模型，这也让我们的学生看到，物理学理论对其他学科、其他领域的辐射作用。

在教学过程中笔者能够有意识地养成学生的自主学习的习惯，努力在过程中让学生体会和感悟知识得来的过程和成功的乐趣。例如：让学生先通过自己动手用显微镜观察真实的布朗运动，笔者再通过电子目镜放大观察更清楚的布朗运动，从而感知这种运动是客观存在的，并自己讨论总结出其特点。

（由陈俊峰老师提供）

## 第七节　通电导线在磁场中受到的力

### 教学设计(1)

#### 一、教学设计思路

本节是在前三节基础上一个大的深化，主要是讨论通电导线在磁场中所受安培力的大小和方向。本节承接了前三节的基本内容，是对电流元这一概念的巩固和深化，同时为后两节运动电荷在磁场中的运动问题打下思维基础。

本节课设计了学生分组探究实验，通过探究磁场对电流作用力方向的实验，得出安培力的方向与磁场方向、电流方向有关，从而养成总结归纳物理规律、分析问题、解决问题的能力；进而利用自制器材搭建安培力、电流、磁感应强度三者方向的空间立体模型，通过模型使之认识到三者方向存在确定关系，再进一步得出判断安培力方向的左手定则。实验探究过程利用了控制变量法、演绎法、从特殊到一般的方法等，意在体会物理学习即研究，而这些是研究物理问题的基本方法。

#### 二、教学目标

(1) 知道安培力的大小计算公式。

(2) 会用左手定则熟练地判定安培力的方向。

(3) 通过学生自己探索磁场对电流作用的实验,养成总结归纳物理规律的能力。

(4) 通过左手定则的学习,理解磁场方向、电流方向和安培力方向三者之间的关系,养成空间想象能力。

## 三、教学重点、难点

重点:

(1) 掌握左手定则。

(2) 理解磁场对电流的作用大小的决定因素,掌握电流与磁场夹角为 $\theta$ 时,安培力大小为 $F=BIL\sin\theta$。

难点:对左手定则的理解及其实际应用。

## 四、教学准备

(1) 多媒体课件。

(2) 实验器材:安培力演示器、学生分组电学实验器材、学生分组实验立体建模制作器材等。

## 五、教学流程图

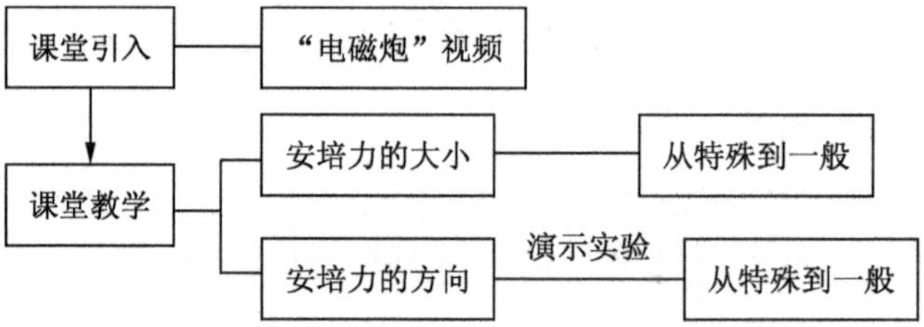


## 六、教学过程

### (一) 课堂引入

活动一:播放视频,引入新课

视频播放:播放"电磁炮"视频。

问题:请同学们思考一下,金属棒为什么会运动?

设计意图:把通电导线在磁场中受到的力称为安培力。以物理学家安培的名字来命名这个力是为了纪念安培在电磁学方面的杰出贡献。

### (二) 课堂教学

活动二:借助旧知,引出新知——安培力的大小

问题 2-1:学习即研究,要研究一个力,需要明确哪些方面?

过渡衔接：今天我们就来研究安培力的大小和方向。

情境建立：

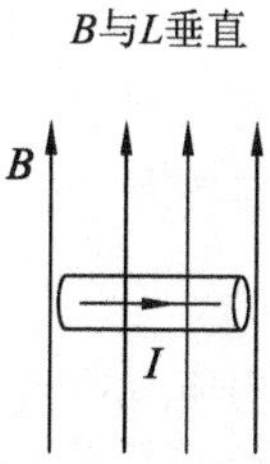


图 4-38

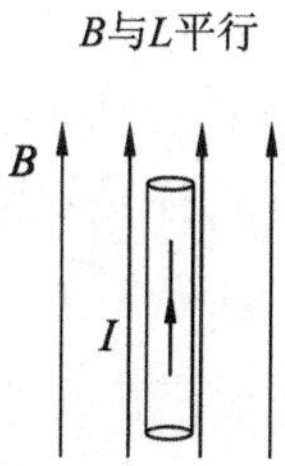


图 4-39

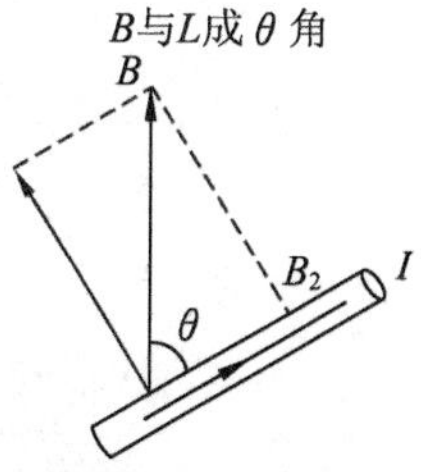


图 4-40

问题 2-2：图 4-38 中导线受到的磁场力为多少？

图 4-39 中导线受到的安培力又为多少？

问题 2-3：图 4-38、图 4-39 都是我们前面课堂实验研究得到的特殊情况，请看图 4-40，如果是这种情况，导线受到的安培力如何求得呢？

设计意图：在前三节的基础上，学生已经了解了通电导线与磁场垂直和平行两种情况下，安培力大小的特点，很自然会想到当成任意角度时采用分解的方法来处理，进而用特殊到一般的方法解决了安培力大小的求解。

**活动三：知识迁移——分组实验探究安培力的方向**

问题 3-1：按照这一思想方法，我们也可以从什么情况开始研究安培力的方向？

猜想：影响安培力的方向的因素。

问题 3-2：在物理学中，用什么方法研究多个物理量之间的定量关系？

过渡衔接：如图 4-41 所示，请看我们刚刚演示实验的立体图，磁场是向下的、电流是向外的。为了便于记录，我们常画出它的正视平面图。

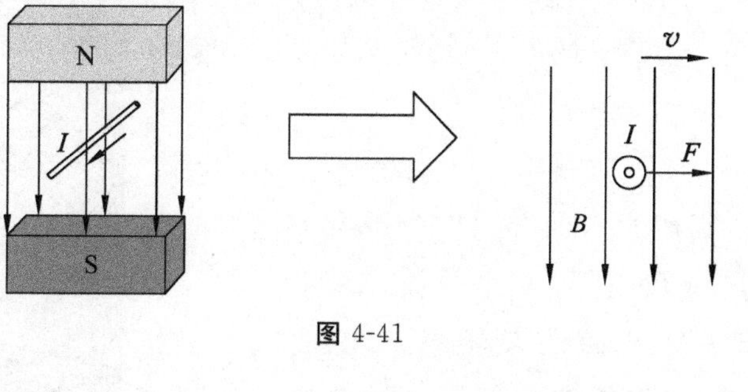


图 4-41

问题 3-3：磁场方向、电流方向我们都会记录，那我们根据什么来判断安培力的方向呢？

问题 3-4：我们可以交换电源正负极来改变电流方向，也能交换 N、S 极来改变磁场方向。那么电流方向与磁场方向的组合一共有几种？

注意：由于电流较大，为保护电路，开关只能采取试触的办法。

学生分组实验：投影一位同学的实验观测。

问题 3-5：同学们根据这组观测结果思考一下，安培力方向与电流方向有何关系？与磁场方向又有何关系？

**表 4-6　探究安培力方向实验现象记录表**

| 探究序号 | 1 | 2 | 3 | 4 |
|---|---|---|---|---|
| 观察记录 | 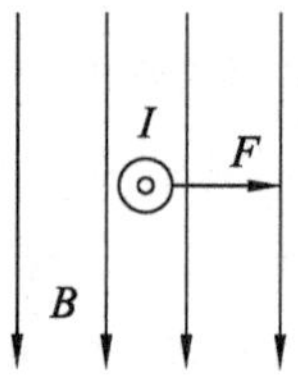 | 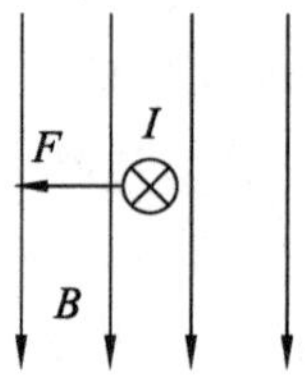 | 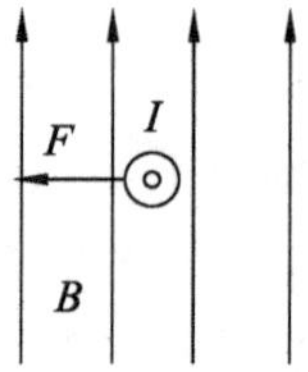 | 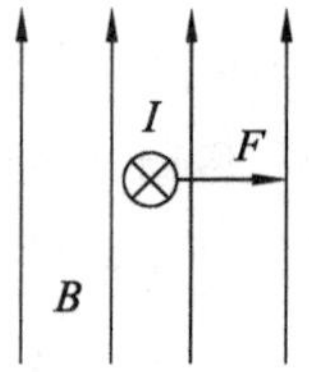 |
| 实验结论 | ① 磁场方向不变时，电流反向，安培力反向<br>② 电流方向不变时，磁场反向，安培力反向 | | | |

设计意图：用模型记录磁场、电流、安培力三者及之间的关系，如表 4-6 所示。

设置疑问：观察四个模型，它们方向关系似乎各不相同？

用模型记录方向是否方便？

设计意图：感受记录不方便，找到简便的判断方向的方法——左手定则。

设置疑问：今天实验中是否有值得怀疑的地方？刚才把金属棒的运动方向作为受到安培力的方向，这种判断正确吗？

演示实验：支架、磁铁、锡箔等。

设计意图：锡箔纸向下弯曲，并没有向前或向

图 4-42

后，说明安培力是向下的，是垂直于磁场的！前面的判断是正确的。

问题 3-6：前面实验讨论的是 $B$ 与电流垂直的特殊情况，如果 $B$ 与 $L$ 不垂直，安培力方向如何判断呢？左手定则还能用吗？同学们思考一下。

演示实验：支架、磁铁、锡箔等，如图 4-42 所示。

设计意图：$B$ 和 $L$ 可以不垂直，但安培力 $F$ 总垂直于 $B$、$L$ 组成的平面。

## 七、板书设计

| 知识： | 方法： |
| --- | --- |
| 1. 安培力的大小： | 特殊到一般的方法 |
| $F=ILB\sin\theta$（$\theta$ 为 $B$ 与 $L$ 的夹角） | 科学猜想的方法 |
| 2. 安培力的方向： | 实验探究的方法（控制变量法） |
| ① $F\perp(B、L)$ | |
| ② 安培力方向的直观判断：左手定则 | |

## 八、作业布置

演示平行电流间相互作用力实验，请学生课后用已有知识理论分析。

## 九、教学反思

本节是在前三节基础上一个大的深化，主要是讨论通电导线在磁场中所受安培力的大小和方向。本节承接了前三节的基本内容，是对电流元这一概念的巩固和深化，同时为后两节运动电荷在磁场中的运动问题打下思维基础。

本节设计时突出新课程中重过程、重方法、重体验的理念，以一段电磁炮视频并结合最新国际军事简况引入，极大地吸引了学生的注意力，并渗透了情感、态度、价值观的教育。教学过程中始终以情景问题为依托，引导学生去思考、总结、归纳，凸现了学生的分析能力、思维探究能力、实验能力和评价能力的养成过程，注重了信息技术与物理学科教学的结合。

教学中尽可能多地让学生参与课堂教学活动，如学生分组探究安培力方向实验和学生分组支架模型实验，加深课堂教学的实效，体现了以学生为主体的教学理念。但课堂实施过程中仍有几点不足：

1. 知识层次方面

本节内容含量稍多，需把握演示实验和学生分组探究实验的时间，完成本节至少要用一课时，要求全体学生参与思考讨论，学习体会安培力方向的判断方法。左手定则是比较抽象的内容，学生不易理解，设计时宜采用演示实验和学生分组探究实验相结合的方法,然后借助三通立体模型,帮助学生理解空间模型。

2. 学生方面

个人认为学生对实验的能力欠缺,加强引导是关键。设计应把重点放在学生物理思维的培养上。为了提升学生分析思考物理问题的能力,设计中可以采用演示实验和大屏幕相配合,把每步演示实验的结果及时记录下来,便于实验后进行思考讨论,得出实验结论。

3. 教师方面

注意语言的组织和提问的技巧,加强教师对知识的引导作用。并做好示范作用,了解学生的知识层次,尽量照顾全体。在了解学生认知水平的基础上应多做课前的预设,只有在课前多思多想,考虑全面了,课堂上才能对各种无法预期的状况做出相应的最优处理。

4. 教学组织方面

课堂教学中预设的多,缺乏生成性,没有很好地处理预设和生成的关系,仅仅按照预先的设计"走教案",不敢放手让学生大胆探究。即使课堂中出现了学生"创造性的火花",教师也捕捉不到。课堂教学中很难看到能引起学生深入思考的问题,学生的思维得不到有效的训练和提高。

(由蒋亚林老师提供)

## 教学设计(2)

### 一、教学设计思路

本节课是在学习了磁场的基本知识的基础上,进一步通过实验探究和逻辑推理的方式学习磁场对电流的作用。在探究安培力方向的过程中,学会正确判断安培力方向的方法,体会实验探究的方法;根据实验探究和理论推导得出匀强磁场中安培力的表达式 $F=BIL\sin\theta$,学会计算安培力大小的方法,养成实事求是的科学态度。

### 二、教学目标

(1) 观察安培力方向与哪些因素有关的实验,记录实验现象并提出相关结论。指导安培力方向与电流、磁感应强度的方向都垂直,会用左手定则判断安培力的方向。

(2) 根据实验探究和理论推导得出匀强磁场中安培力的表达式 $F=BIL\sin\theta$，知道电流方向与磁场方向平行时，电流受到的安培力最小，等于零；电流方向与磁场方向垂直时，电流受的安培力最大，等于 $BIL$。会用安培力公式 $F=BIL\sin\theta$ 计算匀强磁场中安培力的大小。

(3) 知道磁电式电流表的基本构造以及运用它测量电流大小和方向的基本原理。

**三、教学重点、难点**

重点：安培力的方向确定和大小的计算。

难点：安培力、电流、磁感应强度三者方向的空间关系。

**四、教学准备**

多媒体、投影仪、课件、变压器、平行电流作用力演示仪、导线、学生分组实验仪器。

**五、教学流程图**

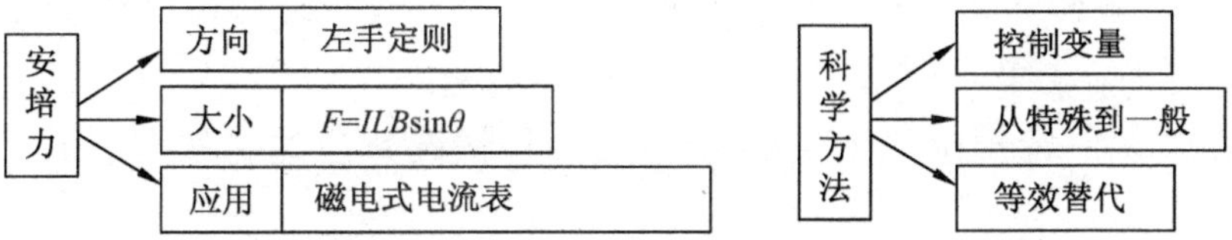


**六、教学过程**

**(一) 课堂引入**

*活动一：视频播放，引入新课*

播放视频：电磁炮发射。

问题：电磁炮是如何做到高强度、远距离发射的？

设计意图：激发学生的学习兴趣，引入新课。

**(二) 课堂教学**

*活动二：实验探究——安培力的方向*

猜想：影响安培力的方向的因素。

实验器材：一块平板状磁铁、两块金属导轨、一根铜棒、导线、电源。

问题 2-1：该实验涉及三个物理变量，在探究过程中应该采用什么样的科学方法？

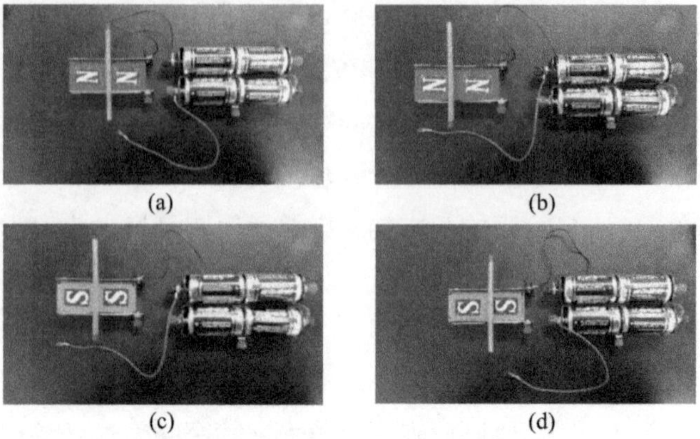


图 4-43

小组讨论：

(1) 怎样改变电流方向？

(2) 怎样改变磁场方向？

(3) 导体棒的受力方向如何体现？

(4) 该实验有几种组合情况？

问题 2-2：请画出如图 4-43 所示的四种情况对应的侧视图，如图 4-44 所示。

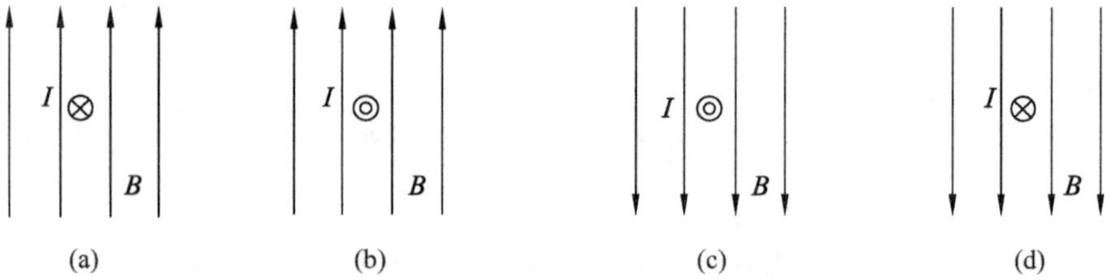


图 4-44

设计意图：通过实验证实了大家的猜想是正确的，安培力方向确实与磁场方向、电流方向有关。

问题 2-3：安培力方向与电流方向、磁场方向到底存在怎样的关系呢？

学生活动：伸出左手，用形象、简单的办法表示这种方向关系。

设计意图：通过实验探究，培养学生观察、实验设计、分析归纳能力以及严谨的科学思维和创新的探究思路。归纳总结出左手定则。

图片展示：左手定则。

注意：掌心、掌面的区别。

(1) 磁感线→穿过掌心。

(2) 四指→电流方向。

(3) 大拇指→安培力方向。

课堂评价设计 1：

图 4-45 中分别标明了电流、磁感应强度和安培力这三个量中两个量的方向，试标出第三个量的方向。

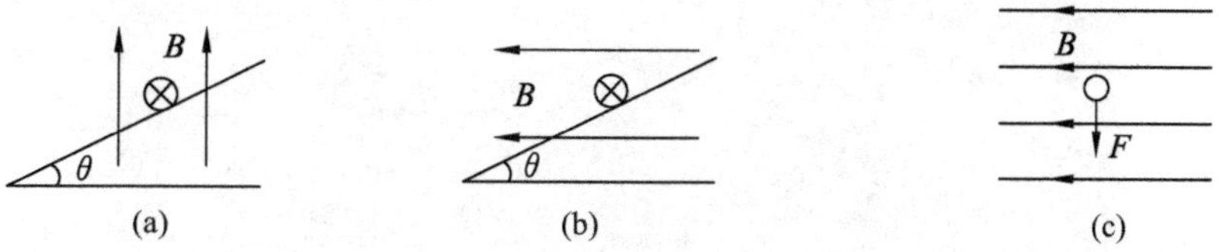


图 4-45

课堂评价设计 2：

我们都知道，同种电荷相互排斥、异种电荷相互吸引；同名磁极间相互排斥、异名磁极间相互吸引。我们还知道电流之间是有相互作用的，那么，同向电流之间、异向电流之间的作用力又有什么特点呢？大家先来猜一猜！

图 4-46

演示实验：通电平行直导线间作用力的特点(图 4-46)。

问题 2-4：请用左手定则解释实验现象。

设计意图：巩固左手定则并能应用左手定则解决问题。

**活动三：安培力的大小**

过渡衔接：我们在第 2 节已经知道：

(1) 通电导线与磁场方向垂直时，$F=ILB$。

(2) 通电导线与磁场方向平行时，$F=0$。

(3) 科学的研究总是从特殊到一般，从现象到本质。那么问题来了，当通电导线与磁场方向既不垂直也不平行，安培力的大小又将如何呢？下面，我们还是通过实验来探究。

演示实验：

(1) 弹簧下悬挂着一根铜棒，不通电时，将铜棒调水平平衡，读出读数，这时铜棒受到重力、弹簧弹力，根据二力平衡可得铜棒重力 $G$。

(2) 这是铷磁铁，通过转动铷磁铁可以改变铜棒与磁场方向的夹角。现在磁场方向与铜棒正好垂直。

问题：

(1) 通电后，大家看到什么现象？

(2) 铜棒为什么向下运动？

演示实验：转动磁体，使磁场方向与铜棒夹角分别为 60°、30°、0°，调水平平衡后读出读数(图 4-47)。

图 4-47

学生活动：在表 4-7 中记录实验数据并分析。

表 4-7

| $\theta$ | 棒重 $G$ | 弹簧秤示数 $F$ | $F_{安}=F-G$ | $F_{安max}\cdot\sin\theta$ |
| --- | --- | --- | --- | --- |
| 90° | | | | $F_{安max}=$______ |
| 60° | | | | $0.866F_{安max}=$______ |
| 30° | | | | $0.5F_{安max}=$______ |
| 0° | | | | 0 |

设计意图：随着磁场方向与导线方向夹角的减小，安培力在减小；当磁场方向与导线方向垂直时，安培力最大；当磁场方向与导线方向平行时，安培力最小为 0。说明在实验误差允许的范围内，安培力与 $\theta$ 可能满足我们数学上的正弦函数关系。

理论验证(图 4-48)：

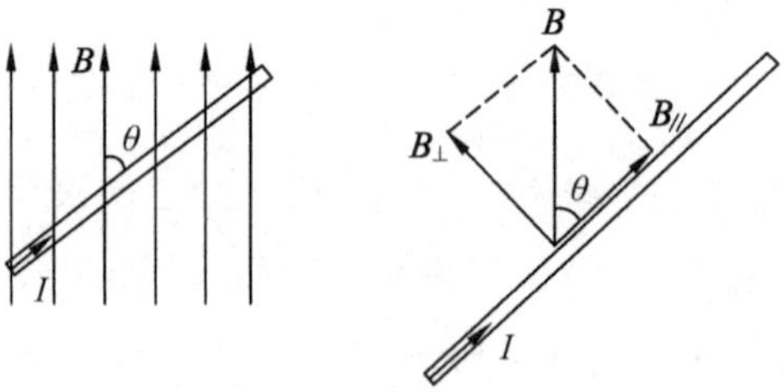


图 4-48

设计意图：从实验和理论两个角度说明安培力的大小的表达式。体会物理问题探究的两个思路。

课堂评价设计 3：

(1) 一根长为 0.2m 的通以 2A 电流的导线，放在磁感应强度为 0.5T 的匀强磁场中，受到磁场力的大小可能是(　　)。

A. 0.4N　　B. 0.2N　　C. 0.1N　　D. 0

(2) 根据磁场对电流会产生作用力的原理，人们研制出一种新型的发射炮弹的装置——电磁炮，它的基本原理如图 4-49 所示。把待发射的炮弹(导体)放置在强磁场中的两平行导轨上，给导轨通以大电流，使炮弹作为一个截流导体在磁场作用下沿导轨加速运动，并以某一速度发射出去，则(　　)。

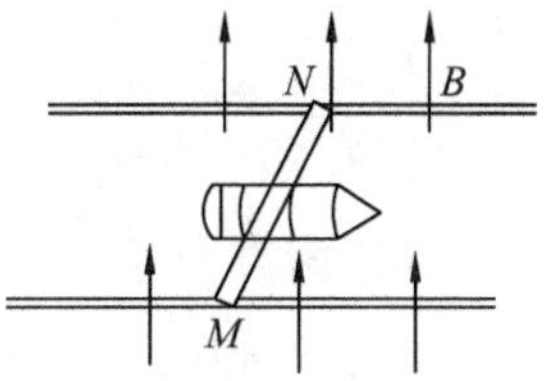

图 4-49

A. 要使炮弹沿导轨向右发射，必须通以自 $M$ 向 $N$ 的电流

B. 要想提高炮弹的发射速度，可适当增大电流

C. 要想提高炮弹的发射速度，可适当增大磁感应强度

D. 使电流和磁感应强度的方向同时反向，炮弹的发射方向也随之反向

**活动四：磁电式电流表**

问题：

(1) 磁电式电流表的基本组成部分是什么(图 4-50)？

(2) 磁电式电流表的原理是什么(图 4-51)？

(3) 磁电式电流表的优缺点是什么？

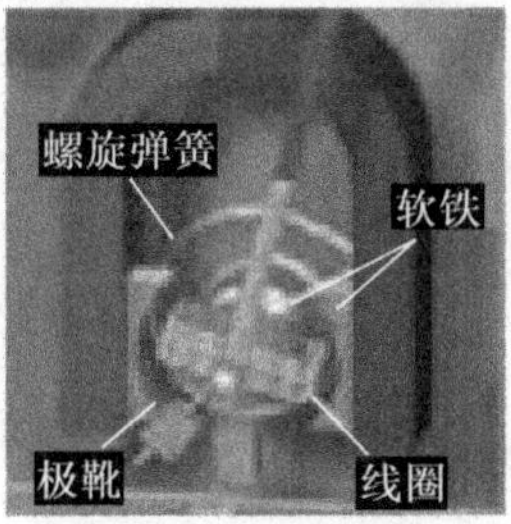

图 4-50

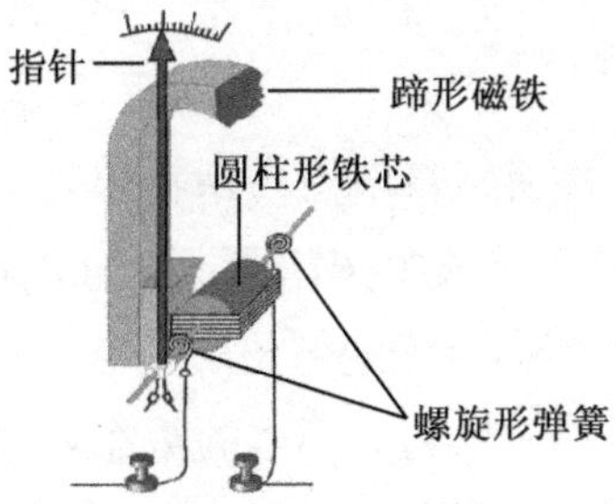

图 4-51

设计意图：巩固已学知识，解决新问题。

## 七、板书设计

### 3.4 通电导线在磁场中受到的力

一、安培力的方向——左手定则

$F\perp B$、$F\perp I$(或者说 $F\perp B$、$I$ 构成的平面)

二、安培力的大小

$F=ILB\sin\theta$($\theta$ 为 $B$ 与 $I$ 的夹角)匀强磁场

三、磁电式电流计

## 八、作业布置

课本 P94 问题与练习 1～4。

## 九、教学反思

本节课的设计注重学生的自主探究，突出新课程中重过程、重方法、重体验的理念，教学中尽可能多地让学生参与课堂教学活动，加深课堂教学的实效，让学生亲身经历动手操作和科学探究的实践，培养学生的观察能力、实验能力以及分析问题和解决问题的能力，充分发挥实验教学功能，突出物理学科特点的体现。结合磁电式电流表的教学，对学生进行了技术教育。整节课体现了以学生为主体的教学理念，取得了一定的效果。但仍有几点反思：

(1) 在课题引入时采取的是播放了一段电磁炮发射视频，引入的因素不是很积极，学生只是看场面宏大，看不出门道来，如果采用航空母舰上飞机发射场面应该效果会好很多。

(2) 在安培力方向专题中，“安培力方向与磁场方向、电流方向存在怎么样的关系呢?”引导出安培力方向与磁场方向垂直、安培力方向与电流方向垂直即可，不必要再硬加给学生安培力方向垂直于磁场方向与电流方向构成的平面。

(3) 在讲平行电流作用特点时，不应该拿“同种电荷相互排斥，异种电荷相互吸引；同名磁极相互排斥，异名磁极相互吸引”来比较“同向电流之间、反向电流之间作用力的特点”。

(4) 在安培力大小实验数据处理这个层面，只选取了四个特殊点，利用实验数据与理论数据比较得到安培力大小与角满足正弦函数关系，比较牵强。

(5) 在安培力一般表达式理论探究过程用时过少，应该在这方面多花费点时间，效果会更好。

(由袁亚琴老师提供)

# 第八节　运动电荷在磁场中受到的力

## 教学设计(1)

### 一、教学设计思路

本节教学前，学生已完成了力学、电流、磁场和安培力的学习，在思维方法方面，已经有一定的观察、分析、抽象、逻辑思维和数学推算等能力。但学生缺乏对电荷在磁场中运动的感性体验，教学时，教师可以利用学生对未知事物的探究兴趣和欲望，调动学生参与课堂的积极性。

内容安排上，让学生由实验猜想，探寻研究微观粒子途径和方法，经历实验探究和理论推导过程，感悟科学探究的思想，学会探究的方法；深入理解安培力的微观本质，知道洛伦兹力的存在，会判断洛伦兹力的方向，能理解和推导洛伦兹力的计算公式。

### 二、教学目标

(1) 经历实验探究洛伦兹力方向的过程，知道洛伦兹力的方向与电荷的运动方向和磁感应强度的方向都垂直，会用左手定则判断洛伦兹力的方向。

(2) 经历由安培力公式推导出洛伦兹力公式的过程，由此体会磁场中通电导线所受的安培力实际上是运动电荷所受洛伦兹力的宏观表现。会计算洛伦兹力的大小。

(3) 知道电视显像管的基本构造及工作的基本原理。

(4) 通过演示实验激发学生的学习兴趣，亲历实验探究，提升科学探究的能力。

### 三、教学重点、难点

重点：洛伦兹力的大小和方向的判定。

难点：能够建立通过宏观现象的分析揭示微观本质的研究方法，提升分析推理能力和知识应用能力。

### 四、教学准备

(1) 多媒体课件。

(2) 实验器材：自制磁流体舰艇实验、阴极射线管、磁铁、显像管等。

## 五、教学流程图

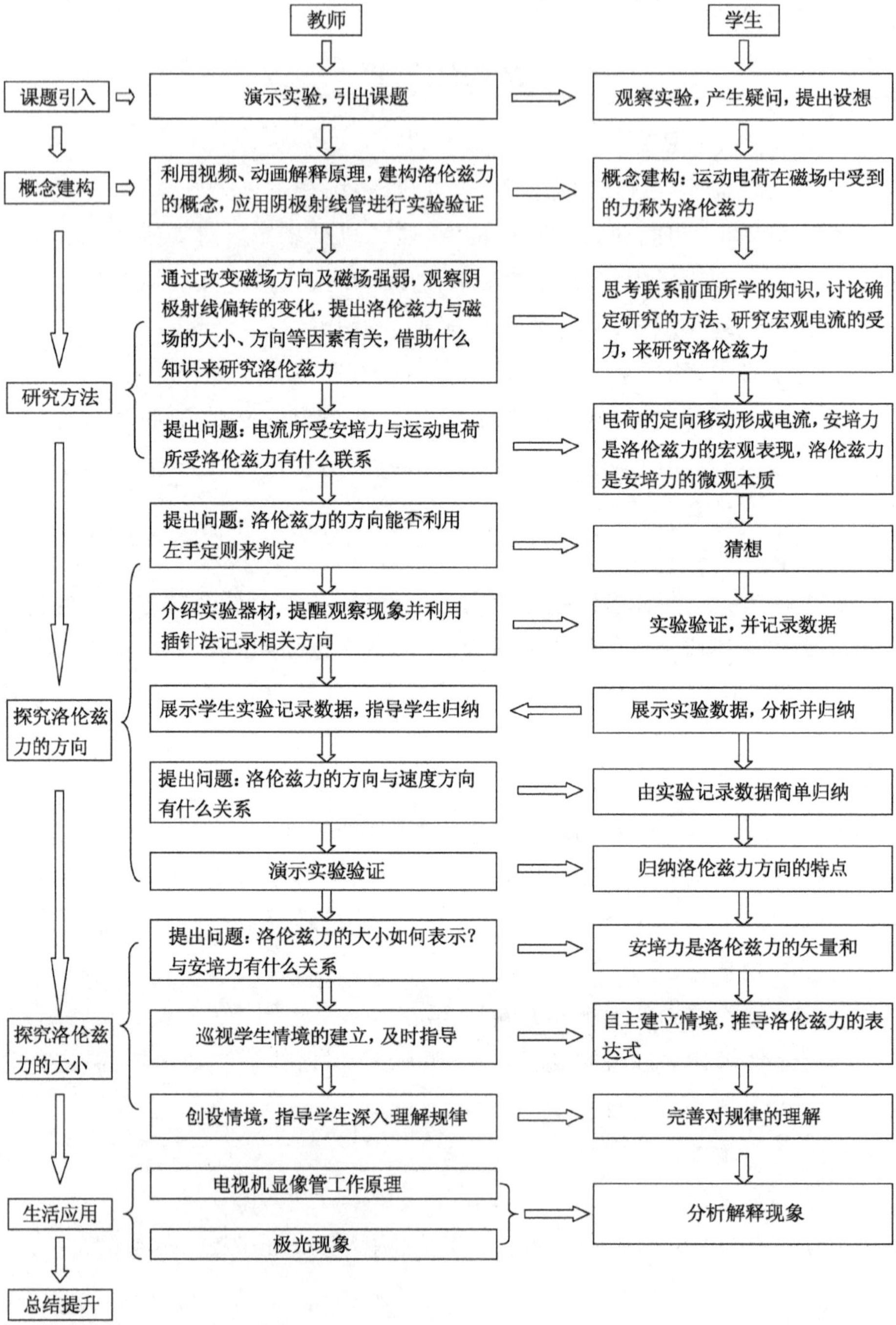
教师
学生
课题引入
演示实验，引出课题
观察实验，产生疑问，提出设想
概念建构
利用视频、动画解释原理，建构洛伦兹力的概念，应用阴极射线管进行实验验证
概念建构：运动电荷在磁场中受到的力称为洛伦兹力
研究方法
通过改变磁场方向及磁场强弱，观察阴极射线偏转的变化，提出洛伦兹力与磁场的大小、方向等因素有关，借助什么知识来研究洛伦兹力
思考联系前面所学的知识，讨论确定研究的方法、研究宏观电流的受力，来研究洛伦兹力
提出问题：电流所受安培力与运动电荷所受洛伦兹力有什么联系
电荷的定向移动形成电流，安培力是洛伦兹力的宏观表现，洛伦兹力是安培力的微观本质
探究洛伦兹力的方向
提出问题：洛伦兹力的方向能否利用左手定则来判定
猜想
介绍实验器材，提醒观察现象并利用插针法记录相关方向
实验验证，并记录数据
展示学生实验记录数据，指导学生归纳
展示实验数据，分析并归纳
提出问题：洛伦兹力的方向与速度方向有什么关系
由实验记录数据简单归纳
演示实验验证
归纳洛伦兹力方向的特点
探究洛伦兹力的大小
提出问题：洛伦兹力的大小如何表示？与安培力有什么关系
安培力是洛伦兹力的矢量和
巡视学生情境的建立，及时指导
自主建立情境，推导洛伦兹力的表达式
创设情境，指导学生深入理解规律
完善对规律的理解
生活应用
电视机显像管工作原理
极光现象
分析解释现象
总结提升

## 六、教学过程

### (一) 课堂引入

**活动一：演示实验，引入新课**

演示实验：自制磁流体舰艇实验。

问题：没有螺旋桨的舰艇为什么能向前移动？

设计意图：由实验的奇趣性激发学生的学习兴趣，从学生的已知走向未知，同时引入新课。

### (二) 课堂教学

**活动二：概念建构——洛伦兹力**

播放视频、动画演示：旋转的液体。

设计意图：初步建立运动的电荷在磁场会受到力的作用。

演示实验：阴极射线在磁场中的偏转。

设计意图：观察实验，根据实验现象总结。

在没有外磁场时，电子束沿直线运动，将磁铁靠近阴极射线管，发现电子束运动轨迹发生了弯曲。了解洛伦兹力。

**活动三：探寻研究方法**

演示实验：改变磁场方向及磁场强弱，观察阴极射线偏转的变化。

问题 3-1：洛伦兹力与磁场的大小、方向等因素有关，可以借助什么知识来研究洛伦兹力？

问题 3-2：电流与运动电荷之间有什么联系？

问题 3-3：电流的微观表达式是什么？

问题 3-4：电流受到的安培力与运动电荷在磁场中受到的洛伦兹力有什么关系？

设计意图：联系前面所学的知识，讨论确定研究的方法——通过研究电流在磁场中受到安培力来研究运动电荷在磁场中受到的洛伦兹力。

问题 3-5：

(1) 安培力方向如何判定，大小如何计算？

(2) 与所受洛伦兹力有什么联系？

设计意图：建立通过研究宏观现象来解释微观规律的研究方法。

**活动四：探究洛伦兹力的方向**

问题 4-1：洛伦兹力的方向能否也用左手定则来判定？

分组实验：自制器材(观察磁铁上方的液体流动的方向)、阴极射线管和磁铁等。

设计意图：学生根据提供的器材自主实验，通过改变电流的方向和磁铁的方向，观察液体流动的方向，即受力方向，及时记录实验现象，并在小球上插上电荷运动方向、磁场方向及洛伦兹力的方向。通过对实验现象的分析，归纳洛伦兹力的方向。

问题 4-2：洛伦兹力的方向与速度方向有什么关系？

演示实验：带电粒子在匀强磁场中做圆周运动。

问题 4-3：洛伦兹力对运动电荷做不做功？

设计意图：学生根据实验结论初步判定，通过观察实验最终完善对洛伦兹力方向特点的理解。

(1) 洛伦兹力永远与速度方向垂直，只改变速度的方向，不改变速度大小。

(2) 洛伦兹力对电荷不做功。

***活动五：探究洛伦兹力的大小***

情境建立：设有一段长为 $L$、横截面积为 $S$ 的直导线，单位体积内的自由电荷数为 $n$，每个自由电荷的电荷量为 $q$，自由电荷定向移动的速率为 $v$。这段通电导线垂直磁场方向放入磁感应强度为 $B$ 的匀强磁场中。

问题 5-1：洛伦兹力的大小如何表示？与安培力有什么关系？每个定向运动的电荷所受的洛伦兹力与宏观上电流所受安培力的大小有什么关系？

设计意图：从宏观到微观，寻找等量关系，推导出运动电荷的速度方向与磁场方向垂直情况下洛伦兹力大小为 $F=qvB$。

问题 5-2：如果电荷运动的速度方向与磁场平行，此时电荷所受洛伦兹力的大小为多少？

演示实验：阴极射线平行磁感线运动。

问题 5-3：如果电荷运动的速度方向与磁场成 $\theta$ 角，此时电荷所受洛伦兹力的大小为多少？

设计意图：从洛伦兹力与运动电荷速度方向垂直、水平的特殊情况再到成任意角度的一般情况进行分析，再次体会这种从特殊到一般的分析方法。

***活动六：洛伦兹力的应用——显像管、极光***

展示图片：显像管原理图片。

演示实验：电视显像管。

问题 6-1：如果切断产生水平方向磁场的电路，则屏幕上产生什么图像？如果屏幕上产生一条竖线，则是因为显像管里的哪个部件出现了故障？

设计意图：从已知通过逻辑推理，通往未知领域，提升逻辑推理能力。

图片展示：极光照片。

问题 6-2：极光为什么只发生在地球的两极？

设计意图：学生思考，在赤道上空高能带电粒子的速度垂直磁场，没能进入大气层。了解磁场对运动电荷的作用在生活中的应用。

## 七、板书设计

§3.5 运动电荷在磁场中受到的力

| 一、洛仑兹力（微观） | ←研究方法— | 安培力（宏观） |
|---|---|---|
| 1. 方向：左手定则（四指指向正电荷运动方向）<br>$F_{洛} \perp v$ 不做功 | | 方向：左手定则 |
| 2. 表达式：<br>$F=qvB$ （$v \perp B$） | | $F=BIL$ （$I \perp B$） |
| $F_{洛}=0$ （$v /\!/ B$） | | $F=0$ （$I /\!/ B$） |
| $F_{洛}=qvB\sin\theta$ （$v$ 与 $B$ 成 $\theta$ 角） | | $F=BIL\sin\theta$ （$I$ 与 $B$ 成 $\theta$ 角） |
| 二、生活应用 | | |

## 八、教学反思

基于学生视角的教学设计才是有效的教学设计，才能吻合学生发展规律。从学生的感性认知、已有知识结构出发，通过大量实验验证，将理性与感性有机结合、寻找研究方法是本节课的特点。

本节课的教学设计的思路是：从学生的感性认知、已有知识结构出发，通过大量实验验证，将理性与感性有机结合，及时渗透科学研究方法。利用学生已经掌握的安培力的相关知识来研究洛伦兹力，揭示通过宏观现象来研究微观粒子的运动规律。

1. 教学过程

从实验入手，利用电磁驱动的舰艇模型在没有其他机械动力的装置下在溶液里向前运动，同时介绍我国的 095 型核潜艇也采用了这样的驱动装置，根据实验现象的奇趣性、前沿科学实用性引出课题。

利用视频，给学生提供电极间的导电溶液在加上磁场后运动的直观现象，通过动画解释微观粒子的运动，逐步建构洛伦兹力的公式，再由阴极射线实验加深概念的建构，通过改变磁场强弱、磁场方向观看实验现象的变化引出本节课的研究方法。

通过师生讨论，探寻研究洛伦兹力的方法，即通过宏观现象的分析揭示微观粒子运动的本质。

根据研究方法，请学生利用实验验证是否能用左手定则来判断运动电荷所受洛伦兹力的方向，学生利用插针法来记录实验数据，根据实验数据归纳总结利用左手定则来判断安培力方向的方法。教师再次设疑，溶液中存在负电荷的定向运动，能否利用左手定则来判断运动负电荷所受的安培力的方向，同时利用记录的阴极射线的实验现象进行验证，完善左手定则。教师再次设疑，洛伦兹力的方向与粒子运动速度的方向有什么关系，并通过实验进行验证。归纳出洛伦兹力与速度始终垂直，对运动电荷不做功。

根据研究方法，由学生分析归纳出安培力是电荷定向运动时所受洛伦兹力的矢量和，然后由学生自主设置情境，推导洛伦兹力的表达式。根据学生的展示，教师进一步创设情境，讨论速度与磁场平行或成一定夹角(不为 90°)的情境下洛伦兹力的表达式，并利用实验进行验证。

通过电视机显像管原理的讨论，让学生感知洛伦兹力原来就发生在身边。通过极光现象的讨论，让学生知道洛伦兹力还能产生美丽的生活图片，增强学生的审美能力。

2. 教学的策略

本节课利用实验(现象)产生问题，应用实验解决问题，再由实验现象生成新的问题，最后再设计实验来解决新的问题，充分展现实验是物理学的基础，是研究自然科学的一种方法。

课堂教学中教师提出问题，学生解决问题，根据实验现象，学生产生问题、提出问题，通过师生讨论解决问题，再产生新的需要解决的问题。

3. 实验教学的理念

本节课设计的理念基于本人主持研究的省级课题《基于创新学力培养的高中物理“云实验”教学研究》，凸显“云实验”的理论，即将大量的器材按照要达到的知识、能力需求有机地结合成一个整体呈献给学生，学生为了达到既定的学习目标，根据个人的兴趣爱好、现有生活经验、知识储备、能力结构和认知水平，选择适合自己的研究方案，满足自我的需求。不同的学生通过不同的途径来建构或理解同一概念或规律，但每一个知识的得来都源自于学生亲身经历。学生通过不同的途径建立了不同的经验，在课堂的交互中，经过思维频繁的碰撞，一方面使每一位同学的思维更为宽广、更为丰满、更有深度，另一方面这也必然导致新的问题、新的思路、新的途径、新的经验生成。

（由季志峰老师提供）

## 教学设计(2)

### 一、教学设计思路

体会科学研究最基本的思维方法："观察现象——提出问题——猜想假设——实验验证"。让学生经历探究过程，在交流与合作中，体会物理学习过程的实践之美。实验引入，设疑激趣，提高学生参与课堂的积极性，突出物理实验的探究之美。运用类比，突出宏观向微观递进的科学思想，培养学生分析推理的能力，领悟物理学内容的哲学之美。从实验走进物理课堂，从物理走向生活，引导学生用所学知识解释极光，展示物理的自然之美；介绍电视机显像管工作原理，培养学生将所学的知识应用到生活、生产中的能力，体现物理的实用之美。

### 二、教学目标

(1) 认识洛伦兹力。

(2) 会判断洛伦兹力的方向，能由安培力大小推导运动电荷所受的洛伦兹力的大小。

(3) 认识宏观和微观之间的联系，经历实验探究和理论推导的过程。

### 三、教学重点、难点

重点：安培力本质的理解，洛伦兹力方向的判断方法和洛伦兹力的计算。

难点：理解洛伦兹力是安培力的微观本质，洛伦兹力计算公式的推导过程。

### 四、教学准备

(1) 多媒体课件。

(2) 实验仪器：带电极的水槽、学生电源、导电液体、强磁铁、导线、条形磁铁、高压感应圈、阴极射线管。

五、教学流程图

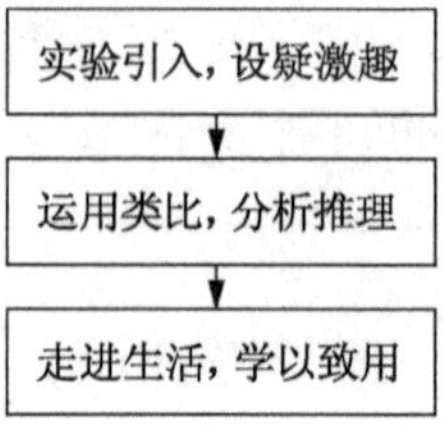


六、教学过程

*活动一：实验探究——磁场对运动电荷有力的作用*

演示实验：带电极的圆形水槽、导电液体、学生电源、强磁铁、导线。

猜想：导电液体在磁场中旋转的原因。

实验验证：阴极射线管，高压感应圈，条形磁铁。

设计意图：实验过程中不加磁场时，电子不受力，做直线运动；拿一条形磁铁靠近阴极射线管，运动的电子处在磁场中，观察发生的现象。知道磁场对运动电荷有力的作用，把这个力称为洛伦兹力。

*活动二：实验探究——洛伦兹力的方向*

演示实验：利用圆形水槽实验，观察导电液体的旋转方向。

猜想：洛伦兹力的方向可以用左手定则判断。

实验验证：阴极射线管，高压感应圈，条形磁铁。

设计意图：旋转液体的运动方向不好判断，借由比较直观的阴极射线管的实验进行验证。

*活动三：探究洛伦兹力的大小*

思维点拨：大量电荷定向移动形成电流，把电流垂直放入磁场中，每一个运动电荷都要受到洛伦兹力，这些洛伦兹力的集体(宏观)表现就是安培力。

模型建立：如图 4-52 所示，在磁感应强度为 $B$ 的磁场中，长为 $L$ 的导线，单位体积内含有的运动电荷数为 $n$，每个电荷的电荷量为 $q$，电荷平均定向移动的速率为 $v$，导线的横截面积为 $S$。

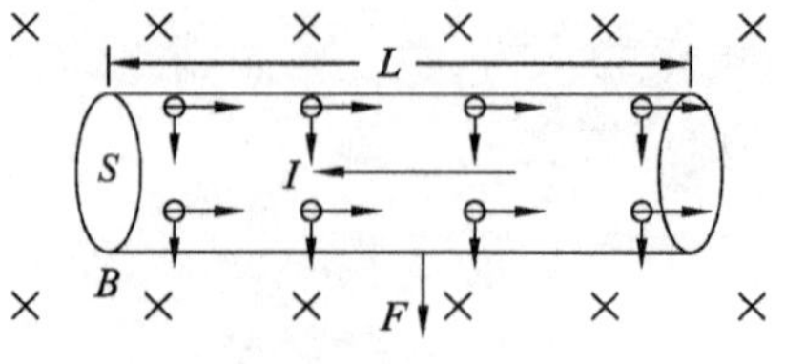


图 4-52

问题 3-1：运动电荷在磁场中一定受到洛伦兹力的作用吗？

问题 3-2：当电荷速度 $v$ 的方向与磁感应强度 $B$ 的方向平行时，洛伦兹力的大小 $F$ 如何？

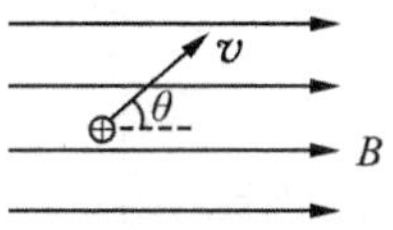

图 4-53

问题 3-3：当电荷速度 $v$ 的方向与磁感应强度 $B$ 的方向夹角为 $\theta$ 时(图 4-53)，洛伦兹力的大小 $F$ 该怎样来计算？试推导。

**活动四：从物理走向生活**

图片展示：极光的图片、显像管的图片。

问题 4-1：如果要使电子束在水平方向偏离中心，打在荧光屏上的 $A$ 点，偏转磁场应该沿什么方向？

问题 4-2：如果要使电子束打在 $B$ 点，偏转磁场应该沿什么方向？

问题 4-3：如果要使电子束打在荧光屏上的位置由 $B$ 逐渐向 $A$ 点移动，偏转磁场应该怎样变化？

问题 4-4：要使电子在荧光屏上精确定位，就需要知道电子的运动轨迹。电子在磁场中的偏转轨迹究竟是何种性质的轨迹呢？

设计意图：感受大自然的神奇，解释极光产生的原因，通过视频短片让学生了解极光的产生为什么只出现在地球南北两极附近。让学生体会物理知识在生活中的应用。

## 七、板书设计

**运动电荷在磁场中受到的力**

洛伦兹力
- 方向
- 大小
- 应用

## 八、作业布置

带电粒子在磁场中运动轨迹的性质是什么？

## 九、教学反思

洛伦兹力属于微观力学范畴，比较抽象，毕竟微观粒子既看不见也摸不着，怎么给学生感性的认识？能否帮助学生掌握本节课的关键？利用阴极射线管，使阴极激发出的电子束在荧光屏上产生绿色的径迹，在轨迹附近加上磁场，使径迹偏转，学生感觉微观粒子的受力。这个方法虽好，但远离学生的经验，还是有些抽象，不能有效地激发学生的思考。爱因斯坦说过：“提出问题比解决问题更重要,没有思考就没有新思想的产物。”所以在学习过程中一个好的问题的形成是开始建构知识的关键。

本节课的课堂教学中采用了导电液体在磁场中旋转的实验来激发学生的思考,让学生从身边可操作的现象来认识洛伦兹力。让学生思考导电液体旋转原因的同时,复习回忆电流是由于电荷的定向移动而产生的,引导学生从安培力这个宏观量思考到磁场对运动电荷有力的作用。提出疑问后用阴极射线管的实验验证猜测。在讲解重点知识时,分步运用观察实验、提问、猜想、讨论、实验验证、讲解、推导等手段,让学生在积极参与的过程中理解和掌握本节知识内容。

传统知识教育的特征是被动接受,知识的学习过程也主要是记忆的过程,这些特征必将导致重结果甚于重过程,重标准答案甚于重智力开发,现在意义的教学并不是简单的对自然规律的揭示,更重要的是能找到研究自然律的方法。为此,在教学设计中,我改“讲授”为“探究”,把教学的重点从学习具体的物理知识变为探索知识的过程。

教材直接给出了洛伦兹力的方向用左手定则判断,在处理这部分内容时,以实验现象为切入点,引导学生回忆安培力方向的判断,启发他们分析并总结,由电流方向和电荷运动方向的关系及安培力和洛伦兹力宏观和微观的对应关系,得出运动电荷所受洛伦兹力的方向也可以用左手定则来判断。为加深学生的感性认识,用阴极射线管的实验验证左手定则确实可以用来判断洛伦兹力的方向。避免了学生在听课过程中被拖着走的现象。在推导洛伦兹力的大小时,把推导过程大胆地交给学生,通过设疑提问和学生小组合作自主探究等方式,实现知识的迁移。再通过学生反馈推导过程,学生得到启发,受到激励。

物理来源于生活,服务于生活。从实验走进物理课堂,从物理走向生活,引导学生用所学知识解释极光,展示物理的自然之美;通过介绍电视机显像管的工作原理,培养学生运用所学知识解决实际问题的能力,从而获得成功的体验和愉悦。

(由叶朱萍老师提供)

# 第五章　课堂教学精品模式介绍

## 第一节　课堂教学模式的实践与反思

### 一、寓言的启示

顾泠沅曾讲过一个古人吃馒头的寓言：教育就好比三个馒头，第一个是原理基础，第二个是知识链接，第三个是应用策略。以前中国教育一直在吃前面两个，突然发现西方教育吃了第三个就能饱，于是认为前面两个可以不用吃了。其实，近年来西方教育也在反思，认为前面两个馒头也很重要，因此寻找中西教育的中间地带对未来教育发展很重要。

美国教育专家一听完就拍案称奇："哇，你们中国的寓言太好了！这第一、第二个馒头就是概念、原理，第三个馒头是策略、问题解决技能。你们一直都在吃前两个馒头，而我们想只吃第三个馒头，不好好吃前两个。我们的基础教育都有问题！"

顾泠沅讲的寓言与布鲁姆对知识的分类观点一致。布鲁姆《教学目标分类学(修订版)》将教学目标分为知识维度和认知过程维度，其中知识维度包括事实性知识、概念性知识、程序性知识和元认知知识。

对课堂教学的直观理解：

(1) 课：课标——教学要基于课程标准；课程——学校教学的科目和进程；课本——教材，知识载体，提供教的素材。教教材、用教材教。

(2) 堂：场——教学活动场——学习场。

(3) 教：教师，教什么(类比第一、第二个馒头)、怎么教、为什么这样教(类比第三个馒头)。

(4) 学：学生，学什么(类比第一、第二个馒头)、怎么学、为什么这样学(类比第三个馒头)。

课堂教学，不仅关注学生"知道什么"，更关注学生"怎样才能知道"，在"让学生自己学会，并进而会学"方面下功夫。

## 二、模式的局限

有人打了一个比方来讲述中美两国两种不同的教育模式:

在美国,一名教师带了30名学生去海边学游泳,教师一声令下:"你们一起跳!""你们要挣扎! 不挣扎就要被淹死!"最后,20名学生淹死了,10名学生学会了游泳。

而在中国,同样是学游泳,教师会手把手地教,再带他们去海边,结果,30名学生没有一个被淹死,全部学会了游泳。

美国的30名学生,虽然只有10名学会了游泳,但这10名一定很优秀,而他们付出了淹死20名学生的代价;中国的30名学生都学会了游泳,但付出了一部分学生本来可以通过挣扎自己学会游泳的代价。

两国的教育模式,一种是活动式,另一种是接受式,各有利弊,要善于合理安排、取长补短。教学模式不同,付出代价不同,教学效果也不同。

任何模式都具有针对性、局限性。教学模式本身没错,只要基于证据自圆其说,错的是使用模式的人将其模式化了。

## 三、模式的建构

教学模式是在一定的理论指导下,围绕教学目的,形成相对稳定的教学程序及其实施方法的简述。它是教学理论在教学过程中的具体化,又是教学经验的总结。在教师的教法、学生的学法方面要多研究、多揣摩、多改进,追求真实的教学问题、自然的教学过程、和谐的教学氛围和高效的教学效果。各校物理备课组应形成共识,课堂教学模式对提高课堂教学效率起至关重要的作用。

不同课型应对应不同的教学模式,模式不能固定不变,常用出新,做到"心中有模,行中无模,用时生模,付有形的预设于无形的动态教学之中"。

不同教学模式实施中,教学环节略有差异,现简要介绍几种,同时还邀请五所学校的教师撰写本学校课堂实施的教学模式,供学习参考与批评指正。

### (一)基于课程标准的"循环-差异教学"

1. "循环-差异教学"核心概念

"循环":一指学生群体围绕"课时学习目标",以"目标定向、个体自学、同伴互导、教师解难、练习检测、补充学习"为要素或方式形成的一课时学与教的完整过程;二指学生个体围绕"课时学习目标",经历"个体自学""同伴互导""教师解难"三轮不同学习方式的内部往复过程。

“差异”：学生素质差异、发展目标差异、发展过程差异、发展方式差异。

“循环-差异教学”指教师组织学生群体围绕“课时学习目标”，采取差异目标、内容、进程、方式、评价，使学生个体经历个体自学、同伴互导、教师解难三轮循环学习，沿着六个要素构成的环节，实现差异发展的教学框架和流程，如图 5-1 所示。

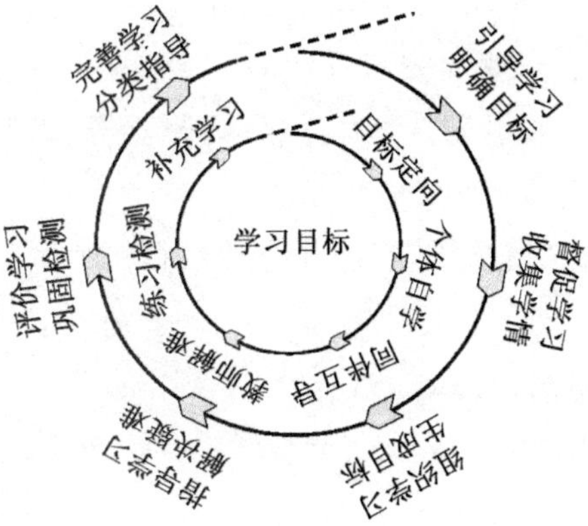


图 5-1 “循环-差异循环-差异教学”的教师教学过程模型

2. “循环-差异教学”教学理念

学生学习：

(1) 学习是学生自己提高认识的过程。

(2)真正的学会需要多种方式的循环递进学习。

(3) 整体循环学习有利于实现为理解而教。

(4) 差异学习需要技术路径做保障。

(5) 课堂讨论是学生差异进步、合作共赢的重要路径。

教师教学：

(6) 教师是学生“循环-差异”学习的服务者、组织者、帮助者、促进者。

学案：

(7) 学生“循环-差异”学习的重要载体。

课程标准：

(8) 课程标准是学生“循环-差异”学习的灵魂。

3. “循环-差异教学”课堂结构

六个要素：目标定向、个体自学、同伴互导、教师解难、练习检测、补充学习。

个体自学：包括三个子要素，尝试选择、个体探究、明确疑难。

同伴互导：包括三个子要素，对子交流、小组讨论、班级展示。

教师解难：包括三个子要素，基础达标类问题解难，深化理解类问题解难，拓展提升类问题解难。

练习检测：包括三个子要素，个体简要回顾、个体练习检测、对子相互评价等。

4. “循环-差异教学”课堂流程

从“目标定向”开始，沿着“个体自学、同伴互导、教师解难、练习检测、补充学习”的顺序进行。

原则性时间分配：“目标定向”为 2 分钟左右，“个体自学”为 10～20 分钟，“同伴互导”为 10～15 分钟，“练习检测”为 5～8 分钟，“教师解难”为 10 分钟左右，“补充学习”为 3 分钟左右。

时间分配仅是原则性参照，绝不能教条机械，应该视内容难度、课型灵活而调整。

（由淮安区教研室提供）

### （二）“问题导学法”教学模式

“问题导学法”在讲评课中的具体操作流程：

(1) 公布答案，自纠个性问题。

(2) 分析试卷，预设共性问题。

(3) 呈现共性问题，分组讨论。

(4) 提出疑难或生成问题，合作探究。

(5) 拓展重点问题，提升方法和能力。

体现“以学生为主体，教师为主导，思维为核心，问题为主线”的教学原则，“问题”是基础，“引导”是关键，“自主”是核心。

（由朱傲雪副校长提供）

## 四、实践的反思

模式，不管你是否关注它，它事实存在着；无论你是否认可它，它已经或正在对你悄然产生着影响。

传统教学模式的一般程序：教师根据教材确定教学内容，根据教学内容设计教学活动，实施教学，设计并实施评价，获得反馈，进入下一个主题。教材占据核心地位。

基于标准的教学模式程序：根据课程标准确定教学目标→根据教学目标确定内容主题及具体的内容材料→设计评价→确定达成目标的学习机会→实施教学→评价并获得反馈→进入下一个主题。评价占据核心地位，对教学活动起着重要的导向作用。

基于诳纬瘫曜的教学应该遵循的是：目标源于诳纬瘫曜，评价设计先于教学设计，指向学生学习结果的质量，体现标准、教学、评价的一致性。

对教学模式的反思需要从观念上解决以下问题：

(1) 为什么要反思？倘若我们缺乏反思，那么，在漫长的教学生涯中，可能只是重复而没有超越。倘若我们拒绝平庸，那么就必须选择反思。

(2) 什么时候反思？教学过程的前、中、后都可以反思。

(3) 反思什么？全方位反思自己的教学观念、教学设计和教学行为；反思自己采用的教学方式的合理性、适用性、精确性和有效性；反思自己教学评价的发展性、客观性和激励性。

(4) 怎样才算反思？要在回顾和批判的基础上谨慎地进行教学设计；在实践过程中和实践过程后关注教学的反馈信息，及时发现问题，积极寻找解决问题的办法；主动批判自己曾经的教学行为，寻找优化教学方式的途径。

综上所述，作为一名教师，为了尽快胜任角色，加快专业发展，以一种成型的教学模式作为参照，可以减少许多盲目、重复的探索，可以避免很多低层、无谓的劳动。一所学校，为了统一员工的教育思想，更加明确学校的教改思路，以一种先进的教学模式作为规范，可以实现“强行入轨”的教育提速和“不论先干”的教学高效。一个地区，为了提升教育美誉度，扩大学校影响力，引进或建构一定的教育管理模式和课堂教学模式，则是教育教学特色形成的有力抓手和有效途径。

## 第二节　高中物理“自探互教”教学模式

高中新课程倡导的自主学习、合作学习和探究学习，就是要革除传统教学“满堂灌”的弊端，创建民主、平等、融洽的师生关系，给学生足够的自主空间和活动机会。为此，我们必须把教学改革的重点放在对传统教学模式的突破上。变革那种以教师讲、学生听为基本特点的课堂教学格局，建构有利于培养学生发散性、批判性、创造性思维品质的课堂教学模式。笔者立足校本实际，积极探索促进学生可持续发展的教学策略，不断探讨、总结课堂教学的有效模式，创设了高中“自探互教”的教学模式。

## 一、基本理念

“自探互教”是指课堂教学中让学生根据学案自主学习，通过读一读、写一写、做一做、练一练、议一议等方式，获得解决问题的方法，教师则根据学情随机评价、点拨。

### 1. 一是先学后教，以学定教

陶行知先生指出，“先生的责任在教学生学”“先生教的法子必须根据学的法子”“怎样学就须怎样教；学得多教得多，学得少教得少，学得快教得快，学得慢教得慢”“先生须一面教一面学”。陶行知的教育思想与实践为“自探互教”教学模式提供了智慧源泉。“自探互教”教学模式强调学生的个体学习在前、小组的合作学习在后、教师的教学在最后。学生自主探究不能解决的由小组合作探究来解决，小组不能解决的通过全班讨论来解决，全班不能解决的由教师来最终解决。学生的先学，可以在课前按学案的要求独立地进行，也可以在课内进行。教师对学生不能解决的问题有针对性地讲解、拓展，对全班的交流讨论进行统筹兼顾。

### 2. 二是少教多学，以教导学

夸美纽斯说：“找出一种教育方法，使教师因此可以少教，但是学生多学。”“少教”指教师的教要建立在学生自主学习的基础上，学生自主学习、合作学习能够掌握的内容和解决的问题，教师都应让学生独立或合作完成。“多学”指把学习主动权还给学生，把自主实践还给学生，把自学方法教给学生，把思维空间留给学生。一句话，“自探互教”的全过程就是学生自主学习的过程，就是学生带着思考题完成学案的过程，而教师只在关键环节上给予必要的点拨。

### 3. 三是和谐统一

教与学是辩证统一的关系。教师只有尊重学生的主体地位，引导学生从消极被动地学习转变为积极主动地学习，成为学习的主人，才能取得教与学的有效性。在课堂教学中既要突出学生的主体地位，又不能忽略教师的主导作用。教师不仅要向学生传授知识，而且应起主导作用，在开放的教学中变换角色，从原始的知识传授者向课堂的组织者、促进者、合作者转变，引导学生积极主动地参与各种教学活动，并在活动的各个方面使学生与教师共同发展。

## 二、基本程序

通过反复实践与总结,"自探互教"教学模式的一般程序可以概括如下:目标驱动→自主探究→合作探究→成果展示→质疑点拨→总结反思等六大环节,环环相扣,缺一不可。

### 1. 目标驱动环节

首先,让学生明确本节课的学习目标,让学生知道学习什么内容。其次,布置展示任务。比如:一份学案中共有 10 个问题,按照难易程度,分给 8 个小组,教师也可参与分担展示任务,每位学生课前或课内都应完成 10 个问题。

### 2. 自主探究环节

学生独立学习,查阅资料,订正错题,确认学案中还有哪几个问题没有解决,并提交组长。

### 3. 合作探究环节

学习小组组长组织组员讨论本组应完成的展示任务。组内解决不了的可向其他组求助,也可向教师求助,各小组提出本组不能解决的其他问题。

### 4. 成果展示环节

主持人汇总各小组提出的问题,筛选确定需要在全班展示的问题。各小组代表走上讲台,面对全班同学展示个人的见解以及小组的讨论,难度较大的问题可由教师讲解。

### 5. 质疑点拨环节

师生共同质疑、对话,教师适时评价、点拨、指导、拓展加深,归纳解题思路与方法。

### 6. 总结反思环节

学生自主反思学习过程,整理知识要点,形成陈述性知识或程序性知识的网状结构,解决知识与能力形成之间的关系。

## 三、基本要求

### 1. 对教师的要求

(1) 转变教学观念。

新课程强调的教学理念主要有:课堂教学的本质是交流、沟通和对话;是师生交流、生生交流;是师生对话、生生对话;是师生与教材的对话。教学不仅要重结论,更要重过程与方法。教学应是认知与情意的统一,情感、态度、价值观也是课程目标的重要组成部分,应有机地贯串于教学全过程。教学中，要积极引导学生学会运用自主、合作、探究的学习方式，实现学习方式的转变。

(2) 精心设计学案。

“自探互教”教学模式需要高质量学案的支撑。一份好的学案，能体现四个特点：第一，问题探究是学案的关键。问题探究环节能起到“以问拓思，因问造势”的功效，并能帮助学生学会如何从理论阐述中掌握问题的关键。第二，知识整理是学案的重点。初步目标就是让学生学会独立地将课本上的知识进行分析综合、整理归纳，形成一个完整的知识网络。第三，阅读思考是学案的特色。引导学生学会阅读，学会知识整理，学会问题探究，充分调动学生自主学习的内驱力。第四，巩固练习是学案的着力点。在探索整理基础知识的基础上，让学生独立进行一些针对性强的巩固练习。

(3) 建立学习小组。

学习小组的建立应注意以下几点：第一，组建学习小组，要加强指导，注意男女、性格、学科、优差搭配。第二，学习小组可按座位就近分组，以 4～6 人一组为宜，尽量保证一个小组内的学生各具特色，相互取长补短。第三，学习小组成立之后，要经常检查，以保证学习小组的效率，班主任还要听取科任教师的意见，全面了解学习小组的情况，及时进行指导。第四，当学习小组不太协调时，要根据实际情况进行调整。

2. 对学生的要求

(1) 提升自主学习能力。

在“自探互教”教学模式下，学生真正成了学习的主体。能否巩固学生的主体地位，自主学习能力的提升是一个重要条件。

(2) 培养合作交流意识。

在“自探互教”教学模式下，合作探究是重要环节之一。《学记》中明确指出：“独学而无友，则孤陋而寡闻。”这里强调的正是一种合作学习的精神。在课堂教学中，合作探究就要群策群力，使每个人都贡献出自己的聪明才智。合作交流，意在营造学生的合作氛围，培养学生的合作意识。

(3) 激发大胆质疑能力。

质疑就是让学生对同学的、教师的、书本上的与自己想法不同的地方大胆提问。教师要以温和的语气使学生消除疑虑，以和善的目光使学生放开胆子，以及时的表扬使学生畅所欲言，以激励的语言使学生坚定信心，让每个学生都能提出自己的问题，表达自己的观点。这样，使整个学习过程成为学生质疑问题、不断探究的过程。

上述“自探互教”教学模式，是在学习课程理论、反思教学实践的基础上创立的，是课程理论与教学实践相结合的产物。其使用范围涵盖高中所有学科。在这些学科的教学实践中，这个模式不断地被推广，也不断地得到修正、完善，模式中蕴含的教学思想，已被越来越多的教师所认同和实践。

（由朱傲雪副校长提供）

## 第三节　高中物理“生本课堂”的实践与思考

自 2005 年以来，高中逐步实施新课程，有许多崭新的观念、全新的做法，其中学习方式的转变是重大“亮点”之一，新课程呼唤学习方式的变革。基于对以接受学习为代表的传统学习方式弊端的清晰认识，新课程倡导新的学习方式，其突破点在于相对于过去的“被动、机械学习”，提出高质量的“自主学习”；相对于过去的“个体学习”，提出“合作学习”；相对于过去的“接受学习”，提出“探究学习”。新的学习方式最终要形成的局面是：学生在教师的指导下“主动地、富有个性地学习”，即形成个性化的学习方式。而这一过程主要是在课堂教学中发生，因此课堂教学、课堂设计成为转变学生学习方式的关键。

布卢姆的“掌握学习”理论、阿莫纳什维利等的合作教育学、罗杰斯的“非指导性教学”以及洛扎若夫的“暗教学”思想等，他们无不是把学生的自主性、能动性、创造性，以及促进教育教学过程的民主化、个性化放在中心地位，这就指向了我们的课堂，应该是“生本课堂”的实践。

另外，相关研究表明，中学生对物理学科认知能力的发展并非是线性的，期间会出现阶段性的高原期和飞速发展期。高中阶段学生认知能力的发展接近于成熟的程度，但学生在正式开始高中物理学习之前，头脑中存在的前概念、直觉概念、朴素概念还比较多，以及初中物理学习中形成的相异概念、不严格概念等，对高中物理教与学产生一定的阻力，所以我们在高中物理教学实践中，注意到采用多样化的教学方式，有效地促进学生形成科学概念，发展分析问题、解决问题的能力。在这些教学方式中，都有一个共同点：以学定教，以生为本。在“生本课堂”理念指导下，我们通过近十年的打磨，在高中物理教学中，全校物理教师参与研究、实践、不断完善，现在每个人能比较熟练地操作“问题引导、先思后教、及时训练”的高中物理“生本课堂”模式。

我校高中物理“生本课堂”模式实践的三个核心环节是：

(1) 问题引导。

将本课的物理教学内容置于一定的问题背景中，提出与此相关的实际问题，如生活、生产、科学实践等方面，提出的问题要紧贴教材内容，有讨论和思考的空间和背景，由此引起学生的求知欲，为下面的课堂教学做好充分准备。问题的设计是关键，教师要充分备课、查阅课本内外的资料，寻找素材，尽可能多地收集相关实验，集体备课，实现资源共享。

(2) 先思后教。

问题引导之后，让学生依据问题查资料，或老师提供的素材、实验等，讨论交流，将学生分成学习小组，组内交流集中意见，并在全班选出代表发言，展示探究成果，然后依据学生交流情况，教师点拨提升、总结归纳。

(3) 及时训练。

编拟相关巩固性问题，及时进行针对性训练，以期预设性目标达成，检验学生学习效果。

我校高中物理“生本课堂”模式实施的核心变化是“三个给予”：

(1) 时间交给学生。

摈弃教师一手包办、一讲到底的教学模式，充分给予学生自由学习、合作交流的时空。

(2) 机会还给学生。

问题的解决、知识的形成由学生自己进行，自我体验，教师信任学生，改变了一切都由教师做好后告诉学生的被动学习方式。

(3) 方法教给学生。

教师重在把方法教给学生，靠自己去做和体会，让学生学会“3W”的思考，即“做什么？怎么做？为什么要这样做？”。

在高中物理“生本课堂”的流程设计上，我们重点关注六个方面问题：

(1) 目标定位。

目标定位要准确，要依据高中物理教学要求和学生实际相结合，突出能够达到的适当的目标。

(2) 问题设计。

问题设计要入口小、坡度小，分解难点问题要清晰，留有余地，使学生能够思考和交流，忌大而虚，让学生无头绪、无目标。

(3) 自主求解。

教师问题提出后，由学生独立思考，组内讨论，自己寻求解决问题的办法，教师可作适当提示和帮助。

(4) 对症下药。

学生交流后，教师进行总结提高，对学生中存在的问题进行针对性地解决，学生自己能解决或已经解决了的，教师不必多说。

(5) 归纳回顾。

由学生和教师共同完成，梳理本课知识点，形成网络或置于已成的网络之中。

(6) 巩固深化。

主要通过及时训练完成。

为了让学生很好地适应这一"生本课堂"教学方式，在最初，我校物理组研究确定了一个具体指导程序：

(1) 开展课前预习活动。

新课程强调课前的预习，预习本身就是一种自主探究的过程。任课教师课前组织学生开展有效的预习活动，采用多种形式布置预习提纲或预习练习，促使学生预习，并在课前或课堂上作适当的检查。

(2) 设置学习目标。

根据课程标准、教学内容和学生实际状况，在年级备课组活动时确立每堂课的学习目标，做到目标具体、明确，有层次、可操作。

(3) 创设情境并设问。

围绕学习目标创设具体、生动、形象的教学情境，采用多种手段和形式(多媒体技术、实物、图示等)呈现教学情境，要求课堂多媒体使用率达到 80%以上，激发学生思考、探究的兴趣和热情。

(4) 诱思探究。

启发、组织学生开展合作、探究、自主性学习活动。我们要求每一个班级按照学生位置，把学生分为若干学习小组，每堂课根据教学需要至少组织学生开展 2 次小型讨论活动。教师讲授总时间控制在 20 分钟左右，学生思考、探究时间不少于 15 分钟。

(5) 归纳检测。

对所讨论、探究的问题，教师要作适当归纳小结，也可让学生自己来归纳。每堂课至少预留5分钟时间让学生进行课堂即时检测,及时反馈,了解学生的课堂掌握情况。

为全面实施素质教育,落实高中课程标准,促进学生文化素质的提高,新课程强调,教学过程是"师生交往,共同发展的互动过程",要求教师在教学过程中处理好传授知识与培养能力的关系,促使学生主动地、富有个性地学习。我们的高中物理"生本课堂"教学基本模式(即"问题引导→先思后教→及时训练"),经过多年的实践和努力,在转变我们高中物理教学方式、教学行为,促进学生学习物理方式的转变等方面均取得不错的效果。在新课改方面也得到了有益的尝试,通过参加区、市级赛课、骨干教师示范课、青年教师评优课、中心组观摩课等活动,多方面推进教学模式的运用。作为市级物理学科基地,我们还定期向全区域内学校、集团学校开放物理课堂,加强物理教学研究,把提高课堂教学效益、促进"生本"成长作为物理备课组研究的突破口,加强课例和教学反思研究。抓住课堂这一教学的中心环节,着力提高优质课堂的比例,促进物理教师在"家常课"中展机智、添亮点、显实效,为全面提高我校高中物理教学质量做出了扎实的贡献。

(由安燕坤老师提供)

## 第四节　运用"三动课堂"模式　促进学生真正学习

华东师范大学课程与教学研究所教授崔允漷指出班级教学的"一(教师)对多(学生)"最易导致两大问题:一是疑似学习,通俗地说,有部分学生经常处在"人在心不在"的状态,扮演滥竽充数的角色;二是虚假学习,即教师只看到"习得的结果"(如答案、分数、作品等),而忽视"学习的过程",导致学生"虚学习";更严重的是,有些教师经常"用不道德的方式教道德""用不科学的方法教科学""用无语言的方式教语言",导致学生"假学习",诸如此类,其后果可想而知。因此,能否破解班级教学中的这两大难题?这才是课堂教学变革的关键所在。构建"三动"课堂的教学模式就是改变这种困境的一种途径的探索。江苏省盱眙中学从2014年开始实施"三动"课堂模式教学和相关工作,并且已经取得了一些成果。

### 一、"三动"课堂模式简介

以"学生主动、师生互动、教师推动"为主要内容的"三动"课堂教学模式的核心就是"让学生动起来",使所有学生"热情调动、脑筋开动、思维触动",

真正达到打造高效课堂、快乐课堂、智慧课堂的效果。“学生主动”主要是学生课前和课堂上的预习、自学；“师生互动”主要是学生间的合作、探究、展示，教师的点拨释疑；“教师推动”主要是教学内容的拓展、延伸、提高。围绕“三动”课堂模式教学还要实施规范化的集体备课和规范化的导案、学案，确保课堂教学和教研活动务实、高效。

## 二、“三动”课堂模式教学流程

### 1. 学生主动

贯穿整个学习过程。学生根据导学案自主学习、讨论、合作、展示。在课堂中学生根据教师导学安排必须做到脑动、眼动、手动、口动。体现出自己的能动性、主动性、独立性。

### 2. 师生互动

主要是教师对学生质疑的释疑、解惑，学生展示过程中的适时点拨，对学习内容的总结提炼等。教师的归纳总结、释疑点拨可以集中进行，也可以贯穿课堂全过程。

### 3. 教师推动

教师根据学生的展示情况和质疑情况以提出问题、布置作业、交流讨论等形式，对学习内容进行测评、拓展、提升。

一般情况下，每节课应包括“三动”环节，即课堂前段的自主学习；课堂中段的合作探究、教师点拨释疑、总结提炼；课堂后段的测评巩固、拓展提升。具体来说按照以下六个步骤实施：“自主预习→合作展示→质疑释疑→总结归纳→达标检测→拓展提升”。教学结构流程不是一成不变的，它可以是一个大的流程，也可以在任何一个教学步骤完成一个小的循环，一句话，它需要因时因境灵活使用。

## 三、“三动”课堂模式教学台前工作

### 1. 高效务实的教学研讨

物理学科每周一次教学集体备课，主要是总结上周课堂教学得失、研讨下周教学内容。集体备课前每人自备，提供电子稿，提前上交备课组组长。由组长指定主备人在集体备课时发言，围绕“三动”课堂教学模式，研讨新的导案和学案，谈设计目的、设计思路、预期效果等。每个组员（或中心备课组成员）发言，对主备人的设计方案，主要是针对学案中的学习目标板块、自主预习板块、课堂活动板块、检测拓展板块和导案中教师在对应的板块如何引导、如何过渡、如何组织活动、如何拓展提高等提出个人看法，集思广益。备课组组长总结发言，汇总各人自备简案，结合主备人的详案，形成导案和学案总体思路，由主备人整理定稿。每位教师根据班级学情，再次备课，形成复案。

2. 易于操作的学案和导案

经过全组教师的研讨形成教师的导案和学生的学案。学生的学案主要为四个板块。

(1) 学习目标板块。

学习目标设置的具体、明确、可达成，应明确重点、难点，让学生提前知道本节课应达到的基本要求，使学生带着目标去学习，从而提高学习的针对性。

(2) 自主预习板块。

站在学生的角度去编写，学案内容设计针对基础知识、基本技能、基本考点，数量适中。上课利用几分钟时间小组合作、讨论、修正。

(3) 课堂活动板块。

提供小组合作、展示、质疑的内容，提供使学生“动起来”的材料。根据学习目标，每节课设计 2—3 个活动内容。设计层次体现重点、难点。教师可根据学生展示的结果和提出的问题进行释疑。通过本板块可充分发挥学生的主体地位，培养学生团队合作精神，同时能张扬学生个性，训练学生各方面的能力。

(4) 检测拓展板块。

精选与本节课学习目标有关的试题，起到及时反馈学习效果的作用。

教师的导案和学生的学案设计对“三动”课堂模式能否有效实施起决定性作用，在设置导案和学案时做到以下几点：① 学生自己能学会的，相信学生—引导学生学；在备课时我们应努力做到：凡是学生自己能够探索得出的，教师决不代替；凡是学生能够独立发现的，教师决不暗示。② 新旧知识有直接联系的，迁移类比—诱导学生学。我们可以利用知识的迁移规律，找准新旧知识的连接点和新知识的生长点，诱导学生利用旧知识去学习新知识。“为迁移而教”应该成为我们备课时处理教材的出发点。③ 学生难于理解或不易接受的，创设情景—指导学生学。对于一些稍难一点的内容，可以适当创设机会，调动学生多种感官参与学习活动。④ 学生独立学习有困难的，小组合作—互相帮助学。设计教案时，要十分重视培养学生合作意识，指导他们怎样与同伴合作。

### 四、"三动"课堂模式的听评课要求

(1) 看教师是否遵循了模式,课中是否坚持了"学生中心";传统课堂是"地心说",三动课堂是"日心说"。学生是"太阳",课堂教学教师要绕着"太阳"转。是否使用导案学案上课,是否充分使用和调动了小组,是否组织了当堂达标测评,严格规定"讲"绝不能超过20分钟。

(2) 学生的学习状态、课堂气氛,是否有走神、打瞌睡、精力不集中,或者假学、伪学现象;关注学生自主的程度、合作的效度和探究的深度。

(3) 看教师是否批改学生的预习作业,通过检查"预习"情况,了解学情,在课中能适时导入下一个环节,准确做好课堂对策,关注学习过程,严禁教师上"对答案"课。

(由许华先、金爱兵老师提供)

## 第五节　创新教学模式　打造高效课堂

在创新课堂教学模式的研究中,我校提出了"四标 五让 六环节"的教学模式,打造高效课堂。

### 一、对"四标"的界定

四标:亮标、施标、固标、验标。"标"是教学目的,"标"有知识目标、能力目标、方法目标、情感目标。有的"标"可"亮"(如知识点),有的"标"不可"亮",但教师心中必须清楚。

教师首先揭示学习目标,使学生明确本节课的学习目标。这样不仅可以使学生能够从整体上感知本节课的学习任务和要求,而且可以在接下来的自学探究活动中做到方向明确,有的放矢,充分发挥学生学习的目标性和主动性。

### 二、对"五让"的理解

五让:书本让学生读、见解让学生讲、疑点让学生议、规律让学生找、总结让学生写。"让"是让学生参与规律的发现过程,去体验前人发现的艰辛!去体验发现后的快乐,从而更进一步了解"规律"本身。"五让"的背后更反应教师设计水平,包括流程的把控;问题的设计;关节点的过渡等。

以"五让"为重心,坚持以教师为主导、以学生为主体,突出学生在学习中的主体地位,一切为了学生,一切围绕学生,要求教师把课堂上的时间交给学生,把教室的空间交给学生,把活动的主动权交给学生,把探索的权力交给学

生，把创新的可能交给学生；围绕一条“暗线”，达到“激发动机—愉快体验—内化兴趣—增强信念”的目的，利用非智力因素调动学生学习的积极性、主动性，把“要我学”转变为“我要学”，把“我学会了”转变为“我会学了”，使“课堂活起来”“学生动起来”“效果好起来”，它既是课堂的内在动力因素，又是课堂所要达到的终极目标；实施一条“明线”，课堂上通过实施目标导学—自学探究—小组合作—展示交流—精讲提高—达标练习六个环节，每一环节都不脱离学生的学，步步任务明确、做法具体、环环相扣，整个课堂紧凑、高效、务实，最终完成教学任务、达成学习目标。

**三、对“六环节”的解读**

六环节：目标导学、自学探究、小组合作、展示交流、精讲提高、达标练习。“环节”即是流程。

1. 目标导学

就是定目标、明方向，创设学习情境，引导学生独立思考探究。学习目标可由教师确定或由学习能力强的学生提出，或由大家讨论确定。要让学生明白这节课要学什么、要达到什么目标，让学生有个心理预期，或充满自信，或提醒自己小心。

2. 自学探究

根据教师出示的自学提纲或者导学案，要求学生不和任何人交流，通过自己独立看书、独立思考、自主探索的过程，是体现学生主体地位的重要环节，关系到学习目标完成的质量高低。自学内容要能够涵盖学习目标，自学指导要明确、具体，要告诉学生学什么、学的方式是什么、学到什么程度、达到什么要求、学多长时间以及注意事项。学生自学效果的优劣将直接影响着学生自学习惯的养成和本节课的教学效果，教师须慎重把握。学生在自学过程中会有收获，也会有很多疑问，是需要在后边的环节和过程中得到提升和逐步解决的。

3. 小组合作

在每个学生独立完成自学探究的基础上，小组内在组长的主持下让学生共同交流，分享个人思考后获得的学习成果，疑难问题进行小组合作探究、讨论解决，仍不能解决的问题带到班级展示过程中解决。

4. 展示交流

为了避免优秀生垄断交流发言的机会，保证小组的成员每人都能发言，要制定小组学习课堂常规制度：

首先做好组长的指导和培养工作，小组交流每人都要发表自己见解。这样可以保证后进生在讨论交流中充分发表自己的见解，同时还可得到他人的帮助，利于他们在教师点拨或讲解时听懂、理解。中等的学生在交流中能得到启发，从而掌握正确的方法，使所学知识融会贯通；优秀的学生可以通过介绍自己的思维方法，提高表达能力，培养思维的灵活性，并通过概括组员的发言提高自己的概括能力和组织能力。真正做到了小组学习不走过场，让每个学生都得到发展。

班级展示是小组交流的进一步延伸，也是检查落实小组学习情况的必要环节，小组学习时体现出的是相互帮扶关系，而班级展示时体现的是小组间的竞争关系。班级展示要轻结果、重过程，重在展示个人自学和小组交流时的过程及方法，尤其要展示出学生认知的过程，在竞争中相互学习。也可把问题提出来和班上其他小组的学生共同解决。

5. 精讲提高

教师讲什么、怎么讲，完全取决于学生在展示过程中反映出的学情，针对问题讲、纠错讲、补充讲、总结讲，贵在讲得精巧，使得课堂能够有所升华、有所拓展和延伸。

6. 达标练习

就是对学习目标完成情况的检测，教师要针对本节课相关知识点设置适当的、多角度的、灵活的、难易适度的练习题，让学生当堂作答，并当堂让学生展示，让学生相互评价，再次暴露学生对本节课还存有哪些疑惑，教师要给予及时的解疑。做到目标堂堂清，要注意目标的达成度，按照识记、理解、运用、创造不同的层次来设计目标检测练习。针对目标练、针对目标清，要及时检测，及时反馈，及时巩固总结，并在最短时间内完成，学生就会产生成就感，提高学习兴趣。于是就“没有学不好的学生”。

任何一种教学方法都有它的适用范围。教学有法而无定法，有模式而不唯模式。因此在进行“四标五让六环节课堂教学模式”时我们应鼓励教师教学表现形式不拘一格。教师可以充分发挥个人的教学艺术与风格，根据课型、教学内容、学生学情等不同情况，在课堂教学模式的具体运用上采取多样的变式。

（由邹广和老师提供）

## 第六节　精品课堂教学模式的教学设计举例

### 案例1　“循环—差异”模式的教学设计举例
### 初中物理《欧姆定律的应用》

背　景

授课年级：义务教育九年级

教材：江苏科学技术出版社，义务教育教科书《物理》九年级上册，2013年6月版

教材章节：第十四章《欧姆定律》，第四节《欧姆定律的应用》

课型：新授课

课时数：1课时

编写者：淮安市淮安区教研室 吴秋瑛 孙亮亮

执教者：淮安市曙光双语学校 孙亮亮

学案中A、B、C的含义：学案中的A、B、C为学习的差异性要求，A表示基本达到课程标准学习要求，B表示深化理解课程标准学习要求，C表示拓展提升学习要求。

学　案

班级__________　姓名__________　授课时间__________

评价等第__________

【目标定向】

1.（A）通过测量定值电阻的阻值，理解欧姆定律的内容和公式。

（学习评价：完全达到□　基本达到□　没有达到□）

2.（A）通过保护电阻电路分析，学会运用欧姆定律进行简单的计算。

（学习评价：完全达到□　基本达到□　没有达到□）

3.（B）通过实验操作，练习电流表、电压表和滑动变阻器的使用，养成手脑并用的实验习惯。

（学习评价：完全达到□　基本达到□　没有达到□）

【个体自学】

**一、运用欧姆定律测量电阻(动手实验)**

1. (A)将欧姆定律公式 $I=\frac{U}{R}$变形可得：$R=$__________;此变形公式的物理意义是什么?

2. (A)设计测量定值电阻阻值的方案。

(1) 根据电路的组成、实验目的,确定实验所需的器材。

(2) 画实验电路图(课本虚线框)。

(3) 完成课本的实验数据记录表。

(4) 按照规范连接实物电路。

(5) 多次测量,并数据记录到表中。实验测得的定值电阻的阻值是__________。

注：电压表又称为伏特表,电流表又称为安培表,此种测量电阻的方法通常称作__________法。

**二、运用欧姆定律计算保护电阻的阻值(阅读思考)**

3. (A)提供的电源电压大于用电器的额定电压,用电器要正常工作应怎么办?

4. (B)阅读课本例题→思考→再回答。

(1) 保护电阻与小灯泡是如何连接的?

(2) 求得保护电阻的阻值运用哪些电路规律?

(3) 如图 5-2 所示,调光灯电路用一个滑动变阻器来控制灯泡的亮度,是否需要保护电阻?保护电阻的阻值如何确定?

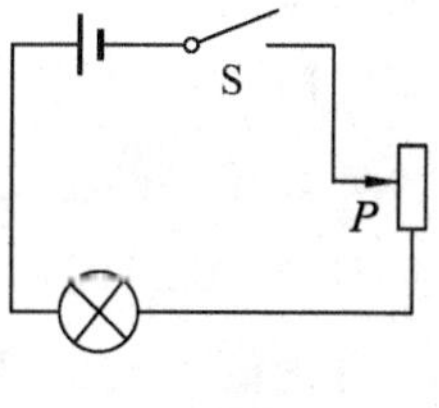

图 5-2

【同伴互导·教师解难】

【练习检测】

1. (A)如图 5-3 所示,是利用电流表、电压表测量定值电阻阻值的实验电路。电源为两节新的干电池,被测电阻的阻值约为 5Ω。

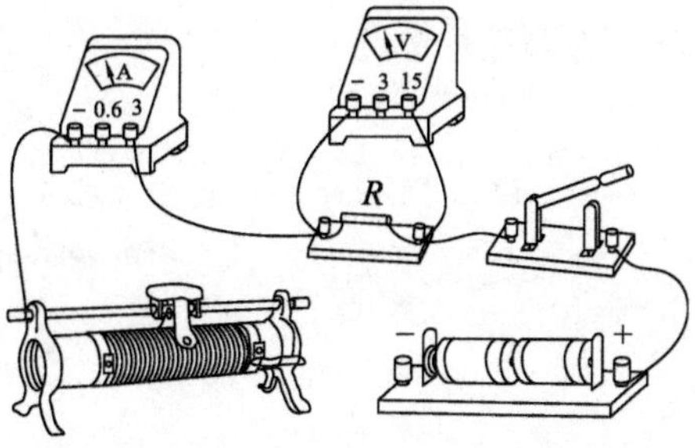

图 5-3

(1) 连接电路时,开关应处于__________状态;闭合开关前,应将滑动变阻器的滑片移动到__________。

(2) 用笔画线代替导线，将电路连接完整。

(3) 检查电路连接无误，闭合开关，移动滑动变阻器的滑片，读取电流表、电压表的数值并填写到表 5-1 中。测得电阻的阻值是__________ Ω。

**表 5-1**

| 实验次数 | 电压表读数/V | 电流表读数/A |
|---|---|---|
| 1 | 1.2 | 0.22 |
| 2 | 1.8 | 0.36 |
| 3 | 2.2 | 0.48 |

(4) 实验测量电阻的方法通常称为__________法，实验设计的原理是 __________。

2. (B)阅读课本(第 110 页)电流表和电压表对测量电路的影响。如图 5-4 所示，推算量程为 0～15V、电阻为 15kΩ 的电压表，并连接到规格为“4.8V 0.3A”小灯泡两端，引起电路中的电流变化能否忽略不计？

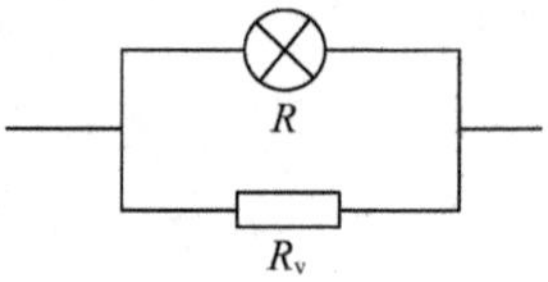


图 5-4

【补充学习】

1. (B)如图 5-5 所示，调光灯电路直流电源电压为 4.5V，小电灯的规格为“2.5V 0.3A”，滑动变阻器用来调节灯泡的亮度。电路中 $R$ 有什么作用？其阻值是多少？

2. (B)运用自己所学的电路知识，尽可能利用身边可以找到的废旧电路元件(购置干电池、电位器等)，连接自己的调光灯电路。

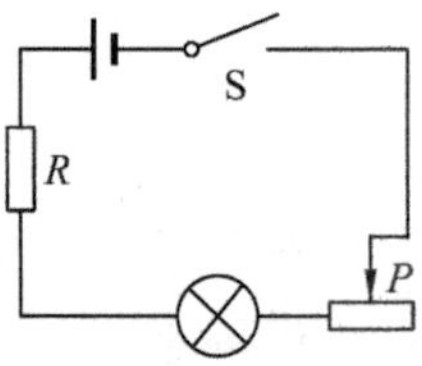


图 5-5

## 解　读

### 一、课程标准分解，科学确定学习目标

课程标准原文：3.4.2　理解欧姆定律。

**表 5-2**

| 行为条件 | 行为表现 | | 特征 | 程度 | 学生经验 |
|---|---|---|---|---|---|
| | 核心概念 | 行为动词 | | | |
| | 欧姆定律 | 理解 | | | |
| 讨论、交流 | 欧姆定律的内容 | 表述 | 具体 | 准确 | 有 |
| 实例分析 | 欧姆定律的公式 | 计算 | 抽象 | 简单 | 有 |
| 启发、讨论 | 变形公式的物理意义 | 说出 | 抽象 | 有条理 | 无 |
| 实例分析 | 电路问题 | 解释 | 具体 | 简单 | 有 |

目标叙写：1. 经历实验归纳欧姆定律的过程，能准确表述欧姆定律的内容、公式。
2. 通过实例（定值电阻、保护电阻）分析，能说出欧姆定律变形公式的物理意义；能运用欧姆定律公式进行简单的计算。
3. 通过交流讨论，能根据欧姆定律解释一些简单的电路问题。

本节课时《欧姆定律的应用》，是在学生已经学完《欧姆定律》课时的基础上实施的，通过两个活动来进一步落实对欧姆定律的理解：一是运用欧姆定律的变形公式，通过实验测量未知定值电阻的阻值；二是计算电源电压大于用电器额定电压时，需要串联的保护电阻的阻值。学习目标的确定，以课程标准的分解为基础，通过研究教材，结合学生的生活经验、教师的教学经验和课时的学习任务，将课时学习目标叙写为：

(1) 通过测量定值电阻的阻值，理解欧姆定律的内容和公式。

(2) 通过保护电阻电路分析，学会运用欧姆定律进行简单的计算。

(3) 通过实验操作，练习电流表、电压表和滑动变阻器的使用，养成手脑并用的实验习惯。

**二、科学的内容与结构，全面围绕学习目标**

“循环—差异教学”的学案结构与课堂结构完全相同，由六个要素组成：目标定向、个体自学、同伴互导、教师解难、练习检测、补充学习。学案作为学习任务的载体，为学生课堂学习的实施提供平台，由于使用相同的结构，学案对课堂教学有较强的引导与控制作用，特别是“个体自学、同伴互导、教师解难”三个环节，规范学习者与教师的课堂行为，使学生的“自主学习、合作学习、针对性指导学习”得到有效落实，展现出教学设计对课堂教学的引领与控制作用，实现学生的自主、探究、合作学习，教师的启发、互动、参与式教学和多元的教学评价。

课堂教学组织以欧姆定律的应用为主线，实施了两个活动：运用欧姆定律测量电阻，注重学生实验意识的养成；运用欧姆定律进行简单的计算，重视展示数学知识的物理运用，开发学生的逻辑思维水平。活动的目的不在于学会测量定值电阻的阻值和推算所需保护电阻的阻值的大小，而是推进学生对欧姆定律的理解。叙写的学习目标分为两部分，前部分明确指出学习的方法，后部分描述可检测的学习结果，为学生的课堂学习搭建支架。

"个体自学"任务一运用欧姆定律测量电阻，由学生已经接触的欧姆定律出发，对欧姆定律的公式 $I=\frac{U}{R}$ 进行变形，得到 $R=\frac{U}{I}$，引导学生用物理的视角，审视数学公式。对定值电阻而言，$R=\frac{U}{I}$ 描述的是接入电路的阻值等于其两端的电压与通过的电流比值，随着 $U$ 的增大或减小，$I$ 等倍数的增大或减小，而不能表述为 $R$ 与 $U$ 成正比、与 $I$ 成反比；同时 $R=\frac{U}{I}$ 公式给出一种测量未知电阻的方法，欧姆定律便是实验测量定值电阻阻值的实验原理。就中学生而言，通常会将物理公式与数学公式等同起来，对物理公式是隐含着物理意义的数学公式理解不足。

运用欧姆定律测量定值电阻阻值的过程中，学生经历选取实验器材（电路组成、实验目的）→画实验电路图→设计数据记录表→连接实物电路（规范训练）的过程，既练习电流表、电压表和滑动变阻器的使用，又培养手脑并用的实验习惯，使学生认识到欧姆定律指导实践活动的实用价值，落实学习目标 1 和 3。

任务二运用欧姆定律计算保护电阻的阻值，源于调光灯电路的设计（调光灯电路的设计，这一真实的任务，贯穿于苏科物理教材《欧姆定律》章节学习的全过程），电源提供的电压大于小灯泡的正常工作时所需的电压（额定电压学生第一次接触），此时要保证小灯泡正常发光，就需要串联接一个保护电路，如何确定保护电阻的阻值，需要应用欧姆定律进行计算。课本给出详细的问题分析思路和规范的解题步骤，学案首先引导学生对电源电压与用电器电压间关系进行探讨，接着要求学生自己阅读课本例题，进行思考，再回答保护电阻与小灯泡的连接、求保护电阻值运用的电路规律、有滑动变阻器控制灯泡亮度时是否需要保护电阻等问题。学案引领学生意识到，欧姆定律作为一条规律，其应用的基础离不开串并联电路的电流规律和电压规律，以达到梳理学生思路、清晰化解题过程，以落实学习目标 2。

### 三、三轮循环学习，有效落实学习目标

第一轮循环——个体自学(自主学习、探究学习)是“循环—差异教学”课堂学习的主体和基础，班级学生思维水平相近，但其知识基础和学习方式存在着差异，课堂为每一位学生准备自主学习的时间，沿着自己习惯的学习路径高效地获取知识，教师对学习有困难的学生进行针对性指导，点拨思路、指导规范操作。

第二轮循环——同伴互导(合作学习)建立在“个体自学”的基础上，学生通过自主读书、实验和思考，对所学的知识内容有较深刻的认识，非常清楚地认识到自己学习过程中的问题所在，同伴之间讨论问题有共同的话题、思维认知的水平趋同，更容易让学生在获得知识的同时，纠正自己思维习惯的不足，收获正确的学习方法。

第三轮循环——教师解难(点拨学习)以课时教学的重点和难点为核心，以“个体自学”和“同伴互导”阶段收集到的学情为依据，梳理学生课堂学习的思路；要求教师以学生的学为基础，站到学科核心素养和学生关键能力培养的高度，概括课堂学习内容，帮助学生将课时所学的知识，及时同化或顺应到自己的知识结构中。

循环—差异教学能有效地整合课堂学习资源，实现常态化的学习方式变革：自主学习、合作学习、探究学习；落实常态化的教学方式新理念：启发、互动和参与式教学。尽力做到课堂中不产生学困生，真正实现课堂面向全体，学生差异发展，实现“全体在学，个体真学”的教学愿景。

### 四、练习检测，多元评价学习目标

课堂学习是通过应用欧姆定律的两个活动，由不同的层次引导学生理解欧姆定律。课时学习的重点是运用欧姆定律测量定值电阻的阻值，课堂实验训练学生使用电流表、电压表和滑动变阻器的动手能力，同时让学生感悟到物理公式是有物理意义的数学公式、培养学生手脑并用的能力。练习检测 1 关注课时学习的这一重点，以测量定值电阻阻值的实验为问题情境，考查学生规范连接电路的意识和处理数据的能力，检测学生课时学习目标的达成度。

练习检测 2 对学生要求的层次较高，企图借助学生的测电阻、计算保护电阻的阻值，进一步推进学生深层的思考，引导学生利用欧姆定律解释为什么用电压表测量电压时，其对测量电路电流的影响可忽略不计，增进学生物理

学科素养的提升。

五、补充学习，扎实强化学习目标

没有完成课堂学习任务，不能达成课时学习目标的学生，课后要继续学习学案有关要求的内容，达成学习目标的学生展开拓展学习。课堂学习完全达成学习目标的学生，利用所学的知识，完成有滑动变阻器控制电路中电流的电路，保护电阻的阻值计算；自己准备器材，连接有自己特色的调光灯电路。

（由吴秋瑛老师提供）

## 案例2 “自探 互教”模式的教学设计举例
## 高中物理实验：验证机械能守恒定律

一、教学设计思路

只有重力做功时，物体的动能和重力势能可以相互转化，总的机械能保持不变。这节课按照科学探究的要求和楚州中学“自探互教”的教学模式组织高一学生制订实验方案，研讨实验方法，探究操作要领，小组合作完成实验，分析误差原因。通过小组合作探究，使学生正确地计算重物下落过程中动能的增加和重力势能的减少，比较动能的增加量和重力势能的减少量是否相等来判断机械能是否守恒——这就是实验原理。速度的测量是重点，让小组合作探究出测量瞬时速度的最好方法。重物下落过程中会受到很多的阻力，如何减少阻力对实验结果的影响？这个问题可以让学生来讨论、分析，教师点拨归纳。通过本节课的实验让学生对机械能守恒定律的得出、含义、适用条件有一个明确的认识；学会应用科学探究的方法研究物理问题，探索物理规律，加深对科学的本质和价值的理解。同时让学习小组自己动手完成实验，测量数据，根据数据学会分析误差的可能原因。让学生真正的掌握实验探究的方法。

二、教学重点、难点

重点：设计方案、实验原理和方法、速度的测量、实验误差的分析。

难点：速度的测量和实验误差的分析。

三、教学流程图

驱动目标→布置展示任务→自主探究→学生成果展示→教师点拨归纳→小组合作探究→实验测量→数据分析→误差分析→质疑点拨→总结反思。

## 四、教学准备

学生电源、导线、电磁打点计时器、纸带、复写纸、铁架台、夹子、重物、天平、刻度尺。

## 五、教学过程

### (一) 目标驱动

【学习目标】

1. 知识与技能

(1) 会用打点计时器打下的纸带计算物体运动的速度。

(2) 掌握验证机械能守恒定律的实验原理。

2. 过程与方法

通过用纸带与打点计时器来验证机械能守恒定律，体验验证过程和物理学的研究方法。

3. 情感、态度与价值观

通过实验验证，体会学习的快乐，激发学习的兴趣；通过亲身实践，树立“实践是检验真理的唯一标准”的科学观。培养学生的观察和实践能力，培养学生实事求是的科学态度。

【布置展示任务】

| 任务 | 问题 1 | 问题 2 | 问题 3 | 问题 4 | 问题 5 |
|---|---|---|---|---|---|
| 组号 | 第①组 | 第③组 | 第⑤组 | 第⑦组 | 第⑨组 |

### (二) 自主探究(学生自主学习课本第 79—80 页，自主完成问题)

活动一：探究“验证机械能守恒定律”的设计方案和实验方法，完成下列问题

问题　用如图 5-6 所示的实验装置可以验证机械能守恒定律，接通电源，释放重物，重物带动纸带下落。则

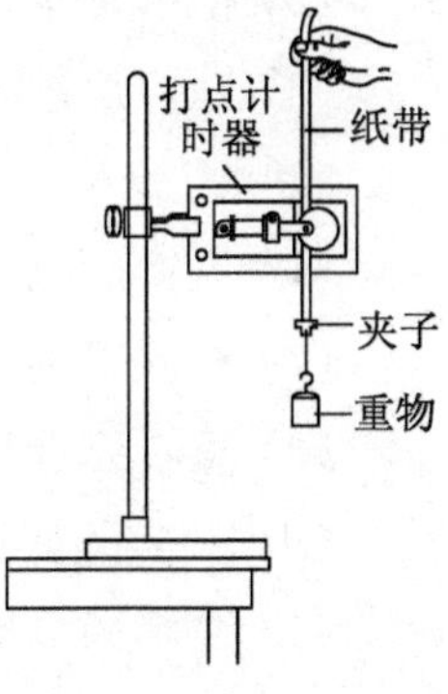

图 5-6

(1) 实验中，电磁打点计时器应接__________(选填“直流”或“交流”)电源。

(2) 满足什么条件，重物在下落过程中机械能会保持守恒？

(3) 重物下落过程中，重力势能如何变化？动能又

如何变化?

(4) 如何通过比较重力势能变化和动能变化,就可以判断机械能是否守恒?

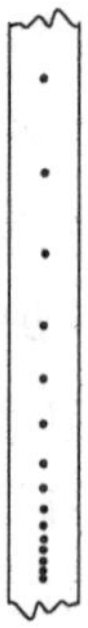

图 5-7

活动二:探究"验证机械能守恒定律"的实验操作

问题 2-1　重物下落过程中,除了重力之外会受到哪些阻力?怎样减少这些阻力对实验的影响?

问题 2-2　某同学实验时打出一根纸带,如图 5-7 所示。试问:重物下落时,最好选择哪两个位置作为过程的开始和终结的位置?

问题 2-3　如何简单地、准确地测量重物下落时的瞬时速度?

**(三) 成果展示(每个小组内派学生代表展示学习、探究成果)**

第 1 组代表展示活动一问题的成果:

(1) 交流(打点计时器都接交流电源)。

(2) 只有重力做功时,重物在下落过程中机械能保持守恒。

(3) 重物下落过程中,重力势能减少,动能增加。

(4) 如果重力势能减少量和动能增加量相等,可以判断机械能守恒。

教师点拨:重物下落过程中,如果重力势能减少量和动能增加量相等,可以判断机械能守恒。这就是本实验的实验原理。

(板书)实验原理:动能增加量=重力势能减少量→机械能守恒。

第 3 组代表展示问题 2-1 的成果:

除了重力之外会受到空气阻力和限位孔对纸带的摩擦阻力。为了减少这些阻力对实验的影响,我们可以:

(1) 重物选择质量大的、体积小的(也就是选择密度大的重物)。

(2) 把纸带理顺、理平,用手捏住纸带的最上端,让纸带呈竖直状态。

(3) 让打点计时器的上、下限位孔在同一竖直线上。

教师点拨:

(1) 先接通电源,后释放重物。

(2) 释放重物前,用手捏住纸带的最上端,让纸带呈竖直状态。

(3) 重物靠近打点计时器处释放。

(板书)实验操作:

(1) 先接通电源,后释放重物。

(2) 释放重物前,用手捏住纸带的最上端,让纸带呈竖直状态。

(3) 重物靠近打点计时器处释放。

第 5 组代表展示问题 2-2 的成果：

可能的答案：

(1) 选第一个点和最后一个点；

(2) 选第一个点和靠近后面的点；

(3) 选中间合适距离的两个点。

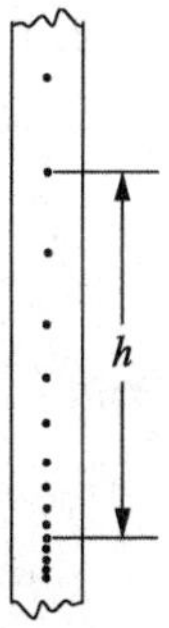


图 5-8

教师点拨：选择点迹清晰的如图 5-8 所示的两个点(两个点间距合适)。

第 7 组代表展示问题 2-3 的成果：

纸带上某点的瞬时速度等于这点前后相邻两点间的平均速度(图 5-9)。

教师点拨：

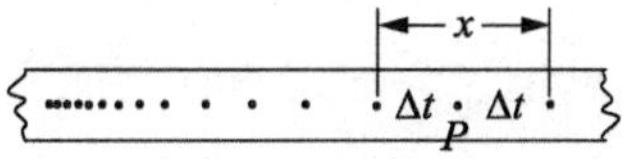


图 5-9

(1) $\theta_P=\frac{x}{2\Delta t}$。

(2) 做匀变速运动的纸带上某点的瞬时速度，等于这点前后相邻两点间的平均速度。

(板书)速度的测量：做匀变速运动的纸带上某点的瞬时速度，等于这点前后相邻两点间的平均速度。

**(四) 合作探究**

*活动三：小组合作完成"验证机械能守恒定律"的实验，完成实验报告*

问题　根据你的实验测量结果，判断重物下落过程中动能的增加量和重力势能的减少量是否相等，如果不等，试分析原因。

第 9 组代表展示问题 5：实验结果显示，动能的增加量略小于重力势能的减少量。造成这个的原因应该是重物下落过程中，除了重力以外，还不可避免的会受到阻力的作用。

教师点拨：

(1) 动能的增加量略小于重力势能的减少量，由此可得出结论：在实验误差范围内，重物的机械能守恒。

(2) 实验报告中要写明本实验的原理、器材、主要实验步骤、数据的分析、结论，以及对结论可靠性的评估(包括对可能产生的误差的分析)。

(板书)结论：动能的增加量略小于重力势能的减少量，说明在实验误差范围内，重物的机械能守恒。

**(五) 质疑点拨**

提出问题：在验证机械能守恒定律的试验中，一定要测量重物的质量吗？

教师点拨：动能的增加量表达式为$\frac{1}{2}mv_2^2-\frac{1}{2}mv_1^2$，重力势能的减少量为$mgh_{12}$。

在比较动能的增加量和重力势能的减少量时可以两边都消去质量进行比较，故可以不需要测量重物质量。

**(六) 总结反思**

(1) 减少阻力对实验的影响：用手拎着纸带的最上端，让纸带呈竖直状态(重点提醒)。

(2) 速度的测量：做匀变速运动的纸带上某点的瞬时速度，等于这点前后相邻两点间的平均速度。

(3) 实验误差的分析：因为阻力，造成动能的增加量略小于重力势能的减少量。

## 六、板书设计

1. 实验原理：动能增加量＝重力势能减少量→机械能守恒

2. 实验操作：

(1) 先接通电源，后释放重物；

(2) 释放重物前，用手捏住纸带的最上端，让纸带呈竖直状态；

(3) 重物靠近打点计时器处时释放。

3. 速度的测量：做匀变速运动的纸带上某点的瞬时速度，等于这点前后相邻两点间的平均速度。

4. 结论：动能的增加量略小于重力势能的减少量，说明在实验误差范围内，重物的机械能守恒。

## 七、达标检测

1. 如图 5-10 所示为用打点计时器验证机械能守恒定律的实验装置。关于这一实验，下列说法正确的是(　　)。

A. 重物应选用密度小的物体

B. 应先释放纸带，后接通电源打点

C. 两个限位孔应在同一竖直线上

D. 测出纸带上两点迹间的距离，可知重物相应的下落高度

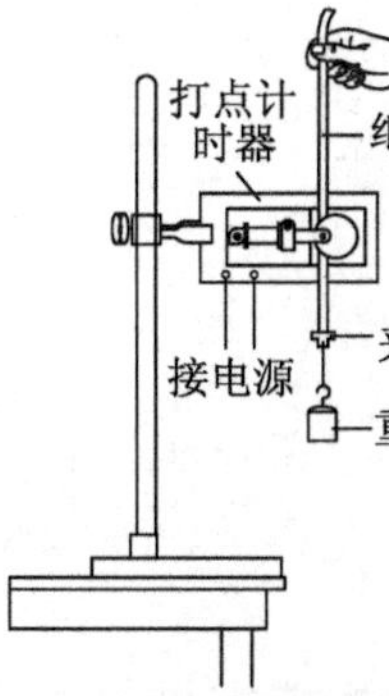


图 5-10

2. “验证机械能守恒定律”的实验装置如图 5-10 所示，实验中发现重物增加的动能略小于减少的重力势能，其主要原因是(　　)。

A. 重物的质量过大

B. 重物的体积过小

C. 电源的电压偏低

D. 重物及纸带在下落时受到阻力

3. 如图 5-10 所示为用打点计时器验证机械能守恒定律的实验装置。

(1) 实验中使用的电源频率是 50Hz，则纸带上打出的相邻两点的时间间隔为__________ s。

(2) 实验时，应使打点计时器的两个限位孔在同一竖直线上。这样做可以__________(选填“消除”“减小”或“增大”)纸带与限位孔之间的摩擦。

(3) 在实际测量中，重物减少的重力势能通常会__________(选填“略大于”“等于”或“略小于”)增加的动能。

4. 在“验证机械能守恒定律”的实验中，如图 5-10 所示，质量为 $m$ 的重锤拖着一条纸带从静止开始下落，打点计时器在纸带上打出一系列清晰的点。把重锤开始下落时打出的点标为 $O$，然后按先后顺序依次选取三个计数点 $A$、$B$、$C$，如图 5-11 所示。通过测量得到 $O$、$A$ 间距离为 $h_1$，$O$、$B$ 间距离为 $h_2$，$O$、$C$ 间距离为 $h_3$。已知相邻计数点间的时间间隔为 $T$，当地重力加速度为 $g$。从开始下落到打 $B$ 点时，重锤减少的重力势能为__________，打 $B$ 点时重锤的动能为__________。

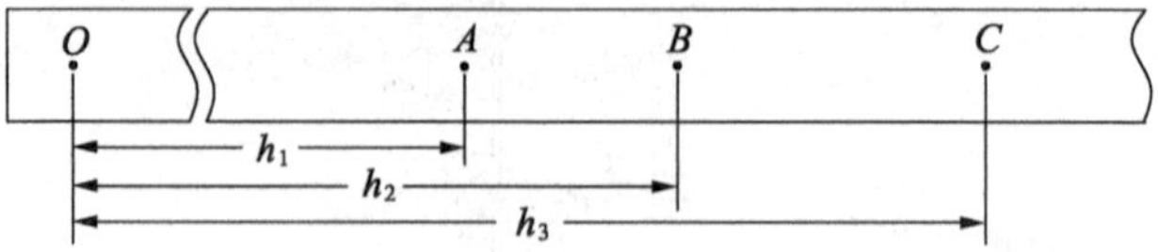


图 5-11

（由路新宝老师提供）

## 专题复习《电磁感应规律的综合应用》

### 一、教材分析

电磁感应综合应用的中心是法拉第电磁感应定律，近年来的高考中，电磁感应的考查主要是通过法拉第电磁感应定律再综合力、热、静电场、直流电路、磁场等知识内容，有机地把力与电磁结合起来，具体反映在以下几个方面：

(1) 以电磁感应现象为核心，综合应用力学各种不同的规律（如牛顿运动定律、动量守恒定律、动能定理）等内容形成的综合类问题。通常以导体棒或线圈为载体，分析导体棒在磁场中因电磁感应现象对运动情况的影响，解决此类问题的关键在于运动情况的分析，特别是最终稳定状态的确定，利用物体的平衡条件可求最大速度之类的问题。

(2) 电磁感应中的能量转化问题。电磁感应过程实质是不同形式的能量转化的过程，而能量的转化则是通过安培力做功的形式而实现的，安培力做功的过程，是电能转化为其他形式的能的过程，“外力”克服安培力做功，则是其他形式的能转化为电能的过程。求解过程中主要从以下三种思路进行分析：① 利用安培力做功求解，电磁感应中产生的电能等于克服安培力所做的功，注意安培力应为恒力。② 利用能量守恒求解，开始的机械能总和与最后的机械能总和之差等于产生的电能。适用于安培力为变力。③ 利用电路特征来求解，通过电路中所产生的电能来计算。

### 二、教学目标

(1) 会判断感应电动势或感应电流的方向。

(2) 能用法拉第电磁感应定律计算感应电动势的大小。

(3) 学会用力和能量观点解决电磁感应综合问题。

### 三、教学重点、难点

重点：

(1) 楞次定律、法拉第电磁感应定律的应用，电磁感应现象中动力学过程的分析。

(2) 功能关系和能量转化及守恒定律的应用。

难点：

(1) 楞次定律、右手定则、左手定则的区别。

(2) 安培力做功的作用及能量守恒的应用。

### 四、教学方法

探究、讨论、讲授、练习。

### 五、教学过程

#### (一) 任务驱动

第 1 组　问题 2；第 2 组　问题 3；第 3 组　问题 4；

第 4 组　问题 5；第 5 组　问题 6；第 6 组　问题 7。

#### (二) 自主探究

问题　水平放置于匀强磁场中的光滑导轨上，磁感应强度为 $B$，导轨间距为 $l$，有一根导体棒 $ab$，用恒力 $F$ 作用在 $ab$ 上，由静止开始运动，回路总电阻为 $R$，分析 $ab$ 的运动情况，并求 $ab$ 的最大速度(图 5-12)。

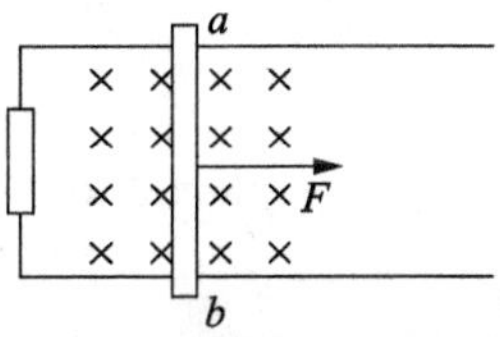


图 5-12

教学过程设计：

(1) 请学生写出答案。

(2) 请学生分析的过程：$ab$ 切割磁感线，形成感应电动势 $E=BLv$，相当于电源，与电阻构成回路，回路中电流为 $I=\frac{BLv}{R}$，$ab$ 受到安培力 $F_A=BIL=\frac{B^2L^2v}{R}$，初始 $F$ 大于安培力，$ab$ 在合外力的作用下加速，速度增加，电流增加，安培力增大，当 $F=F_A$ 时，棒的速度达到最大，$F=F_A=BIL=\frac{B^2L^2v}{R}$，得最终速度 $v_m=\frac{FR}{B^2L^2}$。

学生分析的同时黑板板书：

画出电源，回路，力，平衡方程(初始下滑力大于安培力，加速下滑，速度变大,安培力变大,最终达到平衡状态)。

**(三) 合作探究**

学习组长组织组员讨论本组要完成的展示任务。组内解决不了的可向其他组求助,也可向老师求助,完成后,组长指定展示人员(组员轮流展示)。除本组必须完成的展示任务以外,各小组提出本组不能解决的其他问题,交由班级解决。

**(四) 成果展示**

*活动一　感生电动势和动生电动势的应用*

第 1 组代表展示。

问题 1-1　如图 5-13 所示,如果匀强磁场按 $B=kt$ 变化($k>0$),要保持导棒静止(面积为 $S$),导棒电阻不计,求外力的方向及 $F$ 与 $t$ 的关系。

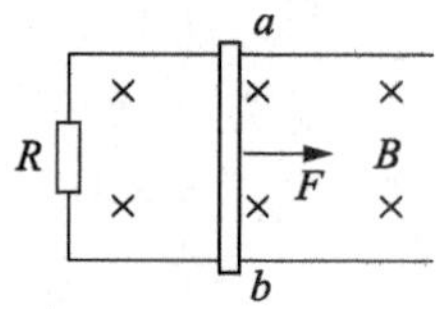


图 5-13

小结:(1) 楞次定律。(2) 安培力的方向判断。(3) 感生电动势计算。

第 2 组代表展示。

问题 1-2　如图 5-14 所示,如果磁场按 $B=kx$ 变化($k>0$),现用外力 $F$ 沿水平光滑轨道拉杆,从 $x=0$ 处由静止以加速度 $a$ 匀加速运动,并开始计时。求 $F$ 与 $t$ 的关系。

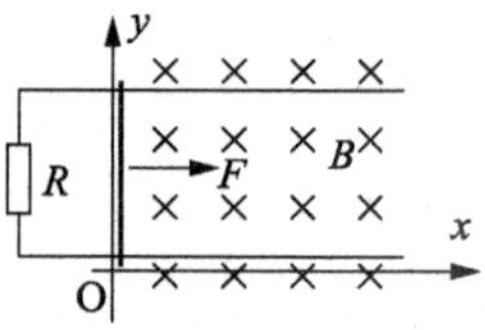


图 5-14

小结:(1) 动生电动势。(2) 牛顿第二定律。

*活动二　用动力学观点解决动态过程的分析*

第 3 组代表展示。

问题　如图 5-15(a)所示,两根足够长的直金属导轨 $MN$、$PQ$ 平行放置在倾角为 $\theta$ 的绝缘斜面上,两导轨间距为 $L$,$M$、$P$ 两点间接有阻值为 $R$ 的电阻。一根质量为 $m$ 的均匀直金属杆 $ab$ 放在两导轨上,并与导轨垂直。整套装置处于磁感应强度为 $B$ 的匀强磁场中,磁场方向垂直斜面向下。导轨和金属杆的电阻可忽略。让 $ab$ 杆沿导轨由静止开始下滑,导轨和金属杆

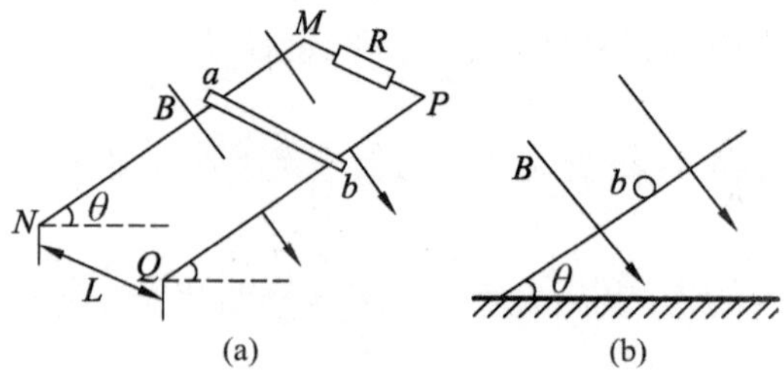


图 5-15

接触良好,不计它们之间的摩擦。

(1) 由 $b$ 向 $a$ 方向看到的装置如图 5-15($b$)所示,请在此图中画出 $ab$ 杆下滑过程中某时刻的受力示意图。

(2) 在加速下滑过程中,当 $ab$ 杆的速度大小为 $v$ 时,求此时 $ab$ 杆中的电流及其加速度的大小。

(3) 求在下滑过程中,$ab$ 杆可以达到的速度最大值。

小结:一般解此类问题的基本思路如下。

(1) 明确哪一部分电路产生感应电动势,则这部分电路就是等效电源。

(2) 正确分析电路的结构,画出等效电路图。

(3) 分析所研究的导体受力情况(包括安培力、用左手定则确定其方向)。

(4) 列出动力学方程或平衡方程并求解。常用动力学方程有:牛顿运动定律、动量守恒定律、动能定理、机械能守恒定律等。

**活动三　用功和能的观点解决电磁感应中能量转化问题**

第 4 组代表展示。

问题 3-1　如图 5-16 所示,两根光滑的金属导轨,平行放置在倾角为 $\theta$ 的斜面上,导轨的左端接有电阻 $R$,导轨的电阻可忽略不计。斜面处在匀强磁场中,磁场方向垂直于斜面向上。质量为 $m$、电阻可不计的金属棒 $ab$,在沿着斜面与棒垂直的恒力 $F$ 作用下沿导轨匀速上滑,并上升 $h$ 高度。在这过程中(　　)。

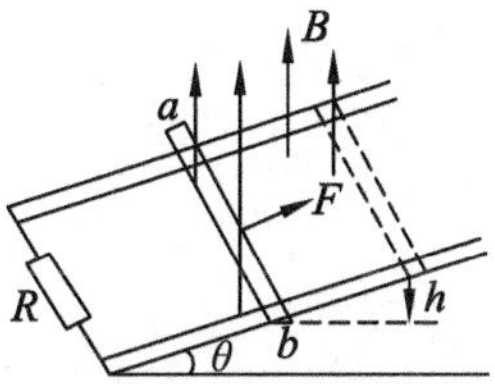

图 5-16

A. 作用在金属棒上的各个力的合力所做的功等于零

B. 作用在金属棒上的各个力的合力所做的功等于 $mgh$ 与电阻 $R$ 上发出的焦耳热之和

C. 恒力 $F$ 与安培力的合力所做的功等于零

D. 恒力 $F$ 与重力的合力所做的功等于电阻 $R$ 上发出的焦耳热

第 5 组代表展示。

问题 3-2　如图 5-17 所示,将两条倾角 $\theta=30°$、宽度 $L=1\text{m}$ 的足够长的"U"形平行的光滑金属导轨固定在磁感应强度 $B=1\text{T}$、范围足够大的匀强磁场中,磁场方向垂直于斜面向下。用平行于导轨的牵引力拉一质量 $m=0.2\text{kg}$,电阻 $R=1\Omega$ 放在导轨上

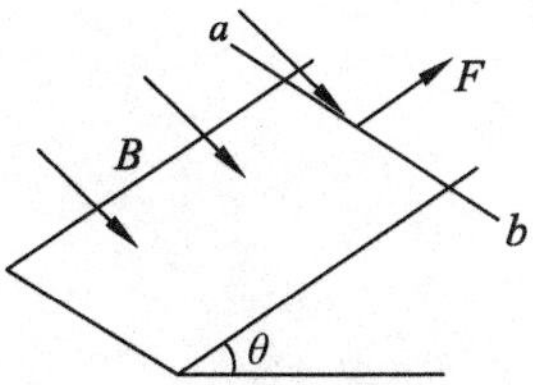

图 5-17

的金属棒 $ab$，使之由静止沿轨道向上运动，牵引力的功率恒为 $P=6\text{W}$，当金属棒移动 $S=2.8\text{m}$ 时，获得稳定速度，此过程中金属棒产生热量 $Q=5.8\text{J}$，不计导轨电阻及一切摩擦，取 $g=10\text{m/s}^2$。问：

(1) 金属棒达到的稳定速度是多大？

(2) 金属棒从静止至达到稳定速度时所需的时间多长？

**(五) 质疑点拨：上题中的功能转化问题**

(1) 上题中几个力做功？

拉力做正功、重力做负功、支持力不做功、安培力做负功。

(2) 各力所做的功与什么能量相对应？

① 重力做的功与重力势能的增量相等；

② 克服安培力做的功，数值上总是等于电路中转化的电能；

③ 合外力做的功数值上总是等于物体动能的变化。

反思：解决本题的关键是，将电磁感应问题与电路的分析与计算问题结合起来，先弄清电路结构，对导线 $ab$ 线做动态分析，由平衡条件求出最终的速度。

**(六) 总结反思**

1. 楞次定律、右手定则、左手定则的区别

“因动而电”——用右手定则，“因电而力”——用左手定则。

2. 法拉第电磁感应定律

$$E=n\frac{\Delta\varphi}{\Delta t},\ E=BLv$$

3. 电磁感应综合问题处理方法

(1) 力的观点：运用平衡条件和牛顿运动定律列式。

(2) 功能观点：运用功能关系和能量守恒定律列式。

（由蔡元涛老师提供）

# 第六章　教学案例的撰写

关于教学设计,可以大致梳理出这样三种:

(1) 从动态的角度看,它是一个系统规划教学目标、教学内容、教学过程、教学手段、教学时序、教学空间与环境等与教学相关的因素和要素的过程,它是以教学效果最优化为目的,以解决教和学的问题为宗旨的一种教师专业实践活动。

(2) 从静态的角度看,它是通过教学设计的活动和过程得到的一个结果,是经过规划后用于教学实践的方案,包括教师使用的教案和由教师编写提供给学生使用的导学案。

(3) 从内容体系的角度看,教学设计是一门运用系统方法科学解决教学问题的学问和方法体系。

一般来说,教学设计是对教学实践的准备,写在教之前,是对教学的预先规划与安排;教学案例写在教学之后,是对已经发生的教育实践进行反映,从中发现有启示意义的教育故事,它记载了一个过程,陈述的是教学故事和故事的结果。

(4) 从关联的角度看,陈大伟认为,教学设计与教学案例并非泾渭分明。当教学设计仅仅用于教学实践时,教学设计就不具有教学案例的性质;当教学设计成为一个讨论和研究的对象,设计者教学设计的追求、设计的思路、设计所采用的方法、设计的水平和质量等,能够给人启示的时候,教学设计就可以成为研习的教学案例,学习者或者可以获得教学设计的启示,或者可以启发自己提出新的问题和建议。①

以下七个教学案例,均是源于平常课堂教学所遇到的实际问题,然后做深层次思考、分析、提炼和撰写,并发表于专业杂志或在省名师讲坛上作交流。现汇编于此,供读者参考、学习或评判。

---

① 陈大伟. 教育案例写作与研究[M]. 北京:教育科学出版社,2015:42.

## 案例1　在密封金属容器中的手机一定接收不到电磁波吗

新的课程标准从科学本质和科学素养的高度论述了加强科学探究的意义及其培养科学探究意识和能力的内涵，使我们对加强物理实验教学有更深的理解和明确的方向。随着新课程的实施，实验的研究和创新应贯穿探究精神，增强实践意识，重视科学思想、方法和态度，渗透情感态度价值观的教育。下面结合一个实验案例加以说明。

在探究和学习人教版的高中物理选修 3—4 第十四章第 3 节《电磁波的发射和接收》之前，笔者引导学生：

(1) 搜集相关电磁波的发射和接收的实例。

(2) 重走科学家赫兹的探究之路，如何设计并演示电磁波的发射和接收？

(3) 重温初中有关这方面的实验——探究电磁波的特性。

由于同学们课外准备充分，学习该节时，课堂上都能踊跃发言并提出自己的看法，甚至将设计的方案演示给全班同学观看，课堂气氛活跃。

限于篇幅，仅就第(3)问的做法，与大家共享并讨论。

### 一、背景材料

**材料 1：**凤凰出版传媒集团、江苏科学技术出版社出版的义务教育课程标准实验教科书《物理》9 年级下册第 68 页写道：

2. 尝试一些材料对接收电磁波的影响。

(1) ……

(2) 如图所示(图略)，将手机放在金属容器(如饼干筒、茶叶盒)中，打电话呼叫金属容器中的手机。这时，手机接收信号会受到怎样的影响？

**材料 2：**《物理教学探讨》2007 年第 4 期上半月第 57—58 页，刘老师的《对比实验在物理课堂教学中的应用》一文中例 8 写道：

将手机 A 放在桌子上，用手机 B 拨打，手机 A 正常接通，发出美妙的音乐。将手机 A 放入铁碗中，并盖紧铁盖，再用手机 B 拨打，听到的不是美妙的音乐，仔细听却是“您拨打的电话无法接通”。如果揭开铁盖，奇迹出现了，手机 A 又发出美妙的音乐。

材料 1 没有给出结论，留有探究的余地；材料 2 将实验过程及结论都说得一清二楚，只需加以验证即可。情况真的都如同材料 2 所述的一样吗？

## 二、实验验证

学生 1 的方案：将小灵通或手机放入长方体的金属饼干盒内，盖紧铁盖，然后，用家里的固定电话拨打该小灵通或手机，会听到饼干盒内小灵通或手机发出美妙的音乐。

学生 2 的方案：将小灵通放在铝锅内玻璃器皿上，盖紧铝锅盖，并在锅盖上放几本书压着。然后，用家里的固定电话拨打该小灵通，会听到铝锅内小灵通发出美妙的音乐。

学生 3 的方案：将小灵通放在未运行的空电冰箱里，关好电冰箱的门，然后，用固定电话拨打小灵通，会听到冰箱内小灵通发出美妙的音乐。

学生 4 的方案：将小灵通放在未运行的空微波炉里，关好微波炉的门，然后，用固定电话拨打小灵通，会听到微波炉内小灵通发出美妙的音乐。

学生 5 的方案：将小灵通用几层纸包裹，放入营养八宝粥的铁筒内，再用另一相同的铁筒对接，对接处用透明胶带多绕几层，重复上面的步骤，会听到铁筒内小灵通发出美妙的音乐。

接着，将上述包裹好的铁筒分别放入未运行的空电冰箱、微波炉内，重复上面的实验步骤，奇迹发生了：放在冰箱内时，能听到冰箱内小灵通发出美妙的音乐；放在微波炉内时，不能听到炉内小灵通发出美妙的音乐，而固定电话的话筒内传出“暂时无法接通”。

学生 6 的方案：将烙饼的合金平底锅放到和面的大铁盆(直径 50cm，高 12cm)内，小灵通放在锅内，盖好锅盖，并在锅盖上反扣两个金属洗脸盆，重复上面的实验步骤，贴近锅仔细听，听不到美妙的音乐，而固定电话的话筒内传出“暂时无法接通”。说明屏蔽效果好。

学生 7 的方案：选用 24cm 加高大容量新款高压锅，将手机放在锅内玻璃器皿上，盖好锅盖，使锅身、锅盖的上下手柄对齐，起到良好的密封作用，并在安全阀、点晶安全阀上方罩上一不锈钢茶杯，然后用固定电话拨打该手机，会听到高压锅内手机发出美妙的音乐。

以上七位同学在课堂播放实验录像(有的边放录像边演示)后，笔者课后重复他们的实验，实验结果与他们的实验结果一致，表 6-1 为上述实验的归纳小结。

表 6-1

| | 器　材 | 主要操作步骤 | 实验现象 |
|---|---|---|---|
| 学生 1 的方案 | 金属饼干盒 | 用固定电话拨打小灵通或手机 | 听到美妙的音乐 |
| 学生 2 的方案 | 柱形铝锅、玻璃器皿 | | 听到美妙的音乐 |
| 学生 3 的方案 | 电冰箱 | | 听到美妙的音乐 |
| 学生 4 的方案 | 微波炉 | | 听到美妙的音乐 |
| 学生 5 的方案 | 两只营养八宝粥的铁筒 | | 听到美妙的音乐 |
| | 两只营养八宝粥的铁筒、电冰箱 | | 听到美妙的音乐 |
| | 两只营养八宝粥的铁筒、微波炉 | | 未发出美妙的音乐 |
| 学生 6 的方案 | 大铁盆、合金平底锅、两个洗脸盆 | | 未发出美妙的音乐 |
| 学生 7 的方案 | 新款高压锅 | | 听到美妙的音乐 |

注：各方案中所需固定电话、小灵通、手机的型号均未列出。

三、几点启示

通过教师课前引导，学生搜集身边现有的学习资源，加强了物理和日常生活的联系，体现了物理源于生产、生活，并服务于生产、生活。这样的做法有利于物理教学，并产生以下几点积极意义：

(1) 激发学习物理的兴趣，提高对物理现象的感性认识。

(2) 体现探究精神，增强实践意识，培养实事求是的科学态度。

(3) 勇于质疑，敢于挑战权威。像上面提及的刘老师一文中例 8 实验，是不是真正做过？这样的实验结果是不是具有一般性？如何给学生一个满意的交待？若将上面学生的方案汇总到一起，学生自己会得出这样的结论：在密封金属容器中的手机可能接收到电磁波，也可能接收不到。

笔者认为教材中关于这方面的编写很好，让学生自己探究得出结论。在探究实验中，笔者更加坚信——探究过程的体验远比探究的结论更重要，至于出现结论的不确定性也可引导学生继续探究(如上网搜索“电磁屏蔽”等信息)，因为探究是永不止步的！

## 案例2　也谈多用电表的欧姆挡

### 一、纠正一个错误的说法

《物理教师》苏州 2008 年第 2 期《一张值得商榷的电路图》一文中指出："教材中多用电表的电路图(图 6-1)有误导学生之嫌,会使学生错误地认为多用电表中有多个电源。建议删去一个倍率,将其改为由双量程的电流表、双量程的电压表和单倍率的欧姆表组成的多用电表。"

《物理教师》苏州 2008 年第 7 期《备课札记》一文中指出："当然,实际多用电表内部只有一个电源,欧姆挡多量程的设置方法已有文章专门讨论,在此不在赘述。"

上述两篇文章有相同的看法,认为实际多用电表内部只有一个电源。其实,有的多用电表就有两个电源,如上海第四电表厂生产的"MODEL MF 47"型指针式多用电表内部有两个电源：一个电源的电动势 $E_1=1.5\text{V}$,"×1、×10、×100、×1k"挡均用该电源工作;另一个电源的电动势 $E_2=9\text{V}$,只有"×10k"挡是用该电源工作的,实物如图 6-2 所示。

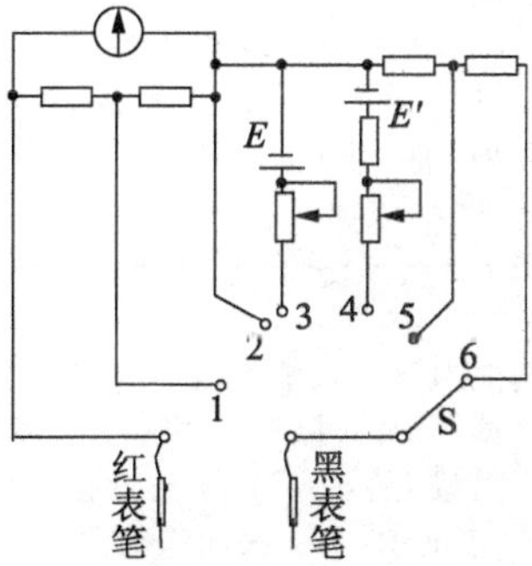

图 6-1

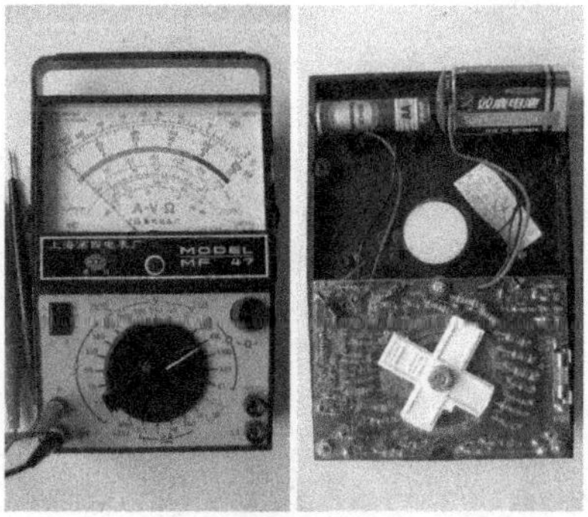

图 6-2

笔者建议：修订教材时,课本图 2.8-5(图 6-1) 多量程多用电表示意图保持不变,无需删改,仅需将文字说明"图 2.8-5 是一个多量程多用电表的简化原理图"改为"图 2.8-5 是一个多量程多用电表(如 MF47 型指针式)的简化原理图",这样,阅读该段教材时易明白：不是所有多用电表都含有两个电源。

### 二、拓展一个实验对比的做法

人教版高中物理选修 3-1(2007 年 1 月第 2 版)第 66 页给出指针式、数字式多用电表的外形图,接着通过实验介绍多用电表的部分功能：测量直流电压、直流电流、定值电阻和二极管的正反向电阻。实验侧重于指针式多用电表的功能介绍,未提及数字式多用电表的使用。

学习该节内容时,部分同学问笔者,指针式、数字式多用电表测量二极管的正反电阻有没有区别?区别有哪些?

笔者认为,多用电表作为一种常用的测量工具,有必要把同学们提出的问题作为一个研究型学习案例进行操作层面上的探究。用多用电表的欧姆挡测量二级管的正反电阻如表 6-2 所示。

**表 6-2**

| | 指针式多用电表作为欧姆表 | 数字式多用电表作为欧姆表 |
|---|---|---|
| 1 | 红、黑表笔分别插入"+""-"插孔 | 黑表笔插入 COM 插孔,红表笔插入 VΩHz 插孔(注:红表笔为内电路"+"极) |
| 2 | 将选择开关旋到相应的欧姆挡(如"×10"挡),两表笔短接,电流从欧姆表的黑表笔流出,经过接触处,从红表笔流入。进行欧姆调零,电流调至满偏 | 将功能开关置于所需 Ω 量程范围,不需进行欧姆调零。电流从欧姆表的红表笔流出,从黑表笔流入 |
| 3 | 测正向电阻:黑表笔接触二极管正极,红表笔接触二极管负极。把读得的欧姆数乘以欧姆挡的倍率,即为二极管的正向电阻,如 2CZ5A 二极管的正向电阻 $R_{正}=45\Omega$[1] | 测正向电阻:功能开关置于 200kΩ 量程,红表笔接触二极管正极,黑表笔接触二极管负极,从显示屏上直接读出正向电阻值,如 2CZ5A 二极管的正向电阻 $R_{正}=115.6\text{k}\Omega$ |
| 4 | 测反向电阻:将多用电表的选择开关旋到高倍率的欧姆挡(如"×1k"),再次欧姆调零,然后将黑表笔接触二极管负极,红表笔接触二极管正极。把读得的欧姆数乘以欧姆挡的倍率,即为二极管反向电阻。如 2CZ5A 二极管的反向电阻 $R_{反}\to\infty$ | 测反向电阻:功能开关置于 20MΩ 量程,黑表笔接触二极管正极,红表笔接触二极管负极,显示屏上显示过量程状态,仅最高位显示"1",说明 2CZ5A 二极管的反向电阻很大 |
| 5 | | 数字式多用电表有"二极管—▶|—测试"功能:功能开关置于—▶|—挡,红表笔接触二极管正极,黑表笔接触二极管负极,显示屏上显示"0.542",该值近似为二极管正向电压值(正向直流电流约 1mA)。反之,则显示过量程状态,仅最高位显示"1" |

[1]:用不同型号的多用电表的同倍率欧姆挡测量同一二极管的正向电阻,其数值不相同。

## 三、分享几个效果明显的演示实验

### 1. 光敏电阻的阻值随光照强度的变化而变化

白天在教室内即可演示该实验。将多用电表的选择开关旋到高倍率的欧姆挡(如“×100”),欧姆调零后,两表笔接在如图 6-3 所示的光敏电阻两端,用左手食指遮挡照在该电阻上的外界光线,从距光敏电阻几厘米处逐渐靠近,直至接触过程,会发现多用电表指针向左偏转,阻值由 18×100Ω 逐渐增加到 100×100Ω。通过观察,认识到:光照强度变弱,光敏电阻的阻值变大;光照强度变强,光敏电阻的阻值变小。

图 6-3

### 2. 热敏电阻的阻值随温度的变化而变化

实验时室内温度 $t_1=15℃$,将 DT9201 数字式多用电表的功能开关置于“20kΩ”的量程,测出如图 6-4 所示热敏电阻的阻值 $R_1=13.17\text{k}\Omega$,两手指捏住该电阻,多用电表显示屏的显示值由 13.17kΩ 变化到 9.10kΩ,显示的数值开始变化较快,后变化慢。

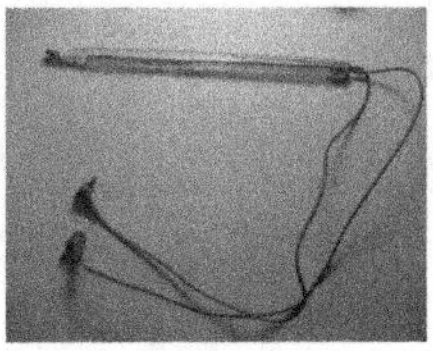

图 6-4

若将上述热敏电阻插入 $t_2=80℃$ 的热水中,通过测量可知,热敏电阻的阻值由 $R_1=13.17\text{k}\Omega$ 减少到 $R_2=1.50\text{k}\Omega$,显示的数值也是开始变化较快,后变化慢。热敏电阻从热水中拿出后,温度降低,阻值逐渐变大。

通过观察,认识到:温度升高,热敏电阻的阻值变小;温度降低,热敏电阻的阻值变大。

### 3. 粗测指针式多用电表欧姆挡的中值电阻

如图 6-5 所示是 JO411A(MF-28)型多用电表的外形图。上半部是表头,表盘上有电阻、电流、电压等各种量程的刻度。下半部是选择开关,它的四周刻着各种测量项目和量程。另外还有欧姆表的调零旋钮和表笔插孔。

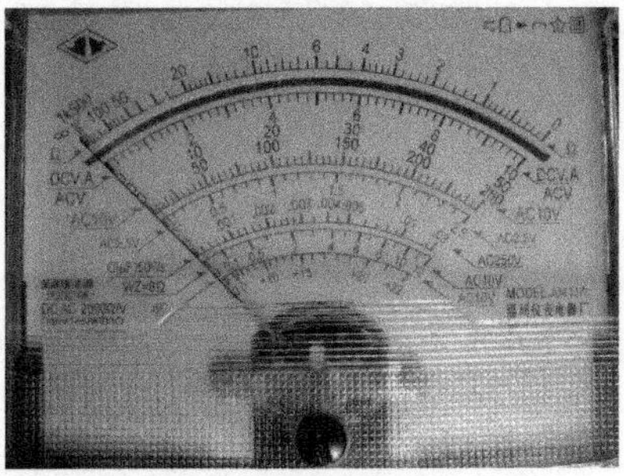

图 6-5

根据电阻、电流量程的刻度读出各欧姆挡(“×1、×10、×100、×k”)的中值电

阻 $R_{中}=6\Omega$、$60\Omega$、$600\Omega$、$6000\Omega$。

将选择开关旋到相应的欧姆挡(如“×100”),两表笔短接,进行欧姆调零,然而将干电池取出,用导线连接电池盒的正、负接线柱,将数字式多用电表(功能开关置于“2k”量程)的两表笔插入上述多用电表的“+”“-”插孔。显示屏显示的数值近似为中值电阻的测量值(因干电池的内阻未包括在内),并与标定的值作比较。

4. 用试触法判断数字式多用电表欧姆挡中电流的流向

数字式多用电表的功能开关置于电阻量程,黑表笔插入 COM 插孔,红表笔插入 VΩHz 插孔,然后将红、黑表笔的另一端分别试触电流表ⓜⒶ的正、负接线柱,发现电流表的指针向右偏转,说明多用电表接通时,电流从多用电表的红表笔流出,经过外接的电流表,从黑表笔流入。

上述四个演示实验,课堂上通过实物展台、液晶投影仪的投影,可供全班同学同时观察,效果明显、直观,增强同学们对实验的感性认识,达到简单的实验说明深奥的道理。

(文章发表于:中国教育学会物理教学专业委员会会刊《物理教师》(苏州),2009 年第 8 期。全文被中国人民大学复印报刊资料《中学物理教与学》2010 年第 1 期转载)

## 案例3 测定红光波长的简易实验

人教版高中物理第二册(必修)学生实验八、九分别是观察双缝干涉、光的衍射现象。该两实验重点让学生理解光作为一种电磁波必定具有波动的基本特征,即能够发生干涉和衍射。为激发学生对物理实验的兴趣,拓宽实验时间与空间,在遵循物理实验的科学性、简便性、直观性原则下,笔者利用身边易取的器材,设计一个能同时观察到多个现象的简易实验,具体介绍如下:

### 一、实验目的

(1) 观察光的干涉、衍射现象,并引导学生讨论干涉和衍射的本质及区别。

(2) 利用干涉条纹间距的表达式 $\Delta x=\frac{L\lambda}{d}$,测定红光的波长,并加以验证。

(3) 观察反射光的牛顿环。

二、实验器材

激光二极管(俗称激光笔)、J2515 型双缝干涉仪配套用的双缝、两个铁夹子、刻度尺、细线。

三、实验装置及步骤

(1) 选取较暗的环境(如晚上在家里做),用铁夹子分别夹住双缝、激光笔(同时按下按钮)按如图 6-6 所示放好,双缝的缝竖直放,调整激光笔的光线使之水平照射到双缝上,微调双缝,在墙壁 1 上可观察到透射光的干涉、衍射条纹,如图 6-7 所示。在墙壁 2 上可观察到反射光的明暗相间的牛顿环及与墙壁 1 上类似的条纹,如图 6-8 所示。

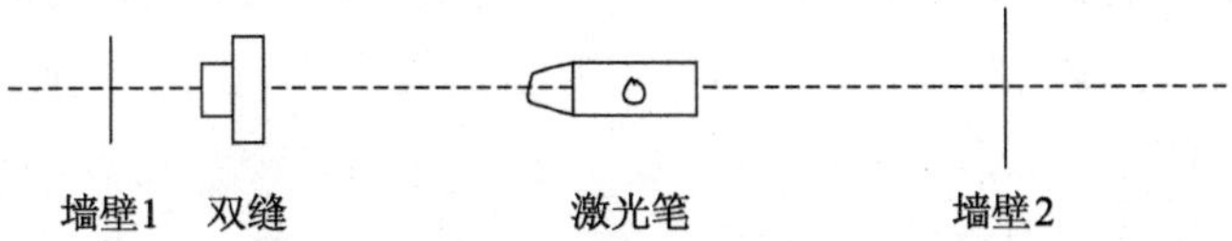


图 6-6

图 6-7

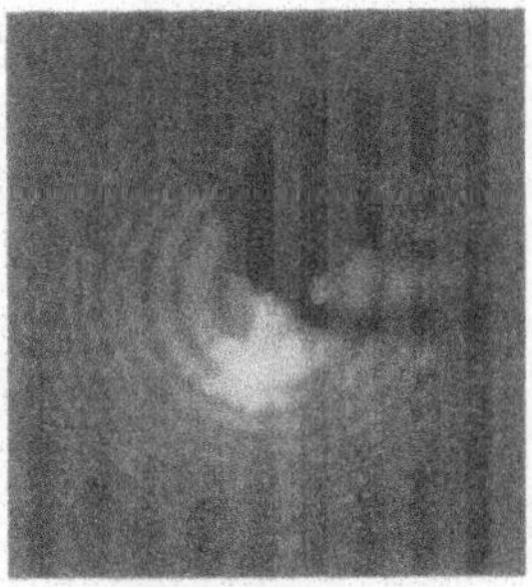

图 6-8

(2) 用刻度尺测量墙壁 1 上中央 11 条明条纹的总间距($x_{11}-x_1$),再计算出相邻两条亮条纹的间距 $\Delta x=\frac{x_{11}-x_1}{10}$。

(3) 用细线、刻度尺测出双缝到墙壁 1 的距离 $L$。

(4) 运用干涉条纹间距公式 $\Delta x=\frac{L\lambda}{d}$,计算红光的波长 $\lambda=\frac{d\cdot\Delta x}{L}$,并与

激光笔商标中标出的波长 $\lambda_0$ 相比较(式中 $d$ 为双缝中心距)。

### 四、实验说明

(1) 指导学生阅读激光二极管上的以下说明。

LASER DIODE(激光二极管)

Wavelength：630－680nm(波长：630－680nm)

Max Output：<1mw(最大输出功率：<1mw)

(2) 双缝是采用真空镀铬工艺制在玻璃片上。双缝中心距 $d$ 及缝宽 $a$ 分别为：$d=0.250\pm0.003$mm，$0.036\text{mm}\leqslant a\leqslant0.050$mm

(3) 对衍射图样分析：因为实际上两条缝不可能是任意窄的，很难满足缝宽 $a\ll\lambda$，所以在此双缝实验中得到的是双缝衍射的花样，换句话说，它是一种被单缝衍射调制的双缝干涉条纹，是单缝衍射和缝间干涉的共同结果，当干涉装置中的衍射效应不能忽略时，则干涉条纹的分布要受到单缝衍射因子的调制，各干涉级的强度不再相等，如图 6-7 所示，中央的数条条纹亮度就比两侧对称位置的条纹亮度强，就是这个原因。

但从根本上讲，干涉和衍射两者的本质都是波的相干叠加的结果，只是参与相干叠加的对象有所区别，干涉是有限几束光的叠加，而衍射则是无穷多次波的相干叠加，前者是粗略的，后者是精细的迭加。其次，出现的干涉和衍射花样都是明暗相间条纹，但在光强分布上有间距均匀与相对集中的不同。

(4) 如图 6-8 所示是在墙壁 2 上观察到的反射光的牛顿环，对于这一点要求学生定性了解，在学习到薄膜干涉时，可让学生知道利用牛顿环可精确地检验光学元件表面的质量(注：牛顿环旁边的阴影图案是夹激光笔的夹子在墙上的影子)。

(5) 物理课本第二册第 230 页上指出：定量的研究告诉我们，光波的波长 $\lambda$ 越长，干涉条纹之间的距离 $\Delta x$ 越大，条纹的间距跟光波的波长成正比，即 $\Delta x\propto\lambda$。

从课本上这一点出发，适当拓展延伸，通过实验测定红光的波长并与已知波长对比，可让学生在实验中体验成功的喜悦。

(6) 学生在运用 J2515 型双缝干涉实验仪做课本(第二册)实验八时，观察到的单色光通过双缝所产生的干涉亮条纹(要求不少于 7 条)，实际上就是图 6-7 所示的中央的数条条纹。

### 五、实验设计的优点

(1) 仪器简便易取,可见度、可信度好,易于操作,易于携带。

(2) 作为课本上学生实验的后续实验,起到有益的佐证作用。

(3) 拓宽学生进行物理实验的时间与空间,便于培养学生的创新精神和动手实践能力。

(4) 该实验不仅所用器材简单、操作快捷,而且能同时观察三个现象——双缝干涉、衍射、牛顿环,因此可以说,效果是特别明显的。

**附:实验数据处理**

双缝到墙壁1的距离 $L=2.04\text{m}$

双缝中心距 $d=0,250\text{mm}$

相邻明条纹间距 $\Delta x=\frac{x_{11}-x_1}{10}=\frac{52\text{mm}}{10}=5.2\text{mm}$

由公式 $\Delta x=\frac{L\lambda}{d}$ 计算得

波长 $\lambda=637.3\text{nm}$

与提供的波长:630－680nm 比较,得到很好验证。

(本文发表于中等教育核心期刊《物理教学》2003 年第 2 期)

## 案例4 氧气分子在不同温度下的速率分布是怎样得到的

### 一、问题的提出

人教版物理选修3-3(2007年4月第2版)课本第27页写道:尽管大量分子做无规则运动,速率有大有小,但分子的速率却按一定的规律分布。课本中表8.4-1是氧气分子在0℃和100℃两种不同情况下的速率分布情况,而图8.4-2是根据表格中的数据绘制的图像。

学习该节内容后,学生提出了以下问题:

(1) 气体分子是看不见,摸不着的,怎么知道分子的速率是多大?

(2) 气体分子做杂乱无章的运动,怎么知道在某一温度下所有分子的速率大小?

(3) 气体分子的速率是如何测量的?是不是用什么仪器进行跟踪测量的?测量的原理是什么?

(4) 假如我们去做实验进行验证,能否直接得到与课本表8.4-1相同的实验结果?

(5) 两条曲线与横轴所围面积的关系如何？

## 二、问题的探究

### 1. 理论推导

早在 1859 年，英国物理学家麦克斯韦应用统计规律首先导出气体分子速率分布的规律，麦克斯韦的速率分布律指出：在平衡状态下，当气体分子之间的相互作用可以忽略时，分布在任一速率区间[$v,v+\mathrm{d}v$]内的分子比率(也叫分子数占总分子数的百分比)为

$$\frac{\mathrm{d}N}{N}=4\pi\left(\frac{m}{2\pi kT}\right)^{\frac{3}{2}}\mathrm{e}^{-\frac{mv^2}{2kT}}\cdot v^2\mathrm{d}v$$

麦克斯韦速率分布函数为

$$f(v)=4\pi\left(\frac{m}{2\pi kT}\right)^{\frac{3}{2}}\mathrm{e}^{-\frac{mv^2}{2kT}}\cdot v^2$$

根据上式描绘的 $f(v)$ 与 $v$ 之间的函数关系图像(图 6-9)，叫做麦克斯韦的速率分布曲线。图中任一微元区间[$v,v+\mathrm{d}v$]内曲线下的窄条矩形面积表示速率分布在这一区间内分子的比率$\frac{\mathrm{d}N}{N}$，而任一有限范围[$v_1,v_2$]内曲线下的面积则表示分布在这范围内分子的比率$\frac{\Delta N}{N}$。因曲线下的总面积，即分子数的百分率的总和(等于 1)是不变的，所以分布曲线在宽度增大的同时，高度降低，整个曲线将变得“较平坦些”。

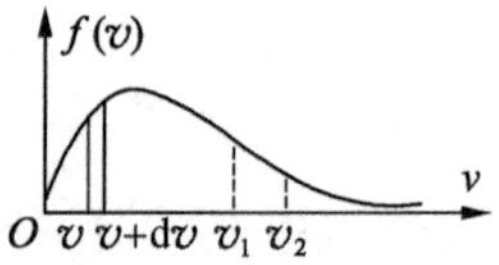


图 6-9

因此，课本表 8.4-1 中的百分比就是通过高等数学的积分方法算出的，然后绘制成图 8.4-2 中的图象。

### 2. 实验验证

麦克斯韦提出气体分子速率分布律后，就于 1860 年做了著名的气体粘滞性随压强改变的实验，对速率分布律做了间接验证。但由于当时技术条件(如高真空技术、测量技术)的限制，测定气体分子速率分布的实验，直到上世纪才实现。1920 年后，施特恩、葛正权、朗缪尔等人用分子束实验技术对分子速率分布律进行直接验证。1955 年，米勒、库士对分子速率分布律进行了精确测定。

(1) 施特恩实验。

用实验的方法测定气体分子的速率，最初是由施特恩实现的，在 1920 年

他测定了银分子在高度真空中运动的速率。

实验装置如图 6-10 所示，两个空心圆筒 $A$ 和 $B$ 可同时绕公共轴线 $OO'$ 旋转。沿轴线 $OO'$ 装置着一根表面镀银的铂丝，在内筒 $B$ 的壁上开有一条狭缝 $S$，整个装置放在一个容器中。外筒 $A$ 的半径 $R$ 约为 5～6cm，内筒 $B$ 的半径 $r$ 约为 2～3mm。实验时，将容器抽成高度真空，对铂丝通电流。当铂丝被加热到 1000℃以上时，银层汽化，有的银分子作辐射状运动。

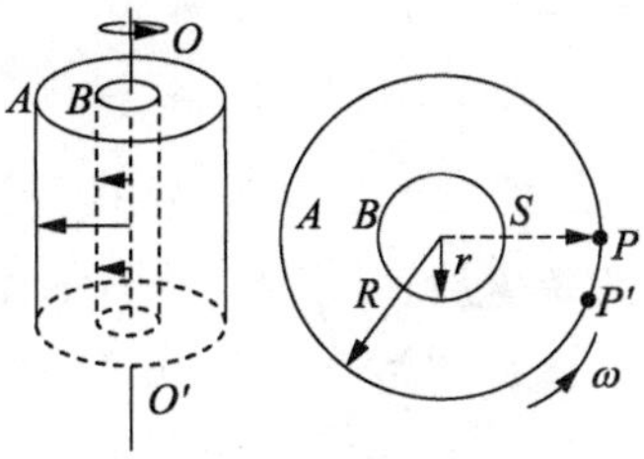

图 6-10

如果圆筒不转动，射向狭缝 $S$ 的银分子通过狭缝后，沿直线飞达外筒，在外筒 $A$ 的内壁 $P$ 处镀上一窄条银。如果内、外筒同时绕轴 $OO'$ 以同一角速度旋转，穿过狭缝 $S$ 的银分子将落在 $A$ 的内壁 $P'$ 处。

设弧长 $PP'$ 的长度为 $l$，穿过狭缝 $S$ 的银分子速率为 $v$，则分子由 $S$ 到 $P'$ 处的时间 $t=\dfrac{R-r}{v}=\dfrac{l}{\omega R}$ 得 $v=\dfrac{\omega R(R-r)}{l}\approx\dfrac{\omega R^2}{l}$。实验时，根据 $R$、$\omega$、$l$，可求得 $v$。

施特恩没有定量地研究分子按速率的分布规律。

(2) 葛正权实验。

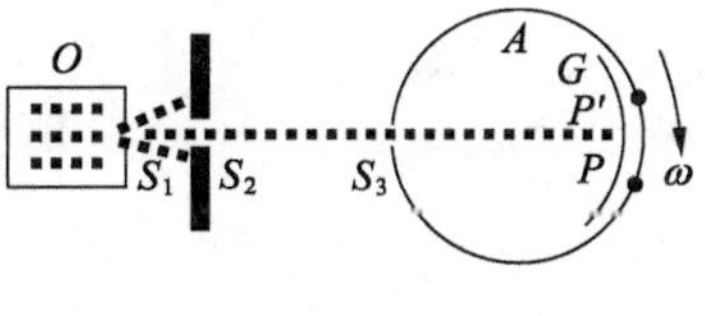

图 6-11

我国物理学家葛正权曾在 1934 年测定铋蒸汽分子的速率分布。实验装置的主要部分如图 6-11 所示，$O$ 是铋蒸汽源(温度 900℃左右，蒸汽压 0.2～0.9mmHg)，$S_1$(宽 0.05mm，长 10mm)、$S_2$、$S_3$(宽 0.6mm，长 10mm)都是狭缝。$A$ 是一个可绕中心轴(垂直于图平面)转动的空心圆筒，其半径 $R=9.4$cm，转速 $n=30000$r/min，全部装置放在真空容器中(真空度约为 $10^{-5}$mmHg)。

实验时，如果 $A$ 不转动，则铋分子通过狭缝 $S_3$ 进入圆筒后，沿直线射向装在 $A$ 内壁上的弯曲玻璃板 $G$，结果沉积在板上正对着 $S_3$ 的 $P$ 处，使那里镀上一窄条铋；如果 $A$ 转动，则铋分子通过狭缝 $S_3$ 进入圆筒后，由于铋分子速率的不同将沉积在距 $P$ 处较近的不同地方。设速率为 $v$ 的分子沉积在 $P'$ 处，弧长 $PP'$ 的长度为 $l$，$A$ 圆筒的直径为 $D$，则分子由狭缝 $S_3$ 到 $P'$ 处的时间 $t=$

$\frac{D}{v}=\frac{2l}{\omega D}$，得 $v=\frac{D^2\omega}{2l}$，因 $D$、$\omega$ 是保持不变的，所以一定的 $l$ 值与一定的 $v$ 值相对应。

实验时，要保证 $A$ 圆筒以恒定的角速度转动较长的时间，然后取下玻璃板 $G$，用光学的方法测定板上各处沉积铋层的厚度，找出铋层厚度随弧长 $l$ 变化的关系，就确定了铋分子按速率分布的规律。实验结果与麦克斯韦速率分布律很好地符合。

(3) 朗缪尔实验。

它是一种用来产生分子射线并可观测射线中分子速率分布的实验，其全部装置放在高真空的容器里，如图 6-12 所示。图中 $A$ 是一个恒温箱，其中产生着金属蒸汽(可用电炉将金属加热而得到)，蒸汽分子从 $A$ 上小孔射出，经狭缝 $S$ 形成一束定向的细窄射线。$B$ 和 $C$ 是两个共轴圆盘，盘上各开一狭缝，两缝略为错开，成一小角 $\theta$(约 2°)。$D$ 是一个接受分子的胶片屏。

当圆盘转动时，每转一周就有分子射线通过 $C$ 盘上的狭缝一次。但因分子速率的大小不同，自 $B$ 到 $C$ 所需的时间也不同，所以并非所有通过 $B$ 盘狭缝的分子都能通过 $C$ 盘上的狭缝而到达 $D$。

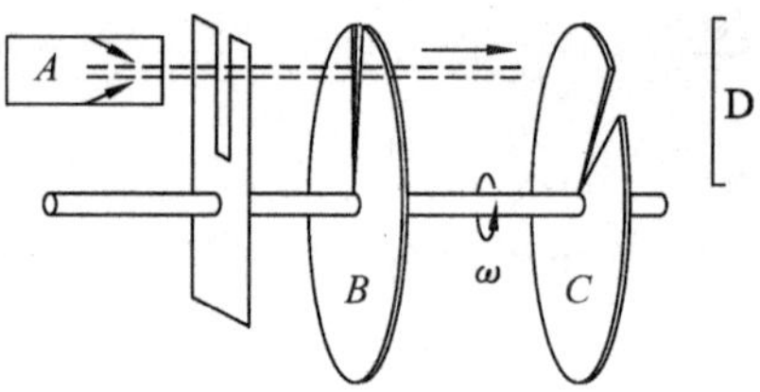


图 6-12

设 $B$、$C$ 盘之间的距离为 $l$，转动的角速度为 $\omega$，分子从 $B$ 到 $C$ 所需的时间为 $t$，则只有满足 $vt=l$、$\omega t=\theta$ 关系的分子才能通过 $C$ 狭缝射到屏 $D$ 上。由上两式得 $t=\frac{l}{v}=\frac{\theta}{\omega}$，$v=\frac{l}{\theta}\omega$，这就是说，$B$ 和 $C$ 起着速率选择器的作用，改变 $\omega$(或 $\theta$)可使速率不同的分子通过。因两盘上的狭缝都有一定的宽度，所以当 $l$ 和 $\theta$ 一定时，能射到 $D$ 上的分子的速率并不严格相同，而是分布在一个区间 $v$—$v+\Delta v$ 内。

实验时，固定 $l$ 和 $\theta$，令圆盘先后以各种不同的角速度转动相同较长的时间。转动停止后，也用光学的方法测量各次在透明胶片上所沉积的金属层的厚度，从而可比较分布在不同速率区间内分子数的相对比值。

(4) 米勒和库士实验。

米勒和库士在 1955 年用钍蒸汽的原子射线做实验精确地验证了麦克斯韦速率分布律，实验装置如图 6-13 所示，整个装置都放在抽成高真空的容器内(真空度约为 $10^{-8}$mmHg)。$O$ 是钍蒸汽源,实验时钍蒸汽的温度为 870K,蒸汽压为 $3.2\times10^{-2}$ mmHg,$R$ 是用铝合金制成的圆柱体,柱长 $l=$ 20.40cm,半径 $r=10$cm,可绕中心轴转动,在它上面均匀地刻制一些螺旋

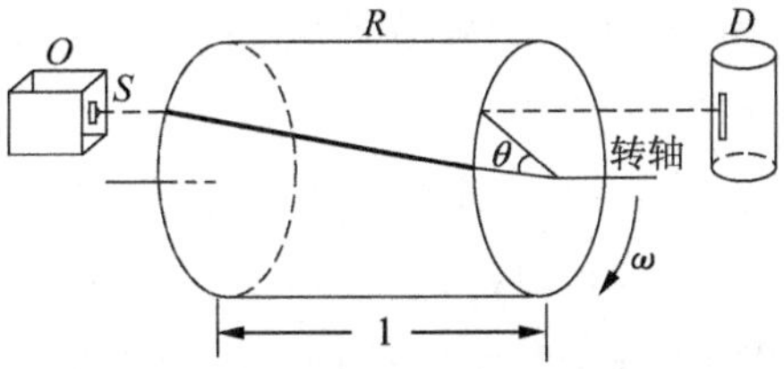

图 6-13

形细槽,图中画出了其中一条。细槽的入口狭缝与出口狭缝之间的夹角 $\theta=$ 4.8°。$D$ 是根据电离计的原理制成的检测器,用来接受原子射线并测定其强度,其中心是一根通电加热的钨丝,外面套着一个开有狭缝(与蒸汽源的狭缝 $S$ 平行)的圆筒,圆筒与钨丝共轴,它们间产生辐射状的电场,电场方向自中心轴垂直指向圆筒。当原子射线通过狭缝打到热钨丝上时,每个钍原子都被电离成正离子,并被圆筒的内壁所接受。检测器测得离子的电流强度直接反映出原子射线的强度。

实验时,圆柱体 $R$ 以一定的角速度 $\omega$ 转动,由于不同速率的分子通过细槽所需的时间不同,各种速率的分子射入入口狭缝后,并非所有的分子都能从出口狭缝射出并进入检测器。只有满足 $t=\frac{l}{v}=\frac{\theta}{\omega}$ 关系的分子才能通过细槽,其他速率的分子将沉积在槽壁上,因此,圆柱体 $R$ 与图 4 中 $B$、$C$ 盘一样,起着速率选择器的作用。

上述实验中获得的分子射线,是容器中平衡状态下气体分子的取样,因而测定射线中分子的速率分布就可以验证麦克斯韦的速率分布律。

速率分布律的科学性、准确性是经得起实验的检验。通过大量实验可以得出,一定种类的气体在一定温度下,其分子按速率的分布是确定的,并且具有共同的特点。其一般特点如下:分子数在总分子数中所占的百分比与速率、所取速率间隔的大小有关;速率特别大或特别小的分子数所占百分比都比较小,即速率呈现"中间多、两头少"的分布;在某一速率间隔中分子数所占百分比最大;改变气体的温度或气体的种类再做实验时发现,以上分布情况随气体温度及气体种类的不同而有差异,但都具有上述特点。

三、几点启示

通过对这段历史的回顾,了解相关科学探究的过程:理论推导→实验验证→规律的应用。自 1859 年麦克斯韦提出分子速率分布律,至 1955 年米勒

和库士实验的精确测定，时间跨度为 96 年，体会到科学探究的艰巨性和长期性。

通过对 4 个实验的比较，体会实验的继承与创新，激发学生勇于实验、勇于创新的内驱力。上述 4 个实验，它们既有许多共同点，又有不同点，并逐步完善与精确，如：① 使用的蒸汽源均为金属，材料有差异，从而获得相关的分子射线；② 1、2 实验均需测量分子沉积在接受屏上的长度，但分子射线的方向不同，一是由中心到内壁，另一是通过外狭缝到内壁；③ 2、3 实验均用光学的方法测定板或胶片上所沉积金属层的厚度，它们区别在于，一是确定了分子按速率分布的规律，另一是比较分布在不同速率区间内分子数的相对比值；④ 3、4 实验均在蒸汽源、接受屏之间使用速率选择器，表面上看有区别，一是两圆盘，另一是圆柱体，实质是一样的；另外一个不同点是：3 实验用测微光度计测定金属层的厚度，4 实验用电离计原理制成的检测器测得离子电流的强度；⑤ 4 个实验都运用运动的等时性：$t=\frac{S}{v}=\frac{\theta}{\omega}$或$=\frac{l}{\omega R}$。

通过对问题的探究，学生们的许多问题迎刃而解，科学的思维方法得到有效的训练，同时也加强人文精神的培养，对物理学家麦克斯韦由衷产生敬佩之情，并进一步理解“实践是检验真理的唯一标准”的哲学内涵，同样，物理学的理论研究也离不开实验的支撑，其正确与否应有待实验的检验。

**参考文献**


[1] 普通高中课程标准实验教科书. 物理(选修 3—3)[M]. 北京：人民教育出版社，2007.

[2] 陶洪. 物理实验论[M]. 南宁：广西教育出版社，1998.

[3] 李椿，章立源，钱尚武. 热学[M]. 北京：人民教育出版社，1978.

[4] 黄淑清，聂宜如，申先甲. 热学教程[M]. 2 版. 北京：高等教育出版社，2001.


[文章发表于：中国教育学会物理教学专业委员会会刊《物理教师》(苏州)，2009 年第 9 期第 15～16，18 页. 全文被中国人民大学复印报刊资料《中学物理教与学》2010 年第 3 期转载]

## 案例5　速度选择器的工作原理及实际应用

### 一、工作原理

如图 6-14 所示的平行板器件中，电场强度 $E$ 与磁感应强度 $B$ 相互垂直，$B$ 方向垂直纸面向里。具有不同水平速度的带电正粒子(重力不计)射入后发生偏转的情况不同。若进入场区时满足二力平衡条件 $qvB=qE$，粒子不发生偏折；若进入场区时有 $qvB>qE$，粒子向上偏折；若进入场区时有 $qvB<qE$，粒子向下偏折，这样就把唯一满足 $v=\dfrac{E}{B}$ 的粒子从速度选择器的右小孔选择出来了($v$、$B$、$E$ 方向也存在确定的关系，由 $v=\dfrac{E}{B}$ 知，$v$ 仅与 $E$、$B$ 有关，而与粒子的质量、电性无关)，故称为速度选择器。此模型的应用相当广泛，现举例说明。

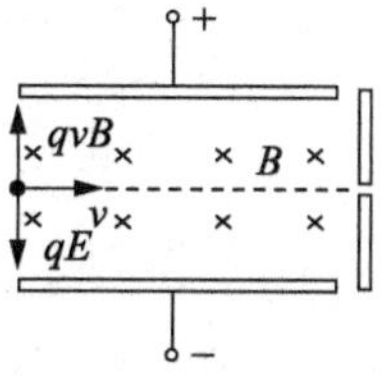

图 6-14

### 二、实际应用

1. 霍尔效应

如图 6-15 所示，厚度为 $d$、宽度为 $b$ 的铜板放在垂直于它的磁感应强度为 $B$ 的匀强磁场中，当电流通过铜导体板时，在铜板的上侧面 $A$ 和下侧面 $A'$ 之间会产生电势差 $U$，这种现象称为霍尔效应。实验表明，当磁场不太强时，电势差 $U$、电流 $I$ 和 $B$ 关系为 $U=\dfrac{kIB}{d}$，式中的比例系数 $k$ 为霍尔系数。设电流 $I$ 是自由电子的定向移动形成的，自由电子的平均定向速度为 $v$、电荷量为 $e$，回答下列问题：

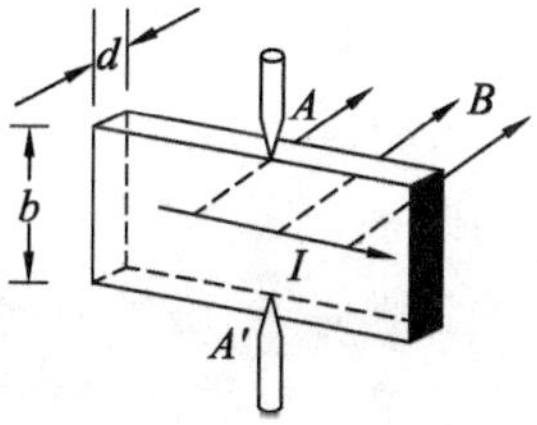

图 6-15

(1) 达到稳定状态时，导体板上侧面 $A$ 的电势________(填“高于”“低于”或“等于”)下侧面 $A'$ 的电势，此时导体板上、下两侧之间的电势差为 $U_{A'A}=$________。

(2) 由静电力和洛伦兹力的平衡条件，证明霍尔系数为 $k=\dfrac{1}{(ne)}$，其中 $n$ 为导体单位体积中自由电子的个数。

解析：(1) 首先分析电流通过铜导体板时的微观物理过程。由于铜板放在垂直于它的磁感应强度为 $B$ 的匀强磁场中，电流是自由电子的定向运动形成的，电流方向从左到右，自由电子定向移动的方向从右到左。根据左手定则可判断自由电子受到的洛仑兹力的方向向上，自由电子向 $A$ 板聚集，$A'$板出现多余的正电荷，所以 $A$ 板电势低于 $A'$板电势，应填“低于”。达到稳定状态时，自由电子受到横向静电力与洛伦兹力的作用，由两力平衡有 $e\frac{U_{A'A}}{b}=evB$，可得 $U_{A'A}=Bvb$。

(2) 结合电流强度微观表达式 $I=nevbd$、题中给出的公式 $U=k\frac{IB}{d}$，联立求解有 $Bvb=k\frac{nevbdB}{d}$，得 $k=\frac{1}{ne}$。

点评：利用霍尔效应制成的霍尔元件是一种重要的磁传感器。由于霍尔元件体积很小，它可以用来制作探测磁场的探头，还可以应用在与磁场有关的多种自动控制系统中。

2. 电磁流量计

电磁流量计广泛应用于测量可导电流体(如污水)在管中的流量(在单位时间内通过管内横截面的流体的体积)。为了简化，假设流量计是如图 6-16 所示的横截面为长方形的一段管道，其中空部分的长、宽、高分别为图中的 $a$、$b$、$c$，流量计的两端与输送流体的管道相连接(图中虚线)。图中流量计的上下两面是金属材料，前后两面是绝缘材料，现于流量计所在处加磁感强度为 $B$ 的匀强磁场，磁场方向垂直于前后两面。当导电流体稳定地流经流量计时，在管外将流量计上、下两表面分别与一串接了电阻 $R$ 的电流表的两端连接，$I$ 表示测得的电流值。已知流体的电阻率为 $\rho$，不计电流表的内阻，则可求得流量为(　　)。

A. $\frac{I}{B}\left(bR+\rho\frac{c}{a}\right)$　　B. $\frac{I}{B}\left(aR+\rho\frac{b}{c}\right)$

C. $\frac{I}{B}\left(cR+\rho\frac{a}{b}\right)$　　D. $\frac{I}{B}\left(R+\rho\frac{bc}{a}\right)$

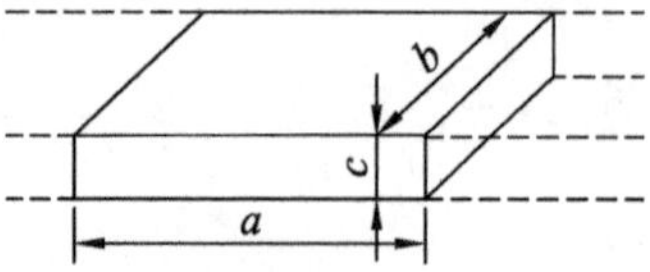

图 6-16

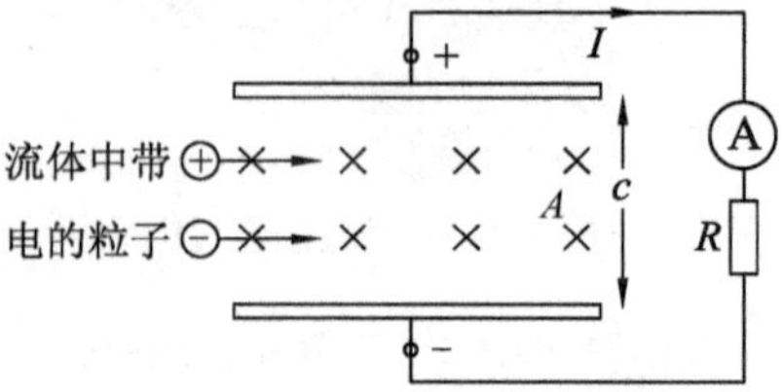

图 6-17

解析：设导电流体的流速为 $v$，如图 6-17 所示的正视图，流体中正、负的带电粒子进入磁场后，受到洛伦兹力分别向上下侧面聚集，产生霍尔效应，形成电势差。处于动态平衡时，对作匀速直线运动的粒子，根据速度选择器的工作原理有 $qvB=q\dfrac{E}{c}$，得 $E=Bcv$。

该流量计可等效为电动势 $E=Bcv$、内阻 $r=\rho\dfrac{c}{ab}$ 的直流电源，它与电阻、电流表组成闭合电路，根据闭合电路的欧姆定律有

$$E=I(R+r)=I\left(R+\rho\frac{c}{ab}\right)$$

所以，流量 $Q=vbc=\dfrac{I}{B}\left(bR+\rho\dfrac{c}{a}\right)$，选项 A 正确。

点评：因电磁流量计是一根管道，内部没有任何阻碍流体流动的结构，所以可以用来测量高黏度及强腐蚀性流体的流量。它具有测量范围宽、反应快、易与其他自动控制装置（如传感器）配套等优点。

3. 比荷的测定

汤姆生（J. J. Thomson）用来测定电子的比荷（电子的电荷量与质量之比）的实验装置如图 6-18 所示，真空管内的阴极 $K$ 发出的电子（不计初速、重力和电子间的相互作用）经加速电压加速后，穿过 $A'$ 中心的小孔沿中心轴 $O_1O$ 的方向进入到两块水平正对放置的平行极板 $P$ 和 $P'$ 间的区域。当极板间不加偏转电压时，电子束打在荧光屏的中心 $O$ 点处，形成了一个亮点；加上偏转电压 $U$ 后，亮点偏离到 $O'$ 点，$O'$ 与 $O$ 点的竖直间距为 $d$，水平间距可忽略不计。此时，在 $P$ 和 $P'$ 间的区域，再加上一个方向垂直于纸面向里的匀强磁场。调节磁场的强弱，当磁感应强度的大小为 $B$ 时，亮点重新回到 $O$ 点。已知极板水平方向的长度为 $L_1$，极板间距为 $b$，极板右端到荧光屏的距离为 $L_2$。

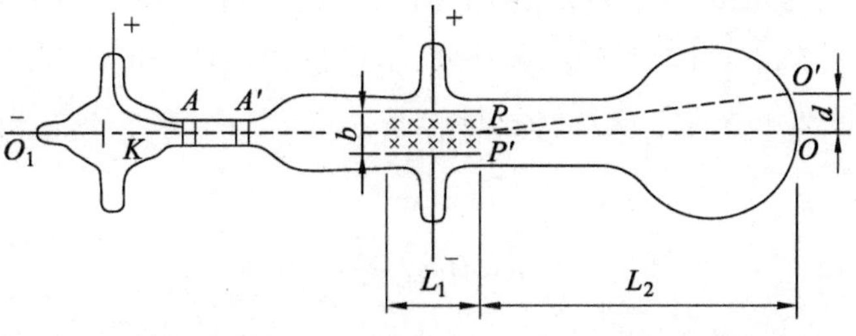


图 6-18

(1) 求打在荧光屏 $O$ 点的电子速度的大小。

(2) 推导出电子的比荷的表达式。

解析：(1) 根据速度选择器的工作原理知，当电子受到的静电力与洛伦兹力平衡时，电子做匀速直线运动，亮点重新恢复到中心 $O$ 点，设电子的速度为 $v$，则 $evB=e\frac{U}{b}$，即 $v=\frac{U}{Bb}$。

(2) 当极板间仅有偏转电场时，电子以速度 $v$ 进入场区后做类平抛运动。由匀变速曲线运动规律得：电子离开电场时竖直向上偏转的距离

$$d_1=\frac{1}{2}\times\frac{eU}{mb}\times\left(\frac{L_1}{v}\right)^2$$

电子离开电场后做匀速直线运动，根据类平抛运动特点及三角形相似的知识，有 $\frac{d_1}{(L_1/2)}=\frac{d}{(L_1/2)+L_2}$，变形得电子向上的总偏转距离为

$$d=\frac{eUL_1}{mv^2b}\left(L_2+\frac{L_1}{2}\right)$$

所以，电子的比荷 $\frac{e}{m}=\frac{Ud}{B^2bL_1(L_2+L_1/2)}$。

点评：在测定比荷的装置中，速度选择器是最重要的一部分装置。通过对 $P$ 和 $P'$ 间的区域中电场、磁场强弱或有无的控制，可实现电子的三种运动形式：类平抛运动、匀速圆周运动及匀速直线运动，其中任意两种运动模型的组合，经测量、计算均可得到电子比荷的大小。

4. 质谱仪

如图 6 所示为质谱仪的原理图，$S_1$ 为粒子加速器；$S_2$ 为速度选择器，磁场与电场正交，磁感应强度大小为 $B$、方向垂直纸面向里，板 $P_1$、$P_2$ 间的距离为 $d$，电压 $U$；$S_3$ 为偏转分离器，磁感应强度大小为 $B_1$、方向垂直纸面向里。今有一正离子初速为零，经加速后，恰能沿图中虚线通过速度选择器，进入分离器后做半径 $R$ 的匀速圆周运动，粒子重力不计，求该离子的比荷。

解析：设离子进入速度选择器时的速度为 $v$，根据速度选择器的工作原理有

$$qvB=q\frac{U}{d}$$

进入偏转分离器 $S_3$ 后做半径 $R$ 的匀速圆周运动，根据向心力公式有

$$qvB_1=m\frac{v^2}{R}$$

解得比荷$\frac{q}{m}=\frac{U}{BdB_1R}$。

点评：现在质谱仪已经是一种十分精密的仪器，是测量带电粒子的质量和分析同位素的重要工具。比荷$\frac{q}{m}=\frac{U}{BdB_1R}$或质量$m=\frac{qBdB_1R}{U}$中$U$、$d$、$B$、$B_1$是人为控制的并可确定，$R$是通过记录它的照相底片测定，从而便可求出比荷或质量。

5. 磁流体发电机

磁流体发电是一种新型发电方式，图6-19是其工作原理示意图。图中的长方体是发电导管，其中空部分的长、高、宽分别为$l$、$a$、$b$，前后两个侧面是绝缘体，上下两个侧面是电阻可略的导体电极，这两个电极与负载电阻$R_L$相连。整个发电导管处于垂直前后两侧面的匀强磁场中，磁感应强度大小为$B$，方向如图所示。发电导管内有电阻率为$\rho$的高温、高速电离气体沿导管向右流动，并通过专用管道导出。由于运动的电离气体受到磁场作用，产生了电动势。发电导管内电离气体流速随磁场有无而不同。设发电导管内电离气体流速处处相同，且不存在磁场时电离气体流速为$v_0$，电离气体所受摩擦阻力总与流速成正比，发电导管两端的电离气体压强差$\Delta p$维持恒定，求有磁场存在时磁流体发电机的电动势$E$大小。

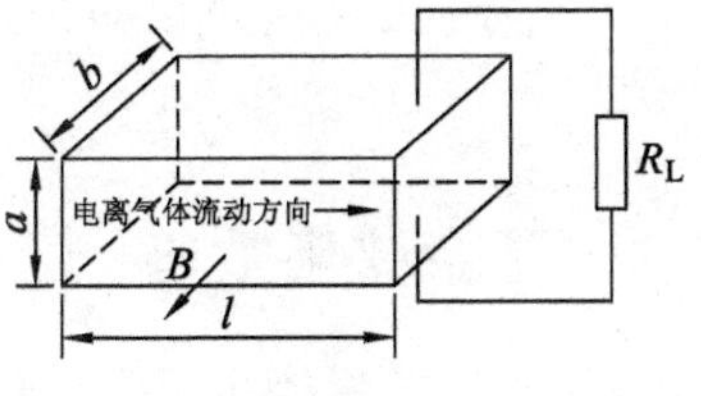

图 6-19

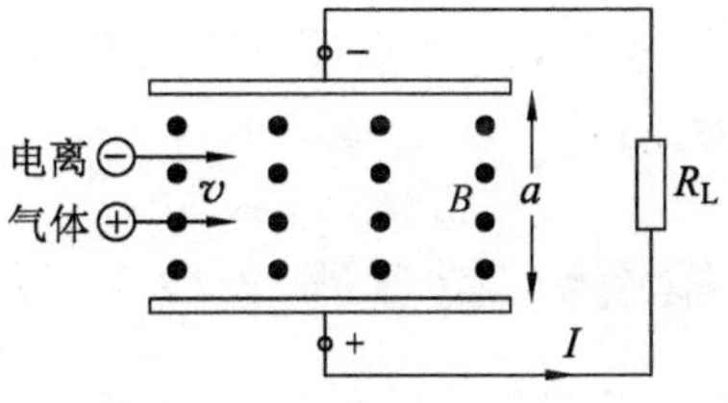

图 6-20

解析：将图6-19转换为图6-20的正视图，电离气体中的正、负离子通过磁场时，由于洛伦兹力的作用，正离子偏向下侧面，负离子偏向上侧面；在上、下两侧面分别积累负、正离子的过程中，形成电势差，产生竖直向上的电场，从而使正、负离子受到静电力的作用，随着上、下两侧面电荷的积累，板间电场增强。当静电力与洛伦兹力平衡时，离子沿直线匀速通过发电导管，上、下两侧面积累的电荷达到动态平衡。根据速度选择器的工作原理有 $qvB=q\dfrac{U}{a}=q\dfrac{E}{a}$,得 $E=Bav$(相当于长度为 $a$ 的导体切割磁感线产生的动生电动势)。

根据闭合电路的欧姆定律可知,通过负载电阻 $R_L$ 的电流

$$I=\frac{E}{R_L+r}=\frac{E}{R_L+(\rho a/lb)}$$

当导管周围无磁场且电离气体匀速流动时,有 $\Delta pab=kv_0$;当导管周围有磁场且电离气体匀速流动时,管左右两端的压力差 $\Delta pab$ 给气体一个向前的力,而感应电流受到的安培力 $F_安$ 和摩擦力 $kv$ 起阻碍作用,满足 $\Delta pab=F_安+kv$,式中 $F_安=\dfrac{BaE}{R_L+(\rho a/lb)}$。

由以上各式解得

$$E=\frac{\Delta pab}{\dfrac{\Delta pb}{Bv_0}+\dfrac{Ba}{R_L+(\rho a/lb)}}$$

点评:磁流体发电与火力发电相比效率高,清洁无污染,且直接将电离气体的内能转化为电能。现处于崭新的研发阶段,有待以后广泛应用。由图6-14、图6-16、图6-19可知:它们的共同点是带电粒子进入磁场受到洛伦兹力作用,发生偏转,产生霍尔效应,建立横向电场,形成速度选择器模型;不同点是物质的状态不一样,图6-14中铜板为固态,图6-16中导电流体为液态,图6-19中电离气体为气态。

(文章发表于:中国科学院高能物理研究所主办的《现代物理知识》2009年第3期)

## 案例6 拉力$F=f(t)$、$F=f(\theta)$是余弦函数吗

科学探究性试题体现了新课标的新理念,强调以学生为本,注重能力立意和科学探究的方法。现结合一道高考题,谈谈高三物理课堂教学中如何进行科学探究的训练。

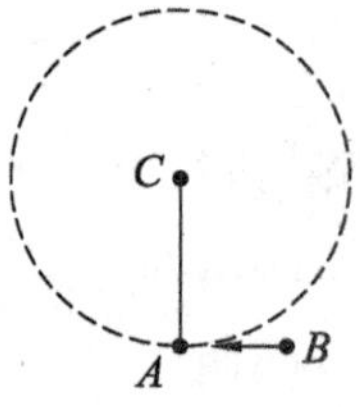

图 6-21

如图6-21所示为一根竖直悬挂的不可伸长的轻绳,下端拴一小物块 $A$,上端固定在 $C$ 点,且与一能测量绳的拉力的测力传感器相连。已知有一质量为 $m_0$ 的子弹 $B$ 沿水平方向以速度 $v_0$ 射入 $A$ 内(未穿透),接着两者一起绕 $C$ 点在

竖直面内做圆周运动。在各种阻力都可忽略的条件下测力传感器测得绳的拉力 $F$ 随时间 $t$ 的变化关系如图 6-21 所示，已知子弹射入的时间极短，且图 6-22 中 $t=0$ 为 $A$、$B$ 开始以相同速度运动的时刻，根据力学规律和题中(包括图)提供的信息，对反映悬挂系统本身性质的物理量(如 $A$ 的质量)及 $A$、$B$ 一起运动过程中的守恒量，你能求得哪些定量的结果？

解析：由于此题求解的未知量不明确，需先分析题意确定哪些量为题目的未知量，再用学过的力学规律和提供的信息(包括图)解题，此题难度较大，综合性较强。

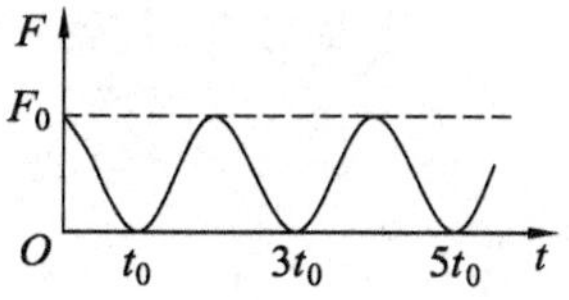

图 6-22

根据动量守恒定律、机械能守恒定律、牛顿第二定律，对物块和子弹组成的系统求解：

(1) 经过最低点、最高点时的绳拉力之差 $F_1-F_2=6(m+m_0)g$，结合 $F$-$t$ 图提供的信息：$F_1=F_m$、$F_2=0$，求得物块的质量 $m=\frac{F_m}{6g}-m_0$，绳长 $R=\frac{(6m_0v_0)^2g}{5F_m^2}$。

(2) 系统的机械能 $E=\frac{1}{2}(m+m_0)v_1^2+0=\frac{3(m_0v_0)^2g}{F_m}$。

以上是高考题的略解过程。

其实对未知信息的探究还没有结束，留给我们还有较大的思考空间。以下是笔者在课堂教学中引导学生作了有益的探讨，调动了学生的积极性，激发了学生的求知欲，提高学生的探究能力。

师问：结合如图 2 所示，$F$ 是 $t$ 的函数：$F=f(t)$，是周期函数吗？

生齐答：是周期函数。

师问：请同学们猜想并写出 $F=f(t)$的函数表达式！

(留有足够长的时间，让学生独立思考或小组讨论；老师巡视，不参与讨论，会发现几乎所有学生的答案是一样的)

生板演：拉力 $F=\frac{F_m}{2}\cos\left(\frac{2\pi}{2t_0}t\right)+\frac{F_m}{2}$。

师问：请各位同学，认真思考，拉力 $F=f(t)$真是余弦函数吗？

(这一问，真如一石激起千层浪，将同学们的思考推向新的高度：激烈讨论、证实真伪)

生答：不是余弦函数，是因为物块和子弹组成的系统不是做匀速圆周运动。

师总结：（用赞赏的语气说）回答得很棒！（目的是赏识自己的学生）

师问：我们已知道 $F=f(t)$ 不是余弦函数，试问 $F=f(\theta)$ 是不是余弦函数？式中 $\theta$ 如图 6-23 所示。

（学生思考、讨论，过几分钟请一位同学板演）

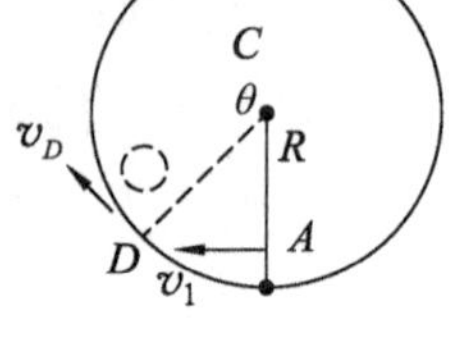

图 6-23

生板演：$A\to D$：$\frac{1}{2}(m+m_0)v_1^2+0=\frac{1}{2}(m+m_0)v_D^2+(m+m_0)gR(1-\cos\theta)$

$D$ 点：$F-(m+m_0)g\cos\theta=\frac{mv_D^2}{R}$

联立求解得绳拉力 $F=3(m+m_0)g\cos\theta+(m+m_0)g\left(\frac{v_1^2}{R}-2g\right)$。

式中 $v_1^2=5gR$，$F=f(\theta)$ 是余弦函数。

师评：从上式可看出，$F=f(\theta)$ 是余弦函数。当物块和子弹经过最低点时，$\theta=2k\pi(k=0,1,2,\cdots)$，绳拉力 $F$ 取最大值 $F_{max}=6(m+m_0)g$；当物块和子弹经过最高点时，$\theta=2k\pi+\pi(k=0,1,2,\cdots)$，绳拉力 $F$ 取最小值，结合如图 2 得，$F_{min}=0$。

$F=f(t)$ 是周期为 $T_1=2t_0$ 的周期函数；$F=f(\theta)$ 是周期为 $T_2=2\pi$ 的周期函数，也是余弦函数。

由于自变量 $t$、$\theta$ 的关系不是线性关系，也就是说角度 $\theta$ 不随时间 $t$ 均匀变化（$\theta\neq Kt$）。这就决定了：当 $F=f(\theta)$ 是余弦函数时，则 $F=f(t)$ 一定不是余弦函数，仅能是周期函数。

（本文发表于：中等教育核心期刊《物理教学》2007 年第 1 期）

## 案例7　“探索—发现”教学模式实践探讨——以《力的合成》为例

### 一、教学模式中的概念界定

1. “XX”串

“XX”串是指多个“XX”连贯在一起，如“问题串”等。

2. 情境

情境是指情景、环境。教学情境是指教师在教学过程中创设的情景、氛围。2000多年前,孔子曾云:“不愤不启,不悱不发,举一隅不以三隅反,则不复也。”这在肯定启发式教育的前提下,尤其强调了启发前学生进入学习情境的重要性。良好的教学情境能充分调动学生学习的主动性和积极性,启发学生思维、开发学生智力。有效的“情境串”应具备以下几点。

(1) 悬疑性:吸引学生的注意力,激发学生的兴趣,促进学生智力活动的展开。

(2) 生活性:要在日常生活环境中发现、挖掘学习情境的资源,其问题应当是学生日常生活中经常会遇到的一些问题。它应该是能够体现知识发现的过程、应用的条件以及知识在生活中的意义与价值的一个事件或场景。

(3) 真实性:所包含的问题是真实的问题,只有在真实的学习情境中,学生才能切实弄明白知识的价值。如果仅仅对真实的生活场景给予简单虚拟,就很有可能设置一些虚假的问题,从而消解学习情境应有的功能。

3. 问题

问题是指需要解决还没有解决的事。问题是思维的起点,没有问题就没有思维,没有思维就没有高效的教学。教师预设问题时,要符合学生的最近发展空间,要具有渐进性和挑战性。那如何去设计“问题串”呢?

(1) 设“问题串”要围绕教学目标:进行探究教学时,教师所设置的问题要对准探究目标,突出探究内容的重点。

(2) 设计“问题串”要具有针对性:要问在学生有疑问的地方,促进学生对问题的理解,帮助学生将证据与结论联系起来。

(3) 设计“问题串”要具有梯度:纵向有台阶,横向有交集,要让多数学生能通过一定的努力,达成目标。

(4) 设计“问题串”要有思维密度:要能引起学生的积极有效思考,促进学生的参与和讨论,还要能为学生的进一步学习留有空间。

为了更好地实践“问题串”的教学,就要辅以“情境串”“合作串”“评价串”“优化串”“展示串”“总结串”。他们之间,以更科学的解决问题为目的,相互链接,以“问题串”为线索,通过“合作串”“评价串”“优化串”“展示串”“总结串”去解决“情境串”中的情境问题。

4. 合作

合作是指二人或多人一起协作以达到共同目的。

5. 评价

评价通常指对一件事或人物进行判断、分析后的结论。

6. 优化

优化是指使环节更紧凑、重点更突出、教学更高效而“去其糟粕，取其精华”。

7. 展示

展示就是展现、显示。

8. 总结

总结是指对过去一定时期的学习或思想情况进行回顾、分析，并做出客观评价的书面材料。其特点主要有：(1) 回顾性。(2) 经验性。

9. “探索—发现”教学模式

“探索—发现”教学模式是一种以学生为中心，强调教学过程要以学生探究活动为主，让学生根据自己现有的经验和有关资料，积极从活动中去寻找问题、发现意义和探求答案的教学。

本实践抓住“情境、问题、合作、评价、优化、展示、总结”等七个主要环节来进行演练：通过创设情境，导入新知；设计问题，激发欲望，引导探究；以小组合作的方式解决问题，培养合作交流能力和探究能力；在教学环节，师生及时有效地进行评价、优化、展示、总结等。

下面以人教版高中物理必修1《力的合成》一节的教学设计为例介绍该模式的应用。

**二、《力的合成》教学实践探讨**

1. 情境——开启思考的阀门

情境1：学生甲单人单手竖直提起水桶，使之静止悬于空中；学生甲和乙合作共同提水桶，使之静止悬于空中。

情境2：随后让两位同学增大拉力的夹角，初步感受力的变化，引发学生思考和讨论：两个人提水一定省力吗?

情境3：其他学生仿情境1、情境2，利用重锤(含细绳套)和弹簧测力计进行初步感受。

2. 问题——助推探究的步伐

问题1：合力($F$ 的大小、方向)与两分力($F_1$、$F_2$ 大小、方向)的关系究竟是怎样呢?

问题2：能否利用自己的已有的器材去设计实验、进而探究他们之间的关系呢？

3. 合作——铺起协作的大道

合作1：请学生小组合作讨论、思考，利用所提供的实验器材设计方案。

合作2：积极主动，充分表达自己的观点、方案(方案1、方案2、方案3等)。

4. 评价——引导诊断的导向

评价1：通过投影展示数码相机抓拍学生探究实验的相片，请学生充分展示自己的方案、创意。

评价2：引导全体学生评价、优化。

评价3：教师言简意赅地进行点拨，在对学生的实验方案评价过程中，适时地与学生互动，分析方案的优缺点，适当地引导，尽可能地就实验中的不足之处共同讨论，研究出更加简单易行的方案。

5. 优化——点燃去粕的火花

优化1：在民主讨论后，利用优化后的最终方案进行分组探究(这里预设的实验是课本上的探究实验)。

优化2：在实验开始前，教师用提问互动的方式进行实验注意事项的说明。对于最终实验方案提出以下几点思考：

(1) 如何实现合力与分力的作用效果等效？

(2) 这几个力的作用点在哪？

(3) 如何记录力的方向？

(4) 如何记录力的大小？

优化3：教师在学生的实验过程中观察学生实验情况，巡视解惑，鼓励学生探究的热情。对于实验中出现的不当操作也要及时采集纠正，适时、适度地引导，提高学生的实验能力。

对于基础较好的同学群：在得出三个力的图示后，可实行开放课堂，让它们猜想合力与分力之间所遵循的规律；对于基础薄弱的同学群：在得出三个力的图示后，可以给予适当建议。如用虚线把合力的箭头端分别与两个分力的箭头端连接。你能得到什么启示？

优化4：利用黑板上的重锤(含细绳套)和弹簧秤进行实验验证，进行误差分析。

6. 展示：体现学习的主体

展示1：教师通过展示多组学生的作品，适时肯定学生成果及猜想，并适当提出改进意见。

展示2：教师总结，并让学生齐声朗读平行四边形定则内容。教师提炼平行四边形定则的内涵：一点(作用点)；二线(实线、虚线)；三矢($F_1$、$F_2$、$F_3$)；四度(标度、刻度、长度、角度)。

7. 总结：上升理性的高度

总结1：讲解并展示物理科学史——力的“平行四边形定则”的理论发展过程(附表)。

附表

| 时　间 | 人　物 | 内　容 |
| --- | --- | --- |
| 公元前384年—公元前322年 | 亚里士多德(古希腊) | 领悟到在矩形这种特殊情况下力的平行四边形定则 |
| 1586年 | 斯蒂文(荷兰) | 在两力成直角的的情况下引入了力的三角形定则 |
| 1687年 | 牛顿(英国) | 推断(未证明)：一个物体，同时受到两个力的作用，就将沿平行四边形的对角线运动 |
| 几乎同时 | 瓦里翁(法国) | 诸力合成的平行四边形定则报告(表述得十分复杂) |
| 1725年 | 瓦里翁(法国) | 平行四边形定则推广到“速度” |
| 1777—1859 | 潘索(法国) | 平行四边形定则进行了数学证明 |

总结2：从力的平行四边形定则，得到所有矢量运算所遵循的法则。

总结3：回到课前的生活实验，解释两个人提水桶未必比一个人提水桶更省力问题。

总结4：展示平行四边形定则的自制教具，得出分力的大小与合力的大小关系。实现师生的良性互动。

三、教学“专家观察团”评价反馈

1. 生活气息浓

从生活走进物理，本节课利用生活实例——提水桶引入新课，并让学生自己去体验感受实验的过程，特别是在两人提水桶时不是简单的提起，而是增大绳索的角度，提水桶的学生明显感到吃力。这样的例子能激发学生探究力的合成关系的兴趣，调动学生的积极性。

2. 思维密度大

在实验方案的设计上，首先由学生发言提出方案，其他学生补充，然后教师点评，师生互动，共同完善方案，在此过程中同时向学生点明操作中的一些注意点。在探究过程中，对于部分学生新出现的问题，再拿出来共同分析讨论，改进后鼓励他们再次进行实验，最后得出结论。这样的一个过程对学生来讲也许会有更深刻的体验。

3. 人文气息重

在学生利用实验探究得到力合成的平行四边形定则之后，讲解物理科学史相关的内容，通过 2000 多年的物理科学史，让学生懂得科学定则建立的长期性及曲折性，培养学生的人文素养。

4. 实验趣味强

自制教具的演示，增加了实验的趣味性。在理性回归课堂开始的提水桶实验讲解时，利用自制教具展示力的合成的动态过程，使得学生直观、形象地观察到实验现象，利于学生对问题的理解。

**参考文献**

[1] 陆军."情境、问题、合作、评价"教学模式的初步探索[J]. 化学教学，2013(9)：8－11.

[2] 周怡.用"问题串"点燃创造性思维之火[J]. 中学教学参考，2011(3)：38－39.

[3] 陈峰."问题串"在物理探究教学中的应用燃创造性思维之火[J]. 课程 教材 教法，2006(11)：59－62.

（由张东风、穆小艳老师提供）